제프 베조스, 발명과 방황

Invent & Wander

- **일러두기**
  본문에 비해 글씨가 작은 괄호의 설명은 옮긴이의 것입니다.

Invent & Wander

어린 시절부터 아마존을 거쳐 블루 오리진까지

제프 베조스, 발명과 방황

JEFF BEZOS

월터 아이작슨 서문

WALTER ISAACSON

위즈덤하우스

contents

1부

삶과 일

Life & Work

월터 아이작슨

Introduction by Walter Isaacson

사람들은 종종 이런 질문을 한다. 현존하는 사람 중에서 내가 전기(傳記)를 집필했던 레오나르도 다빈치(Leonardo da Vinci), 벤저민 프랭클린(Benjamin Franklin), 에이다 러브레이스[Ada Lovelace, 시인 바이런(George Gordon Byron)의 딸이자 세계 최초의 프로그래머], 스티브 잡스(Steve Jobs), 알베르트 아인슈타인(Albert Einstein)과 같은 반열에 든다고 생각하는 사람이 있느냐고 말이다. 모두가 대단히 명석한 사람들이다. 그러나 그들을 특별하게 만드는 것은 지적 능력이 아니다. 명석한 사람들은 차고 넘친다. 따라서 명석함은 그리 대단한 요소가 아니다. 중요한 것은 풍부한 창의력과 상상력이다. 그것이야말로 한 사람을 진정한 혁신가로 만든다. 사람들의 질문에 대한 내 답이 '제프 베조스(Jeff Bezos)'인 이유가 여기에 있다.

그렇다면 창의력과 상상력의 재료는 무엇이며, 나는 어떤 이유로 베조스를 다른 전기 주인공들과 같은 반열에 놓은 것일까?

첫째는 호기심, 그것도 열렬한 호기심이다. 레오나르도 다빈치를 예로 들어보자. 다빈치가 남긴 노트를 보면 활기차고 장난스런 호기심으로 자연의 온 분야를 헤집고 다녔던 그의 즐거운 마음을 고스란히 느낄 수 있다. 그는 말도 안 되게 다양한 수백 가지 질문을 던지고 그 답을 찾으려 노력했다. 하늘은 왜 푸를까? 딱따구리의 혀는 어떻게 생겼을까? 새의 날개는 날아오를 때와 내려올 때 중 언제 더 빨리 움직일까? 물이 소용돌이치는 패턴은 머리를 말아 올리는 모양과 얼마나 닮았을까? 아랫입술의 근육은 윗입술의 근육과 연결되어 있을까? 다빈치는 〈모나리자(Mona Lisa)〉를 그리기 위해 이런 것들을 꼭 알아야 했을까? 그렇지 않다(물론 도움은 되었겠지만). 그런데도 이런 것들에 대해 알고 싶어 했던 것은 다빈치가 집요한 호기심을 가진 사람이었기 때문이다. 아인슈타인은 이렇게 말했던 적이 있다. "저는 특출한 재능을 가진 사람이 아닙니다. 제가 갖고 있는 것은 그저 열렬한 호기심일 뿐이죠." 모두 맞는 말은 아니다(그는 분명 특출한 재능의 소유자였으니까). 그러나 '지식보다 중요한 것은 호기심'이란 점에서만큼은 그가 옳았다.

　두 번째 핵심 자질은 예술과 과학에 대한 사랑, 그리고 그 둘의 연결이다. 스티브 잡스는 아이팟이나 아이폰과 같은 신상품을 출시할 때마다 프레젠테이션을 했다. 잡스의 프레젠테이션은 인문학 거리(street)와 기술 거리의 교차로를 표시하는 표지판으로 마무리되곤 했는데, 어느 프레젠테이션에서 그는 이렇게 말한 적이 있다. "기술만으론 충분치 않다는 생각은 애플의 DNA입니다. 우리는 인문학과 결합한 기술만이 가슴을 울리는 결과를 이끌어낸다는 확신을 가지고 있습니다." 아인슈타인 역시 예술과 과학을 함께 엮어내는 것이 얼마나 중요한지 인식하고 있었다. 일반 상대성 이론에 대한 탐색이 순조롭지 않을 때면 그는 바이올린을 꺼내 모차르트(Mozart)를 연주

했다. 음악이 천체의 조화와 자신을 연결시켜준다고 말하면서 말이다. 레오나르도 다빈치의 〈비트루비안 맨(Vitruvian Man)〉, 즉 원과 사각형 안에 나체의 남성이 자리해 있는 그림은 해부학과 수학, 미와 영성의 개가이며 예술과 과학의 연결을 가장 잘 보여주는 상징이다.

사실 어떤 학문이든 그에 대해 흥미와 열정을 가지는 것이 도움이 된다. 레오나르도 다빈치와 벤저민 프랭클린은 알 수 있는 모든 것에 대해 가능한 한 많은 것을 알고 싶어 했다. 그들은 해부학, 식물학, 음악, 미술, 무기제조, 수력공학 그리고 그 사이에 있는 모든 것을 연구했다. 모든 분야의 지식을 사랑하는 사람들이야말로 자연에 존재하는 패턴들을 가장 잘 찾아낼 수 있는 이들이다. 프랭클린과 다빈치는 회오리바람과 소용돌이치는 물에 매료되었다. 덕분에 프랭클린은 폭풍이 어떻게 해안으로 상륙하는지 알아내 멕시코 만류의 해도를 만들 수 있었다. 또한 레오나르도는 심장 판막이 어떻게 작동하는지 이해하게 되었을 뿐 아니라 〈그리스도의 세례(Baptism of the Christ)〉에서 예수의 발목 쪽 잔물결과 모나리자의 곱슬거리는 머리카락을 그리는 데도 도움을 받았다.

정말 혁신적이고 창의적인 사람들이 갖고 있는 또 다른 특성은 현실왜곡장(reality-distortion field)을 만드는 능력이다. 스티브 잡스가 사용했다는 현실왜곡장은 TV 드라마 〈스타 트렉(Star Trek)〉에서 외계인들이 순전히 정신력만으로 새로운 세계를 창조한 데서 유래한 말이다. 잡스는 자신의 생각이나 제안에 대해 동료들이 실행 불가능하다고 이의를 제기하면 인도의 구루에게서 배운 비법을 사용하곤 했다. 그들의 눈을 응시하면서 이렇게 말하는 것이다. "두려워하지 마. 너는 할 수 있어." 이 방법은 잘 먹혀들었다. 사람들은 정신을 잃고 그의 말에 빠져들었다. 그것에 그치지 않고 잡스는 사람들이 할 수 없다고 생각하던 일을 하도록 만들었다.

이와 관련된 게 '다른 것을 생각해내는(think different)' 능력이다. 잡스는 이를 이용해 기억에 남는 일련의 애플 광고들을 만들었다. 20세기 초 과학계는 관찰자가 광원으로부터 혹은 광원을 향해서 아무리 빠르게 움직여도 빛의 속도는 일정한 것처럼 보이는 문제로 골치를 썩고 있었다. 당시 스위스 특허국의 3급 심사관이었던 알베르트 아인슈타인은 여러 시계들 사이에 신호를 보내 이들을 동기화시키는 장치를 연구 중이었다. 그는 다른 운동 상태에 있는 사람들은 시계의 동기화 여부에 대해 다른 인식을 가진다는 깨달음을 기반으로 매우 독창적인 생각을 해냈다. 운동 상태에 따라 시간이 상대적이기 때문에 빛의 속도는 항상 일정하다는 이론을 세운 것이다. 물리학계가 이 '상대성 이론'이 옳다는 것을 깨닫는 데만 수년이 걸렸다.

내가 집필한 전기의 주인공들 모두가 공유하고 있는 마지막 특성은 어린아이같이 순수한 경외감을 간직하고 있다는 점이다. 대부분의 사람들은 삶의 어느 시점이 되면 일상적 현상에 대해 골똘히 생각하는 일을 멈춘다. 짜증이 난 교사들과 부모들은 우리에게 그렇게 유치하고 바보 같은 질문은 그만 던지라고 소리친다. 우리는 푸른 하늘의 아름다움은 즐길지 몰라도 더 이상 왜 하늘이 그런 색인지 궁금해하지 않는다. 그러나 레오나르도는 달랐고, 아인슈타인도 마찬가지였다. 그는 다른 친구에게 "우리가 태어난 엄청난 미스터리 앞에서 호기심 가득한 어린아이처럼 서 있는 일을 그만두어서는 안 되네"라 적어 보내기도 했다. 우리는 호기심과 경외감을 잃지 않도록, 그리고 아이들 역시 그렇게 되지 않도록 각별히 주의를 기울여야 한다.

제프 베조스는 이런 특성들을 갖고 있다. 호기심과 경외감을 잃는 법이 없는 그는 거의 모든 것에 대해 채워지지 않는, 아이 같은, 기꺼워하는 호기심을 간직하고 있다. 서사와 스토리텔링에 대한 관심은 도서 판매 사이트 아마존(Amazon)이라는 뿌리에서만이 아니라 그의 개인적인 열정에서 비롯된다. 어린 시절 베조스는 여름만 되면 근처 도서관에서 공상과학 소설을 수십 권씩 읽었고 지금도 매년 작가와 영화 제작자들을 대상으로 연수회를 개최한다. 로봇공학과 인공지능 분야에 대한 관심은 아마존 때문에 갖게 되었지만 그것들은 지적 열정의 대상으로 발전했다. 이제 베조스는 매년 모임을 개최해 머신러닝, 자동화, 로봇공학, 우주에 관심 있는 전문가들을 불러모은다. 또 과학, 탐험, 발견의 위대한 순간이 담긴 역사적 물건을 수집하고, 인문학에 대한 애정 및 기술에 대한 열정을 사업에 대한 본능과 연결시킨다.

인문학, 기술, 비즈니스는 그를 우리 시대의 가장 성공적이고 영향력 있는 혁신가로 만든 3요소다. 스티브 잡스와 마찬가지로 베조스는 수많은 업계를 탈바꿈시켰다. 세계 최대의 온라인 소매업체인 아마존은 우리가 쇼핑하는 방법, 그리고 배송과 배달에서 기대하는 것을 변화시켰다. 미국 가정의 절반 이상이 아마존 프라임(Amazon Prime)

회원이며 아마존은 2018년 100억 개의 소포를 배달했다. 지구 전체의 인구수보다 20억 개가 많다. 아마존 웹서비스(Amazon Web Services, AWS)는 클라우드 컴퓨팅 서비스와 어플리케이션을 제공하여 스타트업과 기존 기업들이 새로운 제품과 서비스를 쉽게 만들 수 있게 한다. 아이폰 앱 스토어(iPhone App Store)가 전혀 새로운 사업 경로를 만들었던 것처럼 말이다. 아마존 에코(Echo)는 가정용 스마트 스피커 시장을 개척했고 아마존 스튜디오(Amazon Studios)는 TV 프로그램과 영화를 만드는 중이다. 아마존은 의료와 제약 업계까지 와해시킬 태세를 갖추고 있다. 아마존의 홀푸드마켓(Whole Foods Market) 체인 매수에 사람들은 당황했다. 사실 베조스는 물리적 전초기지들과 소매, 온라인 주문, 초고속 배달을 결합한 새로운 사업 모델을 만들고 있었다. 홀푸드 인수가 이 새로운 모델의 여러 부분을 한데 결합하는 데 중추적 역할을 한다는 것이 알려지면서 비로소 사람들의 당혹감은 해소되었다. 베조스는 중공업을 우주로 이전시킨다는 장기적 목표를 가지고 민영 우주 기업도 경영 중이며, 〈워싱턴 포스트(Washington Post)〉의 새 주인도 됐다.

스티브 잡스를 다른 사람들과 차별화시키는 짜증스러운 특성들이 베조스에게도 있다. 대단한 명성과 영향력, 야단스런 웃음 뒤에는 수수께끼 같은 면도 숨겨져 있고 말이다. 그러나 베조스의 인생 스토리와 글을 살펴보면 무엇이 그를 움직이게 하는지 엿볼 수 있다.

제프 베조스는 큰 귀와 큰 웃음소리, 채워지지 않는 호기심을 가진 아이였다. 여름방학이면 그는 외할아버지가 계시는 텍사스 남부의 드넓은 목장에 내려갔다. 강직하지만 다정했던 할아버지 로런스 자이스(Lawrence Gise)는 원자력위원회(Atomic Energy Commission)의 부국장으로 수소폭탄 개발을 도왔던 전직 해군 소령이었다. 제프는 외할아버지의 목장에서 자립심을 배웠다. 불도저가 고장 나자 그와 할아버지는 장비를 들어올려 고치기 위해 크레인을 만들었다. 두 사람은 소의 거세 수술을 하고 풍차를 만들고 파이프를 깔았으며 과학과 기술, 우주여행 개척자들에 대해 긴 이야기를 나눴다. 베조스는 이렇게 회상한다. "할아버지는 모든 수의사 일을 손수 하셨습니다. 직접 바늘을 만들어 가축들의 수술 자리를 봉합하곤 하셨죠. 철사 조각을 가져다 발염(blowtorch) 장치로 달군 뒤 납작하게 두드려 펴고 날카롭게 다듬은 다음 드릴로 바늘귀를 뚫는 식으로 바늘을 만드셨어요. 할아버지의 수술을 견디고 살아남은 놈들도 있었습니다."

제프는 모험 정신이 강한 독서광이었다. 할아버지는 그를 공상과학 소설이 많은 도서관으로 데려갔고, 제프는 여름 내내 서가를 누비며 그곳에서 수백 권의 책을 읽었다. 아이작 아시모프(Isaac Asimov)와 로버트 A. 하인라인(Robert A. Heinlein)은 그가 가장 좋아하는 공상과학 소설 작가였다. 때문에 그는 소설의 구절을 인용하는 것은 물론 소설 속의 규칙, 교훈, 용어를 자주 들먹이곤 한다.

할아버지나 베조스 못지않게 집요하고 예리했던 그의 어머니 재키(Jackie)는 아들의 자립심과 모험 정신을 고취하는 데 큰 몫을 했다. 제프를 임신한 것은 그녀가 불과 열일곱 살일 때였다. 제프는 설명했다. "어머니는 고등학생이었어요. 여러분은 아마 '1964년에 앨버커

키에서 여학생이 임신을 하다니 대단한데!' 하고 생각하시겠지만 그
건 그저 그렇게 감탄할 일이 아니었습니다. 엄청난 용기가 필요한 일
이자 부모님의 많은 도움이 필요한 일이었죠. 학교에서는 어머니를
내쫓으려 했어요. 임신이 전염이라도 될 거라 생각했나 봅니다. 할아
버지는 멋지고 현명한 분이셨어요. 교장과 담판을 해서 어머니가 학
교를 마칠 수 있게 하셨으니까요." 제프가 어머니로부터 얻은 가장
큰 교훈은 무엇이었을까? "그런 어머니와 자라면 엄청나게 강한 근
성을 갖게 됩니다." 그의 말이다.

제프의 친부는 자전거점을 운영했고 서커스에서 외발자전거 공
연을 했다. 그와 재키의 결혼 생활은 아주 짧았다. 제프가 네 살일 때
어머니는 재혼을 했다. 마이크(Mike)로 알려진 그녀의 두 번째 남편
미구엘 베조스(Miguel Bezos)는 제프의 어머니에게 더 좋은 배우자였
을 뿐 아니라 제프에게도 용기와 결단력의 가치를 가르쳐준 사람이
었다. 자립적이고 모험심이 강한 사람이었던 미구엘은 열여섯 살 때
어머니가 집에 있는 누더기를 꿰매 만들어준 겉옷을 입고 피델 카스
트로(Fidel Castro) 치하의 쿠바를 떠나 혼자 미국으로 건너온 망명자였
다. 재키와 결혼한 후 그는 활기 넘치는 그녀의 아들을 입양했다. 제
프는 그의 성을 따랐고 영원히 그를 진짜 아버지로 여겼다.

1969년 7월 다섯 살이었던 제프는 아폴로 11호(Apollo 11) 프로그램
을 보도하는 TV 중계를 지켜봤다. 닐 암스트롱(Neil Armstrong)이 달 표
면을 걷는 장면은 클라이맥스이자 결정적인 순간이었다. "거실 TV
로 그 장면을 봤던 게 기억납니다. 부모님과 조부모님이 대단히 흥분

하셨던 것도요." 베조스의 말이다. "어린아이들은 그런 종류의 흥분을 민감하게 포착합니다. 뭔가 대단한 일이 벌어지고 있음을 아는 거죠. 그것이 제 열정의 원천이 되었습니다." 베조스를 〈스타 트렉〉을 한 편도 빠짐없이 기억하는 광팬으로 만든 것은 다른 무엇보다 우주에 대한 이런 흥분감이었다.

베조스는 몬테소리 유치원에 다닐 때부터 광적인 집중력을 보여주었다. 베조스는 회상한다. "선생님은 어머니께 제가 어떤 과제에 매달리면 도무지 다른 일로 주의를 돌릴 수가 없어서 의자째로 저를 들어서 옮겨야 한다고 하소연하셨죠. 지금 저와 일하는 사람들에게 물어보면 여전히 그대로라는 이야기를 듣게 되실 겁니다."

〈스타 트렉〉에 대한 열정은 베조스가 열 살이던 1974년에 그를 컴퓨터로 이끌었다. 그는 휴스턴[당시 그의 아버지는 휴스턴의 엑슨 (Exxon)에서 근무하고 있었다]의 초등학교 컴퓨터실 단말기로 비디오 게임을 할 수 있다는 것을 발견했다. 당시는 개인용 컴퓨터가 보급되지 않았던 때였으나 어떤 회사가 남는 컴퓨터를 학교에 기부했고, 그 중고 컴퓨터는 전화 접속 모뎀을 이용해 회사의 메인 컴퓨터와 연결되어 있었다. "우리는 구형 음향 모뎀으로 연결된 텔레타이프를 가지고 있었습니다." 베조스의 말이다. "보통 전화의 다이얼을 돌리고 수화기를 집어든 후 그 작은 받침대에 올려놓으면 접속이 되는 방식이었죠. 선생님들조차도 이 컴퓨터의 작동법을 알지 못했습니다. 아무도요. 하지만 컴퓨터 옆에 한 무더기의 사용 설명서가 쌓여 있더군요. 방과 후 저와 몇몇 친구들은 그 컴퓨터와 모뎀을 어떻게 이용하는지 익혔습니다. 휴스턴 중심가 어디쯤에 있는 메인프레임 프로그래머가 이미 이 컴퓨터로 '스타 트렉' 게임을 할 수 있게 프로그래밍 해놓았다는 것도 알게 되었고요. 그날부터 우리는 매일같이 그 게임을 하며 놀았죠."

그의 어머니는 라디오쉑(Radioshack, 전자제품 및 관련 부속을 판매하는 소매업체)에 그를 데려다주고 데려오는가 하면 차고를 과학 실험실로 바꾸어주는 등 전기와 기계에 대한 아들의 관심을 북돋워줬고, 심지어는 기발한 덫을 만들어 동생들을 놀라게 하는 장난도 마음껏 하게 놔두었다. "저는 가지각색의 경보 장치로 집 안에 끊임없이 덫을 만들었어요. 어떤 장치는 소리만 나는 것이었지만 실제로 몸이 갇히는 덫도 있었죠." 그가 말한다. "제 어머니는 천사셨습니다. 저를 하루에도 몇 번씩 라디오쉑에 태워다주셨거든요."

그가 어린 시절 선망하던 기업계의 영웅은 토머스 에디슨(Thomas Edison)과 월트 디즈니(Walt Disney)였다. "저는 항상 발명가와 발명에 관심이 많았습니다." 에디슨이 더 많은 발명품을 내놓긴 했지만 베조스는 디즈니를 더 존경했다. 디즈니가 가졌던 대담한 비전 때문이다. "그에게는 많은 사람들이 공유할 수 있는 비전을 만드는 놀라운 능력이 있었던 것 같습니다. 에디슨이 연구해 만들어낸 많은 것들과 달리 디즈니랜드 등 디즈니가 발명한 것들은 한 개인의 힘으로 해낼 수 없는 큰 비전이죠. 월트 디즈니는 여러 사람으로 이루어진 정말 큰 규모의 팀이 힘을 합해 한 방향으로 나아가게 하는 능력을 갖고 있었습니다."

베조스가 고등학생이었을 때 그의 가족은 마이애미로 이주했다. 베조스는 모든 과목에서 A학점을 받는 학생이었고 여전히 우주 탐험에 집착하는, 조금은 괴짜 같은 소년이었다. 졸업생 대표로 선정된 그가 했던 고별사의 내용 역시 우주에 대한 것이었다. 어떻게 다른 행성을 식민지로 만들고, 우주 호텔을 지으며, 제조업을 옮길 다른 장소를 물색해서 우리의 연약한 행성을 지킬 것인가 하는 내용의 연설을 그는 이런 말로 끝맺었다. "우주, 그 마지막 개척지에서 만납시다!"

그는 물리학을 공부할 생각으로 프린스턴 대학에 진학했다. 아주 좋은 계획처럼 보였다. 양자역학 수업을 만나기 전까지는 말이다. 어느 날인가 어려운 미분 방정식을 풀던 그와 룸메이트는 도움을 구하러 다른 친구의 방을 찾아갔고, 친구는 문제를 잠시 들여다보더니 답을 알려주었다. 풀이 과정만 장장 세 페이지에 이르는 그 문제를 머릿속으로 계산해낸 친구를 보고 베조스는 어안이 벙벙해졌다. "그 순간 저는 위대한 이론 물리학자가 될 수 없다는 깨달음을 얻었습니다. 그 불길한 신호를 포착하고선 재빨리 전기공학과 컴퓨터공학으로 전공을 바꿨죠." 쉽지 않은 자각이었다. 물리학자가 되기로 마음먹고 있었음에도 자신의 한계를 직시했던 것이다.

졸업 후 뉴욕으로 간 베조스는 자신의 컴퓨터 기술을 금융 업계에 적용시켰다. 그는 데이비드 E. 쇼(David E. Shaw)가 운영하는 헤지펀드에 자리를 잡았다. 데이비드 E. 쇼는 금융 시장 내에서의 가격 격차를 발견하는 일에 컴퓨터 알고리즘을 이용했다. 베조스는 잘 단련된 열정으로 그 일에 달려들었고, 늦게까지 일한 후 사무실에서 잠을 청하고 싶을 때를 대비해 침낭까지 준비해두었다. 이후 아마존에 주입하고자 노력한, 일에 대한 광적인 열정의 조짐이 드러나고 있었던 셈이다.

1994년 헤지펀드 회사에서 일하던 베조스는 인터넷 사용자가 매년 2300% 이상씩 늘어나고 있다는 통계를 접하게 되었다. 그 로켓에 편승하기로 마음먹은 그는 온라인 소매점을 차리겠다는, 다시 말해 디지털판 시어즈(Sears, 미국의 대형 백화점 체인) 카탈로그를 만들면 좋겠다는 아이디어를 떠올렸다. 한 가지 제품부터 신중하게 시작해야겠다고 생각한 그는 책을 선택했다. 자신이 좋아해서이기도 했지만 책은 썩지 않는 물건이고 일용품인 데다 두 곳의 대형 도매 유통업체로부터 구입할 수 있기 때문이기도 했다. 더구나 책은 300만 종에 달해서 실제 매장이라면 절대 모두를 전시할 수 없는 품목이었다.

이 아이디어를 실행하기 위해 회사를 떠나고 싶다는 베조스의 의사를 들은 데이비스 쇼는 그와 함께 2시간 동안 센트럴 파크를 걸었다. "제프, 자네 아이디어는 정말 훌륭해. 여기 있는 자네에게도 좋은 생각이지만, 좋은 일자리를 아직 얻지 못한 다른 누군가에게 더 잘 맞는 아이디어가 아닐까?" 그는 며칠 더 생각해본 뒤 결정하라며 베조스를 설득했다. 베조스는 헤지펀드에서 만나 그전 해에 결혼한 아내 매켄지(MacKenzie)와 의논을 했고, 그녀는 이렇게 말했다. "당신이 뭘 하든 난 100% 당신 편이에요."

베조스가 이때 결단을 내리기 위해 이용한 방법은 이후 그의 위험

계산 과정에서 중요한 부분이 되었다. 그는 이것을 '후회 최소화 체계(regret minimization framework)'라고 부른다. 80세가 되는 때 해당 결정을 되돌아보며 어떤 감정을 느낄지 상상해보는 것이다. "저는 나중에 후회할 일을 최소화하고 싶습니다." 그의 설명이다. "이런 시도를 했던 걸 여든 살이 되었을 때 후회하진 않으리라는 생각이 들었습니다. 제 판단엔 이 인터넷이라는 것이 정말 대단한 뭔가가 될 듯했고, 거기에 뛰어들어본 것을 후회하진 않겠다 싶었죠. 실패를 한다 해도 후회하지 않으리란 것, 시도해보지 않는다면 후회하게 되리란 걸 알았던 겁니다. 그게 매일 제 뇌리에서 떠나지 않고 저를 괴롭힐 것 같았어요."

베조스와 매켄지는 텍사스로 가서 베조스의 아버지로부터 쉐보레 자동차를 한 대 빌린 후 기업의 설립 신화가 될 자동차 여행에 나섰다. 매켄지가 운전을 하는 동안 제프는 예상 매출액으로 채워진 스프레드시트와 사업계획서를 만들었다. "알다시피 사업계획서란 현실과의 첫 만남에서 휴지조각이 되고 맙니다. 하지만 계획을 세우는 훈련 자체를 통해 문제에 대해 충분히 생각하고 그 과정에서 일종의 정신적인 안정감을 얻습니다. 그러고 나서야 알게 되는 거죠. 이 손잡이를 누르면 여기의 이것이 움직이고 저 손잡이를 누르면 저게 움직이는 거구나 하는 식으로 말입니다. 그게 첫 단계죠."

베조스는 새 회사의 설립지로 시애틀을 선택했다. 마이크로소프트(Microsoft)와 많은 기술 기업들의 고향이라 엔지니어들을 구하기 쉽다는 것이 이유 중 하나였다. 도서유통 회사도 가까이에 있었다.

곧바로 법인을 만들고 싶었던 베조스는 가는 길에 친구에게 전화를 걸어 시애틀에 있는 변호사를 추천받았다. 이렇게 소개받은 이는 알고 보니 그 친구의 이혼 변호사였지만 어쨌든 그가 서류를 처리해주기로 했다. 베조스는 변호사에게 새 회사명을 마법 주문 '아브라카다브라(abracadabra)'의 '카다브라(Cadabra)'로 하고 싶다고 말했다. 그러자 변호사는 "카데바(cadaver, 시체)라고요?"라 반문했고, 베조스는 특유의 폭소를 터뜨리며 그보다 나은 이름을 만들어야겠다고 생각했다. 결국 그는 지구 최대의 상점이 되기를 바라는 의미에서 지구에서 가장 긴 강의 이름을 따르기로 결정했다.

아버지에게 전화를 걸어 무슨 일을 하는지 이야기하자 마이크 베조스는 "인터넷이 뭔데?"라고 물었다. 그러나 이것은 제프가 그럴듯하게 지어낸 서사가 아닐까 싶다. 사실 마이크 베조스는 초기의 다이얼식 온라인 서비스 이용자였고 온라인 소매업이 어떤 것일지 알 만큼 상당한 지식을 갖고 있었다. 부모님은 보수가 높은 금융 업계의 일자리를 그런 일 때문에 마다하는 것은 경솔하다 여기면서도 자신들이 일생 동안 저축한 돈(처음에는 10만 달러, 다음에는 더 많이)을 투자했다. "초기 설립 자본은 주로 부모님에게서 나왔습니다. 평생 해오신 저축액 중 꽤나 큰 몫을 아마존닷컴(Amazon.com)의 설립에 투자하셨죠." 제프가 말한다. "두 분은 저를 믿고 무척이나 대담한 일을 하신 겁니다."

마이크 베조스는 사업 콘셉트도 사업계획도 전혀 이해하지 못했었다고 수긍했다. "아들에게 큰 재산을 내맡겼던 거죠. 어머니도 마찬가지이셨고요." 제프의 말이다. "저는 투자금 전부를 잃을 확률을 70%로 생각한다고 부모님께 말씀드렸습니다. (…) 스타트업 기업의 성공 확률이 10%밖에 되지 않는 상황에서 저 자신의 성공 확률을 정상의 세 배로 생각했던 거죠. 저는 제 성공 가능성을 30%로 보고 있었습니다." 어머니 재키는 훗날 이렇게 말했다. "우리는 아마존이 아닌 제프에게 투자한 거예요." 이후 더 많은 돈을 투자해 회사의 지분 6%를 소유하게 된 그들은 자신들의 재산을 활용, 모든 어린이에게 유아기의 학습 기회를 제공하는 데 초점을 맞춘 대단히 적극적이고 창의적인 자선사업가가 되었다.

다른 사람들 역시 제프의 아이디어를 제대로 이해하지 못했다. 당시 〈워싱턴 포스트〉의 기자였던 크레이그 스톨츠(Craig Stoltz)는 〈워싱턴 포스트〉에서 발간하는 소비자 기술 관련 잡지도 담당하고 있었다. 베조스는 자신의 아이디어를 홍보하기 위해 그를 찾아갔고, 스톨츠는 이후 블로그에 이런 글을 포스팅했다. "그는 키가 작고, 미소가 부자연스러웠으며, 머리숱은 별로 없었지만 열정적인 사람이었다." 제프를 탐탁지 않게 여긴 스톨츠는 그를 보낸 뒤 그 아이디어에 대한 글을 쓰지 않기로 했다. 세월이 흘러 스톨츠가 신문사를 떠나고도 한참이 지난 후, 베조스는 그 신문사를 사들였다.

제프와 매켄지는 우선 시애틀 인근의 방 두 칸짜리 집에 세를 들어 그곳에 회사를 차렸다. "차고를 작업 공간으로 바꾸고 선 워크스테이션(Sun workstation, 1980년대 초 스탠포드 대학에서 고안한 모듈형 컴퓨터 시스템) 세 대를 들여놨다." 조시 퀴트너(Josh Quittner)는 이후 〈타임(Time)〉

에 이렇게 적었다. "집 안에서 사용 가능한 모든 콘센트에는 차고와 연결되는 전기선이 뱀처럼 말려 있었고 천장에는 블랙홀이 입을 벌리고 있었다. 공간을 더 확보하기 위해 배불뚝이 스토브를 뜯어낸 자리였다. 베조스는 돈을 절약하기 위해 홈디포(Home Depot, 주택 자재를 판매하는 소매 체인)에 가서 나무문 세 개를 구입하고는 꺾쇠와 각목을 이용해 단돈 60달러로 책상 세 개를 만들었다."

아마존닷컴은 1995년 7월 16일부터 가동을 시작했다. 베조스와 그가 이끄는 소규모 팀은 판매가 이루어질 때마다 울리는 벨을 설치해두었지만 주문이 밀려들면서 그 벨은 정말 얼마 안 가 소용이 없어졌다. 친구들에게 입소문을 내달라고 부탁한 것 외에는 이렇다 할 마케팅이나 홍보 계획도 없었던 첫 달에 아마존은 미국 50개 주는 물론 45개국에까지 물건을 판매했다. "시작하고 이틀 만에 엄청난 사업이 되겠다는 느낌이 왔습니다." 베조스가 〈타임〉과의 인터뷰에서 말했다. "감히 상상도 하지 못했던 어마어마한 일을 이뤄낼 수 있겠다는 확신이 생겼죠."

처음엔 제프와 매켄지, 초기 직원들 몇 명이 포장부터 시작해 배송용 상자 운반에 이르는 모든 일들을 처리했다. "준비를 미처 하지 못한 상태였는데 너무나 많은 주문이 밀려들다 보니 물류센터에는 체계랄 것 자체가 없었습니다. 사실 우린 콘크리트 바닥에 무릎을 꿇고 앉아 손으로 포장을 했다니까요." 베조스가 파안대소를 하며 종종 전하는 아마존의 상징적 창업 전설들 중에는 쉬운 포장 방법을 찾던 이야기가 있다.

"포장 때문에 죽을 지경이야! 허리도 아프고 딱딱한 시멘트 바닥 탓에 무릎도 너무 아파. 우리한텐 꼭 필요한 게 있어. 무릎 보호대 말이야!" 어느 날 베조스가 외치자 한 직원이 여태껏 본 중에 가장 멍청한 사람이라는 듯 그를 보며 말했다. "우리에게 필요한 건 포장 테이블이에요."

베조스는 천재를 만난 것처럼 그 직원을 쳐다봤다. "내가 들어봤던 것들 가운데 가장 현명한 아이디어야." 그때를 회상하며 베조스가 말했다. "이튿날 우리는 포장 테이블을 들여왔습니다. 생산성이 두 배는 늘어났을 거예요."

아마존이 그토록 빠르게 성장했다는 것은 사실 베조스와 동료들이 많은 문제들에 대해 준비되어 있지 않았다는 의미이기도 했다. 하지만 베조스는 혼란과 소란 속에서도 긍정적인 면을 봤다. "주문받은 물건이 제대로 출고되었는지 직원 한 사람 한 사람이 확인해야 했기 때문에 고객과 아주 가까이에서 직접 부딪칠 수밖에 없었습니다. 오히려 그 덕분에 우리 회사의 모든 부서가 자신의 상황에 꼭 맞는 고객서비스 문화를 만들어낼 수 있었습니다. 이런 것이 바로 우리의 목표입니다. 지상 최고의 고객중심 회사가 되는 것 말입니다."

곧 베조스의 목표는 '세상 모든 것을 파는 가게(everything store)'를 만드는 것이 되었다. 그의 다음 단계는 음악과 비디오로의 카테고리 확장이었다. 고객에게 초점을 맞추는 그는 1000명의 고객에게 이메일을 보내 아마존에서 책 외의 어떤 것을 구입하고 싶어 하는지 물었고, 그들의 대답은 베조스가 '롱테일(long tail)'의 개념을 더 잘 파악하는 데 도움을 주었다. 롱테일이란 일반적인 인기 상품이 아닌 탓에 대부분의 소매업체에서 매대를 차지하지 못하는 제품을 제공한다는 개념이다. "제 질문에 사람들이 답한 방식은 그 순간 그들이 찾는 것과 관련되어 있었습니다. '당신들이 자동차 앞유리 와이퍼의 고무날을 좀 팔았으면 좋겠어요. 그 물건이 꼭 필요하거든요'라는 답변이 아직도 기억나네요. 저는 혼자 '이런 식으로라면 어떤 것이든 팔 수 있겠다'고 생각했죠. 이후 우리는 전자제품, 완구를 비롯해 긴 시간에 걸쳐 많은 제품군을 추가했습니다."

1999년 말 나는 〈타임〉의 편집자였고 우리는 세계적으로 유명한 리더도 정치인도 아닌 베조스를 그해의 인물로 선정하겠다는 다소 파격적인 결정을 내렸다. 우리의 삶에 가장 큰 영향을 주는 이들은 기업계와 기술계에 있는 사람들이라는 것이 내 생각이었다. 경력 초기에는 신문 1면에서 자주 볼 수 없었을지라도 말이다.

예를 들어 우리는 1997년 말 인텔(Intel)의 앤디 그로브(Andy Grove)를 그해의 인물로 선정했다. 어떤 수상이나 대통령, 재무장관보다 마이크로칩의 폭발적 증가가 우리 사회에 더 큰 변화를 줄 것이라 느꼈기 때문이다. 하지만 베조스가 커버스토리로 실린 〈타임〉은 1999년 말 가까이에 발간되었다. 당시는 닷컴 거품이 꺼지기 시작하던 때라 아마존 같은 인터넷 주식의 붕괴가 시작될 것이란 걱정이 들었는데 정확한 예상이었다. 때문에 나는 〈타임〉의 CEO인 돈 로건(Don Logan)에게 베조스를 선택한 것이 실수는 아닐지, 몇 년 안에 인터넷 경제의 거품이 사라지면 어리석게 비춰질 결정이 아닐지 물었다. 돈은 이렇게 답했다. "아니에요. 당신 선택을 밀고 나가세요. 제프 베조스가 하고 있는 건 인터넷 사업이 아닌 고객서비스 사업입니다. 앞으로 수십 년, 사람들이 거품이 꺼진 닷컴에 대해 다 잊은 후까지도 그는 건재할 겁니다."

그렇게 우리는 계획을 밀고 나갔다. 유명한 인물사진작가인 그렉 하이슬러(Greg Heisler)는 베조스에게 포장용 완충재가 들어 있는 아마존 포장 상자에서 머리를 내밀고 있는 포즈를 취하게 했고 우리는 마거릿 칼슨(Margaret Carlson)의 집에서 온라인으로 주문한 음료와 음식만을 가지고 파티를 열었다. 재기발랄한 젊은 편집자 조슈아 쿠퍼 라모(Joshua Cooper Ramo)는 역사적인 시각에서 베조스를 다룬 기사를 썼다.

경제에 지각 변동이 있을 때마다 다른 사람들보다 훨씬 먼저 그 진동을 감지하는 이들이 있다. 그들은 그 진동을 매우 강하게 느끼기 때문에 행동을 취할 수밖에 없다. 경솔하고 때론 멍청해 보이기까지 하는 행동을 말이다. 연락선 사업을 하던 코닐리어스 밴더빌트(Cornelius Vanderbilt)는 철도가 들어오는 것을 보고 배에서 뛰어내렸다. 세상 어디에도 컴퓨터가 없을 때 토머스 왓슨 주니어(Thomas Watson Jr.)는 앞으로 모든 곳에 컴퓨터가 존재할 것임을 직감적으로 깨닫고선 그 직감에 아버지의 사무기기 회사인 IBM 전체를 걸었다. 제프리 프레스턴 베조스(Jeffrey Preston Bezos, 제프 베조스의 풀네임) 역시 같은 경험을 했다. 월드와이드웹(World Wide Web)이라는 것에 연결된 컴퓨터들의 미로를 들여다보고는 소매의 미래가 그 뒤에서 빛나고 있음을 깨달은 것이다. (…) 온라인 소매 세계에 대한 베조스의 비전은 너무나 완벽했고 그의 아마존닷컴 사이트는 너무나 우아하며 매력적이었다. 아마존은 그 첫날부터 온라인으로 상품 판매를 원하는 사람들의 평가 기준이 되었고, 이제는 모든 사람의 평가 기준으로 자리매김했다.

아마존은 인터넷 거품 붕괴로 대단히 큰 타격을 입었다. 그가 '올해의 인물'로 선정되었던 1999년 12월에 106달러였던 아마존 주가는 한 달 뒤 40% 하락했고, 2년 만에 6달러까지 떨어졌다. 저널리스트와 주식분석가 들은 이 회사를 '아마존닷토스트(Amazon.toast)', '아마존닷밤(Amazon.bomb)'이라 부르며 비웃었다. 베조스가 그 직후 쓴 연례 주주서한은 이 한 마디로 시작된다. "어이쿠."

하지만 돈 로건이 옳았다. 아마존과 베조스는 거품의 붕괴에서도 살아남았다. "저는 주가가 113달러에서 6달러로 떨어지는 것을 보면서 한편으로는 고객 수, 단위수량당 이윤 등 내부 사업지표도 주시하고 있었습니다. 사업과 관련된 모든 것들이 좋아지고 빨라지는 중이었죠. 우리 사업은 고정비 사업입니다. 내부 지표를 통해서 저는 우리 회사가 고정비를 감당할 정도의 구매 수준만 유지되면 수익성이 있을 거라 계산하고 있었습니다."

베조스는 장기적 관점에서 바라보고, 성장을 위해 이익을 포기하며, 경쟁자는 물론 동료들에게까지도 인정사정없는 태도를 유지함으로써 성공을 일구었다. 닷컴 붕괴의 와중에 그와 몇몇 다른 인터넷 기업가들은 〈NBC 나이틀리 뉴스(NBC Nightly New)〉에 출연한 적이 있다. 진행자 톰 브로커(Tom Brokaw)가 아마존이 성장 과정에서 큰 적자를 기록 중이란 사실을 부각시키며 물었다. "베조스 씨, '이윤(P-R-O-F-I-T)'의 철자는 알고 계신가요?" 베조스가 답했다. "물론입니다. P-R-O-P-H-E-T(prophet, '예언자'란 뜻으로 '이윤'이란 영어 단어와 발음이 같음)죠." 2019년 아마존의 주가는 2000달러, 회사의 매출은 2330억 달러, 전 세계에서 일하는 직원 수는 64만 7000명에 이르렀다.

베조스의 혁신과 회사 운영 방식을 보여주는 한 예가 아마존 프라임이다. 아마존 프라임은 온라인 주문을 통해 얼마나 빠르고 값싸게 만족을 얻을 수 있는지에 대한 미국인들의 사고방식을 바꾸어놓았다. 아마존 이사회의 구성원 하나는 항공사가 단골 고객들에게 제공하는 것과 같은 포인트 적립 프로그램을 만들자고 제안했다. 그와 별개로 아마존의 엔지니어 한 명은 회사가 최우수 고객들에게 무료 배송 서비스를 제공하는 것이 어떻겠느냐는 의견을 내놓았다. 베조스는 이 두 아이디어를 합쳐서 재무팀에 비용과 편익 분석을 요청했다고 한다. 그는 특유의 웃음과 함께 이렇게 이야기했다. "섬뜩한 분석 결과가 나왔습니다." 하지만 그에게는 큰 결정을 할 때 경험적 자료 외에도 마음과 직관을 이용한다는 원칙이 있었다. "위험을 감수해야 합니다. 직관을 따라야 하고요. 모든 좋은 결정은 그런 식으로 만들어집니다." 그가 말했다. "물론 사람들과 함께해야 하고, 또한 대단히 겸손한 자세를 가져야 하죠."

아마존 프라임이란 서비스를 만드는 것은 자신이 '일방향의 문(one-way door)'이라 일컫는 일, 즉 되돌리기 어려운 결정임을 베조스는 누구보다 잘 알고 있었다. "우리는 파이어폰(Fire Phone, 아마존에서 출시했던 스마트폰의 브랜드명) 등을 비롯한 여러 실수를 저질렀습니다. 실패한 실험들을 모두 나열하진 않겠습니다. 하지만 큰 성공작 하나는 수천 개의 실패한 실험을 만회할 수 있죠." 프라임 서비스 초기에 그는 회원들이 무료 배송 혜택을 지나치게 사용하면서 섬뜩한 상황이 펼쳐질 것임을 미리 예상하고 있었다. "마음껏 먹을 수 있는 무료 뷔페를 차려놓으면 어떤 일이 일어날까요? 누가 뷔페에 가장 먼저 나타날까요?" 그가 말했다. "대식가들이겠죠. 무서운 일이 아닐 수 없습니다. '내가 정말 새우를 먹고 싶은 만큼 실컷 먹으라고 했단 말인가?' 하면서 발등을 찍고 싶을 테죠." 하지만 결국 아마존 프라임은 편의성까지 곁들여진 고객 보상 프로그램이 되었음은 물론 고객 데이터의 거대한 원천으로도 자리 잡았다.

베조스가 만든 가장 훌륭한 혁신이자 우연의 축복을 많이 받은 혁신은 아마존 웹서비스였다. 엘라스틱 컴퓨터 클라우드(EC2; Elastic Compute Cloud, 아마존의 웹서버를 시간 단위로 외부 기업에 임대해주는 서비스)라 알려진 소프트웨어 레이어, 심플 스토리지 서비스(Simple Storage Service)라 알려진 호스팅 운영을 비롯한 초기 아이디어들은 회사 내부에서부터 형성되기 시작했고, 다양한 관련 아이디어들은 결국 '개발자들과 기업이 웹서비스를 이용해 정교하고 확장 가능한 어플리케이션을 만들 수 있게 하는' 서비스를 제안하는 보고서로 종합되었다.

그 잠재력을 포착한 베조스는 자신의 팀을 몰아붙여 더 빠르게 큰 규모로 서비스를 개발하게 했다. 때론 그의 엄청난 열정이 격노로 폭발하는 경우도 있었지만 그 과정의 결과물은 아이폰 앱 스토어 이래 어떤 플랫폼과도 비교가 안 될 정도로 강력하게 인터넷 기업가 정신을 북돋웠다. 기숙사에 있는 학생이든 메인 스트리트에 있는 어떤 대기업이든 대량의 서버와 소프트웨어를 구입할 필요 없이 자신들의 아이디어를 실험하고 새로운 서비스를 구축하는 것이 가능해진 것이다. 그들은 직접 큰돈을 투자하지 않고도 세계 어느 회사의 것보다 광범위한 어플리케이션, 주문식 컴퓨팅 파워, 서버 팜 등 전 세계에 분포된 인프라를 공유할 수 있게 되었다.

"우리는 기업이 컴퓨팅 파워를 구매하는 방법을 완전히 바꿨습니다." 베조스의 말이다. "그 전까지 컴퓨팅 파워를 필요로 하는 기업은 데이터센터를 짓고, 그 안에 서버를 채우고, 서버 운영 시스템을 업그레이드하고, 모든 것이 적절히 돌아가도록 유지 관리해야 했습니다. 이런 작업들은 기업이 하는 일 자체의 가치를 높이는 데는 전혀 도움이 되지 않았습니다. 시장에서 활동하려면 반드시 지불해야 하는 입장료인 셈이었죠. 그만큼 차별화가 어려운 힘든 과제였습니다." 그는 아마존 내에서도 이런 과정이 여러 혁신 그룹을 방해하고 있음을 알게 되었다. 아마존의 어플리케이션 개발자들은 하드웨어팀과 끊임없이 씨름해야 했는데, 베조스는 그들에게 표준 API(Application Programming Interface, 운영 시스템과 응용 프로그램 사이의 통신에 사용되는 언어나 메시지 형식)와 컴퓨팅 자원에 대한 접근 방법을 개발하게 했다. "그 일을 마치고 나니 세상의 모든 회사가 이것을 원하게 될 것임이 분명해졌습니다."

기적은 한참 동안 이어졌다. 몇 년 동안 그 분야에 경쟁자로 들어오는 기업이 없었던 것이다. 베조스의 비전은 다른 사람들의 그것보다 훨씬 앞서 있었다. 그는 "그것은 제 사업 역사상 제가 아는 가장 큰 행운이었습니다"라고 말한다.

때로는 실패와 성공이 함께한다. 파이어폰의 실패, 알렉사(Alexa)로 알려진 개인 비서, 그리고 스마트 스피커인 에코의 성공이 그 예다. 베조스는 2017년 주주서한에 이렇게 적었다. "파이어폰은 실패했지만 우리는 그 과정에서 얻은 교훈(그리고 개발자)들을 바탕으로 에코와 알렉사의 개발 속도를 높일 수 있었습니다."

에코에 대한 그의 열정은 '스타 트렉' 게임에 대한 애정에서 자라나왔다. 어린 시절 친구들과 그 게임을 할 때면 베조스는 우주함선 엔터프라이즈(Enterprise)의 컴퓨터 역할을 맡곤 했다. 그는 이렇게 적었다. "에코와 알렉사에 대한 영감은 '스타 트렉'의 컴퓨터에서 얻은 것입니다. 그 아이디어는 우리가 수년간 구축과 방황을 거듭해온 다른 두 영역, 머신러닝과 클라우드에 근원을 두고 있죠. 아마존 초기부터 머신러닝은 아마존의 제품 추천에서 없어서는 안 될 부분이었으며 AWS 덕분에 우리는 클라우드 역량에서 제1열에 서게 되었습니다. 수년간의 개발 끝에 마침내 2014년에는 에코를 선보였습니다. 에코는 알렉사에 의해 움직이고 알렉사는 AWS 클라우드에서 살고 있죠." 그 결과는 스마트 스피커, 〈스타 트렉〉의 수다스런 컴퓨터와 닮은 가정용 컴퓨터와 인공지능 개인 비서의 결합물이었다.

어떤 면에서 보자면 아마존 에코의 기원은 스티브 잡스의 아이팟

개발과 닮아 있다. 포커스그룹(소수의 그룹을 대상으로 심도 깊은 인터뷰를 하는 평가 기법, 혹은 그 그룹)보다는 직감에서 탄생한 것으로 고객 수요에 대한 응답이 아니었다는 점에서 말이다. "어떤 고객도 에코를 요구하지 않았습니다. 시장 조사도 도움이 되지 않았고요. 2013년의 어느 고객에게 질문을 한다고 가정해봅시다. '프링글스(Pringles) 크기의 검은 원통 모양의 기구가 주방에 늘 켜져 있으면서 당신과 대화하고 당신의 질문에 답을 하며 조명을 켜거나 음악을 틀어준다면 어떨까요?'라고 말이죠. 고객은 당신을 이상한 눈으로 쳐다보면서 '아뇨, 전 그런 거 필요 없어요.'라고 대답할 것이 뻔합니다." 베조스는 그런 가정용 기기 발명에서 애플을 완파했고 이후에는 그 구성 요소들(음성인식과 머신러닝)이 구글과 애플이 연이어 내놓은 경쟁 기기보다 잘 작동하게 만들었다. 베조스에게는 몹시 반가운 아이러니였다.

결국 베조스는 아마존 온라인 스토어, 아마존 프라임, 에코, 아마존의 고객 데이터 분석을 2017년 인수한 식료품 체인 홀푸드 마켓과 통합시키는 새로운 꿈을 꾸게 되었다. 베조스는 그 인수가 부분적으로는 홀푸드의 설립자 존 매키(John Mackey)의 세계관에 대한 존경심 때문이라고 말했다. 그는 인수를 염두에 두고 있는 회사의 설립자나 최고경영자를 만날 경우 그 사람이 돈을 벌겠다는 목적만 있는지, 아니면 고객서비스에 진정한 열정을 가지고 있는지를 판단하려 노력한다. "제가 항상 가장 먼저, 우선적으로 파악하려고 노력하는 것이 있습니다. 그 사람은 선교사인가 용병인가를 판단하는 거죠." 베조스의 이야기다. "용병은 주가를 움직이기 위해 노력하고, 선교사는 자신의 제품이나 서비스를 아끼며 고객에 대한 애정을 가지고 훌륭한 서비스를 만들기 위해 노력합니다. 여기에서의 가장 큰 모순은 보통 선교사가 더 많은 돈을 번다는 점입니다." 매키는 선교사라는 인상을 풍겼고 그의 열정은 홀푸드의 기풍에 녹아 있었다. "홀푸드는 선교 기업이고 매키는 선교사입니다."

아마존 이외에 베조스가 가장 큰 열정을 품고 있는 것은 그가 어렸을 때부터 키워온 꿈인 우주여행이다. 그는 2000년 시애틀 인근에 아주 은밀하게 회사 하나를 세웠고 인류가 담청색 행성에서 유래했다는 의미를 담아 블루 오리진(Blue Origin)이라는 이름을 붙였다. 그는 자신이 좋아하는 공상과학 소설 작가 닐 스티븐슨(Neal Stephenson)에게 자문을 요청했고, 그들은 물건을 우주로 날려 보내는 채찍 같은 장치 등 극도로 신선한 아이디어들을 논의했다. 결국 베조스가 집중한 것은 재활용 로켓이었다. "2000년의 상황은 1960년과 얼마나 달라졌나요?" 그가 물었다. "엔진은 그때보다 좀 더 좋아졌을지 모르지만 여전히 화학 로켓 엔진입니다. 달라진 것은 컴퓨터 감지기, 카메라, 소프트웨어고요. 수직 착륙은 1960년에는 존재하지 않았으나 2000년에는 존재하는 기술로 해결할 수 있는 종류의 문제입니다."

2003년 3월 베조스는 비밀리에 재활용 로켓을 만들 만한 넓은 목장 부지를 텍사스에 마련하기 시작했다. 크리스천 데이븐포트(Christian Davenport)의 저서 《타이탄: 실리콘밸리 거물들은 왜 우주에서 미래를 찾는가(The Space Barons: Elon Musk, Jeff Bezos, and the Quest to Colonize the Cosmos)》에 나오는 가장 인상적인 장면 중 하나는 베조스가 헬리콥터를 타고 땅을 찾아다니다 끔찍한 충돌 사고를 당하는 부분이다.

기자이자 베조스의 전기 작가인 브래드 스톤(Brad Stone)은 블루 오리진의 존재를 알게 된 뒤 베조스에게 이메일을 보내 우주 사업을 시작했다는 것이 사실인지 물었다. 베조스는 그에 대해 이야기할 준비가 되어 있지 않다고 밝히면서도, 자신이 블루 오리진을 설립한 목적은 정부가 운영하는 미국 항공우주국(NASA, National Aeronautics & Space Administration) 프로그램이 너무나 위험 회피적이고 정체되어 있다는 생각 때문이었다는 스톤의 견해만은 공식적으로 반박했다. "NASA는 국가의 보물입니다. NASA에 불만을 가진다는 것은 완전히 헛소리예요." 베조스는 스톤에게 이렇게 적어 보냈다. "제가 우주에 관심을 가지는 건 다섯 살 때 NASA가 제게 영감을 주었기 때문입니다. 그 나이의 아이에게 영감을 줄 수 있는 국가 기관이 얼마나 되겠습니까? NASA가 하는 일은 기술적으로 몹시 어렵고 본질적인 위험을 안고 있습니다. 그럼에도 그들은 계속해서 뛰어난 일들을 해내고 있죠. 블루 오리진 같은 작은 우주 기업들이 *무엇인가*를 할 수 있는 기회를 얻는다면 그 유일한 이유는 그 기업들이 NASA의 업적과 독창성이란 어깨 위에 올라가 있기 때문입니다."

베조스는 용병이 아닌 선교사의 자세로 우주 사업에 접근 중이다. "이 일은 제가 하고 있는 일 중 가장 중요한 것이고, 저는 이 일에 대해 대단히 강한 확신을 갖고 있습니다." 지구는 유한하며 따라서 에너지 사용량의 급격한 증가로 우리의 작은 지구가 가진 자원은 한계에 이르리라는 것이 그의 생각이다. 여기에서 우리는 선택을 할 수밖에 없다. 인류의 정적인 성장을 받아들이거나 지구 밖을 탐험하고 그곳으로의 확장을 꾀하거나. "저는 제 후손들이 사용할 수 있는 1인당 에너지가 저의 경우보다 훨씬 많아지길 바랍니다. 인구 상한이 없는 세상도 보고 싶습니다. 태양계에 1조의 인류가 존재하기를 희망하거든요. 그렇게 된다면 1000명의 아인슈타인과 1000명의 모차르트가 나올 겁니다." 그는 지구가 지금 같은 추세의 인구와 에너지 사용 증가를 감당하지 못하게 되는 날이 한 세기 내에 도래할 것이라고 염려한다. "그럼 어떤 결과가 나타나겠습니까? 정체(停滯)가 올 겁니다. 정체가 자유와 양립하는 것은 상상조차 할 수 없는 일입니다." 이 때문에 그는 이제 새로운 개척지에 대해 생각하기 시작해야 할 때라고 믿고 있다. 그는 우주에 대한 접근 비용을 낮추고 우주 자원을 이용함으로써 "우리가 이 문제를 바로잡을 수 있다"고 말한다.

블루 오리진은 재활용 로켓과 엔진을 통해 우주로의 접근 비용을 낮추는 데 집중하고 있다. 미국 최초의 우주 비행사 앨런 셰퍼드(Alan Shepard)의 이름을 딴 뉴 셰퍼드(New Shepard)는 수직으로 이륙해서 우주로 날아갔다가 다시 지상에 수직으로 착륙한 뒤 처음으로 재활용된 최초의 로켓이다. 텍사스 서부에서 발사된 뉴 셰퍼드는 처음부터 인간의 우주 비행을 위해 고안되었다. 이 로켓은 유료 고객들을 우주로 보냈다가 돌아오게 할 준비를 하고 있으며 대학과 연구소, NASA를 위한 기내 연구 실험에도 착수했다. 블루 오리진의 보다 큰 궤도 로켓인 뉴 글렌(New Glenn)은 지구 궤도를 처음으로 여행했던 존 글렌(John Glenn)의 이름을 따른 것으로 유료 고객과 NASA, 국가안전보장국의 손님들을 우주로 보낼 준비를 갖추고 있다. 2019년 베조스는 달착륙선 블루문(Blue Moon) 관련 계획을 발표했고 NASA로부터 인간을 다시 달로 보내는 시스템을 개발하는, 거의 5억 달러에 이르는 계약을 수주했다. 블루 오리진은 이 프로젝트를 위해 록히드 마틴(Lockheed Martin 미국의 우주항공, 방위, 안보 관련업체), 노스롭 그루먼(Northrop Grumman, 스텔스 폭격기와 무인정찰기로 대표되는 미국의 방산업체), 드레이퍼(Draper, 태양광 제어기를 비롯한 혁신 솔루션 제조업체)와 협력 관계를 맺고 있다. 이와 별개로 베조스는 아폴로 프로그램 당시의 달 탐사용 로켓 새턴 V(Saturn V)에 동력을 공급했던 F-1 엔진 여러 개를 되찾는 원정에 자금을 댔다.

베조스가 개인적으로 열정을 갖는 또 하나의 대상은 2013년 인수한 〈워싱턴 포스트〉다. 신문이 위축되고 있는 시대임에도 그는 〈워싱턴 포스트〉에 현금, 에너지, 기술, 새로운 기자들을 지원하는 한편 저명한 편집자 마틴 배런(Martin Baron)에겐 제한 없는 편집 통제권을 주었다. 베조스는 이렇게 말했다. "저는 신문에는 눈을 돌리지 않고 있었습니다. 관심을 둔 적이 전혀 없었죠. 어린 시절의 꿈도 아니고 말입니다." 하지만 이후 〈워싱턴 포스트〉의 소유주인 도널드 그레이엄(Donald Graham)이 설득에 나섰다. 여러 차례 그레이엄과 만난 베조스는 신문이 사회적으로 갖는 의미를 깊이 인식하게 되었다. 이후 그는 자기성찰을 했고, 늘 그렇듯 분석보다는 직관에 의존한 끝에 이런 결론을 내렸다. "〈워싱턴 포스트〉는 세계에서 가장 중요한 나라의 수도에 있는 신문이다. 〈워싱턴 포스트〉는 이 민주국가에서 말할 수 없이 중요한 역할을 맡고 있는 조직이다." 그는 그레이엄에게 인수 의사를 밝혔으나 가격을 흥정하진 않았다. "저는 그와 협상에 나서지도, 관련 서류를 검토하지도 않았습니다. 도널드와는 그렇게 할 필요가 없었어요. 그는 제게 좋은 점과 나쁜 점 모두를 하나도 빠짐없이 이야기했습니다. 그가 회사의 손익에 대해 얘기한 것들은 하나도 빠짐없이 사실로 판명되었죠."

베조스는 이 신문을 더 낫게, 그리고 재정적 면에서 보다 자립적으로 만들었지만 인수의 대가는 대단히 컸다. 도널드 트럼프(Donald Trump) 대통령은 베조스가 편집 통제권을 행사하지 않고 그 신문이 아마존과 완전히 별개라는 것을 이해하지도 신경 쓰지도 않았다. 대통령은 내가 보기에는 부정한 방법으로 연방정부의 권한을 남용해 아마존에게 벌을 주고, 정부에 득이 되는 아마존 웹서비스와의 계약도 거부하려 했다.

베조스의 정치적 입장, 그리고 〈워싱턴 포스트〉에 압력을 넣지 않는다는 철학은 사회적 자유주의(그는 동성 결혼 합법화 운동에 거액을 기부했다)와 개인의 자유를 강조하는 경제적 견해로 이루어져 있다. 이는 카스트로 치하의 쿠바에서 빠져나온 그의 아버지와 공유하고 있는 태도이기도 하다. 그는 "필요에 따라 많은 자유가 허락되는 자유시장경제는 자원의 분배 측면과 잘 맞아떨어지는 체제입니다"라고 말한다. 하지만 자유시장의 장점은 효율에만 있는 것이 아니라 그것이 개인에게 부여하는 도덕적 가치에도 있다는 것이 그의 생각이다.

믿기 힘들 정도로 유능한 인공지능 컴퓨터가 보이지 않는 손보다 자원을 잘 분배하는, 그래서 "이렇게 많은 닭고기는 필요 없어요. 이 정도만 있으면 됩니다"라고 말하는 세상을 상상해보십시오. 물론 이것은 부를 더 늘리는 결과로 이어질 것입니다. 자유를 포기하면 모두가 조금 더 부유해질 수 있는 사회가 될 수도 있고요. 그래서 저는 이런 질문을 던지고 싶군요. 세상이 그렇게 달라진다면 "그게 좋은 거래일까요?" 저는 그렇게 생각하지 않습니다. 오히려 끔찍한 거래라고 여겨지기 때문이죠. 아메리칸 드림이란 곧 자유라는 것이 제 생각입니다.

이 책을 통해 당신은 베조스의 인터뷰, 글, 그가 1997년부터 직접 작성해온 연례 주주서한에 드러난 여러 가지 교훈과 비결을 배우게 될 것이다. 그중에서도 내가 가장 중요하게 생각하는 것은 다음의 다섯 가지다.

1. 장기적 관점으로 집중한다
"가장 중요한 것은 장기적 시각" 베조스가 1997년 그의 첫 주주서한 첫 표제에 굵은 글씨로 강조한 말이다. "우리는 단기적 이윤이나 월스트리트의 반응에 좌우되지 않고 항상 장기적인 시장 주도자의 시각에서 투자 결정을 내릴 것입니다." 장기적 관점에서 집중하면 보다 낮은 가격에 보다 빠르고 나은 서비스를 원하는 고객의 이익과 투

자 수익을 원하는 주주들의 이익을 일치시킬 수 있다. 단기적으로 접근하면 이 둘의 이해관계가 항상 합치되진 않는다.

그 외에도 장기적 사고는 혁신을 가능케 한다. 이에 대해 베조스는 이렇게 이야기했다. "우리는 무언가를 발명하고 새로운 일을 하는 것을 좋아합니다. 그런데 발명에는 장기 지향적 시각이 필수적입니다. 발명의 과정에는 많은 실패가 따르기 때문이죠." 베조스는 우주여행에 대한 관심이 자신으로 하여금 계속해서 멀리 있는 지평선에 집중할 수 있게 해준다고 이야기한다. 장기적 시각을 갖는 것은 베조스의 많은 장점 중 하나인데, 그는 이 능력을 아마존에서 꾸준히 발휘해왔다. 그는 우주 기업인 블루 오리진의 강령을 이렇게 정했다. "블루 오리진은 장기적인 목표를 차근차근 끈기 있게 추구한다." 일론 머스크(Elon Musk)의 우주 프로그램 추진은 꾸준하다고 말하기 힘들다. 그에 반해 베조스는 자신의 팀에게 '토끼가 아닌 거북이가 되라'고 조언한다. 블루 오리진 공장에는 그라다팀 페로키테르(Gradatim Ferociter), 즉 '한 단계씩 맹렬하게'라는 사훈이 적혀 있다.

베조스의 강점 중 또 다른 하나는 활기 있는 끈기, 그리고 끈기 있는 활기로 이런 좌우명을 따르는 능력이다. 베조스는 미래학자 데니 힐리스(Danny Hillis)가 고안한 만년 시계인 '롱나우의 시계(clock of the long now)'를 자신의 텍사스 목장에 세우기 시작했다. 이 시계의 침은 100년에 한 번씩 움직이고 뻐꾸기는 1000년에 한 번씩 나온다. 그는 이렇게 말한다. "이것은 장기적 사고의 상징으로 설계된 특별한 시계입니다."

2. 집요하고 열정적으로 고객에 초점을 맞춘다

베조스는 1997년의 주주서한에 썼던 '고객에게 집착한다'는 표현을 이후의 주주서한에서도 빠뜨리지 않고 강조한다. 이듬해 주주서한에 그는 이렇게 썼다. "우리의 목표는 세계에서 가장 고객중심적인 회사가 되는 것입니다. 우리는 고객이 통찰력 있고 현명하다는 것을 자명한 이치로 받아들입니다. (…) 아무리 지쳐도 휴식은 없습니다. 저는 매일 아침 두려움 속에서 눈을 뜨라고 직원들에게 끊임없이 상기시킵니다. 경쟁이 아닌 고객에 대한 두려움 속에서 말입니다."

아스펜 연구소(Aspen Institute)와 〈배니티 페어(Vanity Fair)〉가 후원한 한 콘퍼런스에서 나와 인터뷰한 베조스는 이렇게 설명했다. "우리 회사의 핵심은 경쟁 집착이 아닌 고객 집착입니다. 고객중심적인 것의 장점은 고객이 결코 만족을 모른다는 데 있죠. 고객은 언제나 더 많은 것을 바라고, 그렇게 함으로써 우리를 다그칩니다. 경쟁자에게 집착하는 리더라면 어떨까요? 주위를 돌아보고 모두가 자기 회사보다 뒤처져 있음을 발견한다면 속도를 늦출 겁니다."

고객에 대한 그의 집착을 잘 드러내는 사례는 제품에 대한 부정적 리뷰를 볼 수 있게 한 정책이다. "아마존은 물건을 팔아야만 돈을 벌 수 있습니다. 부정적인 리뷰가 사업에 지장을 준다는 사실을 잊고 있는 것은 아닙니까?"라는 어느 투자자의 불평에 대해 베조스는 이렇게 말했다. "그 편지를 읽고 저는 생각했습니다. 우리가 돈을 버는 때는 물건을 팔 때가 아닙니다. 고객들이 구매 결정 내리는 것을 도울 때죠."

아마존은 월마트(Walmart)와 마찬가지로 공급업체를 쥐어짜고 비용을 줄이도록 강요한다는 비판을 받는다. 하지만 베조스는 고객들을 위해 '가차 없이 가격을 낮추는 것'이 아마존의 핵심 사명이라고 생각한다. 최근 아마존은 대부분의 주요 고객만족도 조사에서 1위를 차지했다.

3. 파워포인트와 슬라이드 프레젠테이션을 피한다

이것은 스티브 잡스도 따랐던 원칙이다. 베조스는 스토리텔링의 힘을 굳게 믿고 있다. 남에게 아이디어를 설득시키려면 재미있게 읽히는 서사를 만들 수 있어야 한다고 생각하는 것이다. "아마존에서는 파워포인트(혹은 기타 다른 슬라이드 중심의) 프레젠테이션을 하지 않습니다." 최근 보낸 주주서한에 그는 이렇게 적었다. "대신 우리는 서사적 구조를 가진 여섯 페이지짜리 글을 작성하죠. 그리고 매 회의 시작 때마다 조용히 그 글을 읽는 일종의 자습 시간을 갖습니다."

여섯 페이지로 분량이 제한된 글은 명료해야 한다. 베조스는 명료한 글이 명료한 생각을 하게 만든다고 여긴다(옳은 생각이다). 여럿이 협력해서 글을 쓰는 경우가 많지만 거기에서도 개별적인 스타일이 드러나며, 제안된 보도자료를 통합하는 경우도 있다. "여섯 페이지짜리 글을 쓰는 것도 팀워크입니다. 팀의 누군가는 기술을 가지고 있어야 합니다."

4. 큰 결정에 초점을 맞춘다

"고위 임원은 어떤 일을 하고 보수를 받는 것일까요?" 베조스의 질문이다. "임원은 질 높은 소수의 결정을 하는 대가로 보수를 받습니다. 임원의 일은 매일 수천 가지를 결정하는 것이 아닙니다."

그는 결정을 되돌릴 수 있는 것과 그렇지 못한 것으로 나누어 후자에는 더 많은 주의를 기울이고, 전자의 경우에는 그 처리를 분권화시키려 노력한다. 그는 아마존에 '승인으로 가는 다양한 길'이라 부르는 것을 만들어두었다. 다른 조직의 경우 직원들의 제안은 여러 단계의 관리자들에 의해 반려될 수 있기 때문에 승인을 받으려면 그 모든 관문을 거쳐야 한다는 점을 그는 지적한다. 아마존의 직원들은 승인 권한이 있는 수백 명의 임원들 중 누구에게든 자신의 아이디어를 보여줄 수 있다.

5. 적절한 사람을 고용한다

초기에 보낸 주주서한에 베조스는 다음과 같이 썼다. "우리는 항상 다양한 분야의 재능 있는 직원을 고용하고 유지하는 일에 주력할 것입니다." 아마존에서의 보상은, 특히 초기의 경우 현금보다 스톡옵션의 비중이 컸다. "우리는 우리의 성공이 동기부여된 직원들을 끌어들이고 유지하는 능력에 달려 있다는 점, 또 직원은 주인처럼 생각해야 하고 이를 위해선 반드시 실제 주인이 되어야 한다는 점을 잘 알고 있습니다."

그가 관리자들에게 직원 채용 시 고려해야 한다고 가르치는 세 가지 기준이 있다. '나는 이 사람을 존경할 수 있을까? 이 사람은 자신이 들어가는 집단의 전반적인 성과 달성 수준을 끌어올릴 수 있을까? 이 사람은 어떤 면에서 슈퍼스타가 될 수 있을까?'

아마존에서 일하는 것은 쉽지 않다. 베조스는 직원 면접을 볼 때면 이렇게 경고한다. "긴 시간 성실하게 일하는 방법도, 열심히 일하는 방법도, 영리하게 일하는 방법도 있겠죠. 하지만 아마존닷컴에서는 선택권이 주어지지 않습니다. 이 셋 모두를 해내야 하니까요." 베조스는 이 점을 미안하게 생각하지 않는다. "우리는 중요한 것, 우리 고객들에게 의미 있는 것, 손주들에게 말해줄 수 있을 만한 것을 만들기 위해 일하고 있습니다. 그런 일들이 쉬울 리 있겠습니까? 아마존은 직원들이 헌신적이라는 엄청난 행운을 누리고 있습니다. 아마존을 만들어나가는 것은 그들의 희생과 열정입니다."

이런 가르침들에서 나는 스티브 잡스의 운영 방식을 떠올리게 된다. 그런 스타일은 때로 치명적일 수 있고 또 어떤 이에겐 너무 가혹하거나 잔인하게 느껴질 수 있다. 하지만 한편으로 그 스타일은 우리가 사는 방식을 변화시키는 장대하고 새로운 혁신, 그리고 그런 기업의 창출로 이어지기도 한다.

베조스는 이런 많은 일을 해냈다. 하지만 그가 써나갈 그의 역사에는 아직도 여러 장이 남아 있다. 그는 공공의 이익과 행복에 꾸준히 관심을 보이고 있지만 나는 앞으로 그가 더 많은 자선 활동에 참여할 것으로 예상한다. 빌 게이츠(Bill Gate)의 부모가 게이츠를 자선사업으로 이끌었듯 재키 베조스와 마이크 베조스는 모든 어린이들에게 훌륭한 유아기 교육을 제공하는 등의 사명에 집중하며 베조스의 본보기가 되어왔다.

또한 나는 앞으로 그가 하나 이상의 큰 도약을 이룰 것이란 확신을 갖고 있다. 나는 베조스가 우주로 날아가는 최초의 민간인이 되기를(그는 실제로 그렇게 되기를 간절히 바라고 있다) 기대한다. 그가 1982년 고등학교 졸업생 대표로 했던 연설에서 말했듯 '우주, 그 마지막 개척지'에서 그를 만날 날을 기다린다.

아마존은 긴 세월 동안 가공할 세계적 영향력을 키워왔다. 그런 아마존의 수장인 베조스도 2020년의 이런 엄청난 위기는 예상하지 못했다. 코로나19의 창궐로 사람들이 집에서 보내는 시간이 많아짐에 따라 전자상거래 배송의 수요는 급격히 치솟았다. 아마존은 이런 수요를 소화하면서 한편으로 수십만 창고 직원들의 건강을 지켜야 하는 벅찬 도전에 직면했다. 베조스는 '코로나19와 아마존이 할 수 있는 최선의 역할'에 온 시간과 생각을 쏟고 있다고 밝혔다. 〈뉴욕타임스(New York Times)〉의 보도에 따르면 베조스는 재고 관리 및 바이러스 검사 등과 관련된 결정을 돕기 위해 전화에 매달려 있다고 한다. 장기 프로젝트에 집중하면서 일상적 책무를 임원들에게로 이전했던 근간의 움직임과는 눈에 띄게 달라진 변화다. 이후 기술 업계에 의회의 압력이 들어왔다. 기술 업계에 대한 정부의 압박이 거세지는 분위기를 타고 의회가 베조스의 청문회 출석을 요구하기에 이른 것이다.

2020년 7월 29일 페이스북(Facebook), 구글, 애플의 CEO와 함께 하원 청문회에 증인으로 나선 베조스는 그 자리에서 미국이 직면한 도전을 이렇게 정의했다. "우리는 인종차별에 대한 조치가 절실히 필요한 국면에 있습니다. 또 기후 변화 및 소득 불평등이라는 문제와 마주하는 중에 세계적 유행병의 위기도 헤쳐 나가는 중이죠." 이후 그의 어조는 한 기업가의 긍정적 확신으로 전환되었다. "하지만 우리의 모든 잘못과 문제에도 불구하고, 세계에는 우리 미국이 가지고 있는 영약(靈藥) 한 방울에 목말라하는 사람들이 있습니다. (…) 오늘도 이 나라에게는 여전히 첫날입니다."

삶과 일

Life & Work

Invent & Wander

JEFF BEZOS

인생의 선물

모두의 인생에는 각각 다른 선물이 주어집니다. 제 인생의 가장 큰 선물은 어머니와 아버지죠.

제가 가장 존경하는 분들은 형편없는 부모를 두었음에도 그 벽을 훌륭히 넘어 삶을 일구어내는 이들입니다. 우리 모두가 그런 분들을 몇 명씩은 알고 있죠. 저도 그렇습니다. 그러나 저는 늘 사랑받았었기에 그런 상황을 겪어본 적이 없습니다. 부모님은 무조건적으로 저를 사랑해주셨습니다. 사실 그분들에겐 쉽지 않은 일이었죠. 자세한 얘기는 하지 않으시지만 어머니는 열일곱 살에 절 낳으셨습니다. 당시엔 뉴멕시코 앨버커키에 사는 고등학생이셨죠. 1964년에 뉴멕시코 앨버커키의 고등학교에서 학생이 임신을 한다는 것은 보통일이 아니었을 겁니다. 사실 제 할아버지(역시 제 인생에 있어 대단히 중요한 분이십니다)는 어머니를 쫓아내려는 학교에 맞서 싸우셔야 했습니다. 그 학교에서는 학생의 임신이 허용되지 않았으니까요. 할아버지는 이렇게 말씀하셨죠. "당신들은 내 딸을 퇴학시킬 수 없소. 여긴 공립학교이고, 내 딸은 학교에 다닐 권리가 있소." 한참 동안 협상한 끝에 마침내 교장이 말했습니다. "좋습니다. 따님은 학교를 마칠 수 있습니다. 하지만 과외 활동은 금지되고, 개인 로커도 사용할 수 없습니다." 대단히 현명한 분이셨던 할아버지는 대답하셨습니다. "그 조건을 받아들이겠소." 그렇게 해서 어머니는 학교를 마칠 수 있었습니다.

어머니는 저를 낳은 뒤 아버지와 결혼하셨습니다. 생물학적으론 아니지만 진정한 저의 아버지시죠. 아버지의 성함은 마이크입니다. 쿠바 이민자였던 아버지는 오퍼레이션 페드로 판(Operation Pedro Pan, 카스트로 정권하의 쿠바 아이들을 미국으로 이민시키기 위해 가톨릭 교회가 운영했던 프로그램)을 통해 미국에 오셨습니다. 처음에는 델라웨어 윌밍턴의 가톨릭 자선시설에 보내졌으나 장학금을 받아 앨버커키에 있는 대학에 다니게 되었고, 거기에서 어머니를 만나셨죠. 이렇게 해서 저는 동화 같은 어린 시절을 갖게 됩니다.

제 할아버지는 매년 여름 구경거리가 가득한 당신의 목장으로 저를 데려가셨습니다. 나이 어린 부모님의 육아에 도움을 주시려는 뜻이셨겠죠. 저는 네 살부터 열여섯 살 때까지 매년 여름을 할아버지와 함께 목장 일을 하며 보냈습니다. 할아버지는 정말로 기지가 풍부한 분이셨습니다. 수의사 일을 직접 해내심은 물론 바늘도 손수 만드셨죠. 가스 용접기로 철사를 달군 뒤 두드려 펴고, 드릴로 바늘귀를 뚫고, 날카롭게 갈아 바늘로 만들어서는 가축들의 피부를 봉합하셨습니다. 심지어 몇 마리는 살아남기도 했고요. 할아버지는 비범한 분이셨고 제 삶에서 엄청나게 큰 역할을 하셨습니다. 제게는 부모와 다를 바 없는 존재셨죠.

프린스턴에서의 결정적 순간

저는 앨버커키에서 태어났지만 서너 살 때쯤 텍사스로 이주했고 고등학교는 플로리다 마이애미에서 다녔습니다. 1982년 마이애미 팔메토 시니어 하이스쿨이라는, 규모가 큰 공립 고등학교를 졸업했죠. 동급생은 750명이었습니다. 저는 그 학교를 무척 좋아했습니다. 정말 재미있었거든요. 한번은 도서관에서 너무 크게 웃는 바람에 도서관 이용 자격을 박탈당하기도 했습니다. 어릴 때부터 웃음소리가 이모양이었던 거죠. 제 동생들은 너무 창피하다며 몇 해 동안이나 저와 함께 영화를 보지 않으려 했습니다. 왜 이런 웃음소리를 갖게 되었는지는 모르겠네요. 저는 그냥 웃음이 많을 뿐이에요. 어머니나 저를 잘 아는 사람에게 물어보시면 이렇게들 말씀하실 겁니다. "제프가 기분이 좋지 않거든 5분만 기다리세요. 그 애는 울적함을 5분 이상 유지하지 못해요." 아무래도 전 세로토닌 수치가 남들보다 높거나 뭐 그런가 봅니다.

저는 이론물리학자가 되고 싶었고, 그래서 프린스턴에 진학했습니다. 거의 모든 과목에서 A+를 받는 정말 우수한 학생이었죠. 물리학 우등 과정에도 들어갔습니다. 시작할 때의 학생은 100명이었는데 양자역학에 대해 배우게 될 무렵엔 고작 30명쯤만 남더군요. 어쨌든 그렇게 양자역학을 배웠고, 아마 3학년 때였을 것 같은데 컴퓨터공학과 전기공학 수업도 들었어요. 그 수업들도 재미있었죠. 그런데 하루는 룸메이트인 조(Joe)와 공부하던 중 도저히 풀 수 없는 편미분방정식 문제 하나가 나왔습니다. 조도 수학을 아주 잘했는데, 둘이서 3시간 동안 그 문제를 붙들고 끙끙거렸음에도 소득이 없었어요. 결국 동시에 테이블 너머로 서로를 바라보면서 이렇게 외쳤습니다. "요산타(Yosanta)!" 프린스턴에서 가장 똑똑한 친구였죠.

우리는 그 친구의 방으로 갔습니다. 요산타는 스리랑카인인데 풀네임은 아주 길었어요. 당시 프린스턴의 학생연감은 종이책으로 만들어졌는데, 거기에서 요산타의 이름은 세 줄이나 차지하고 있었죠. 아마 스리랑카에서는 왕을 위해 뭔가 좋은 일을 하면 이름에 음절을 추가해주는 모양입니다. 어쨌든 그렇게 긴 성을 가진 요산타는 정말 겸손하고 멋진 녀석이었죠. 우리가 문제를 보여주자 요산타는 잠시 들여다보더니 "코사인"이라고 하더군요. 제가 "그게 무슨 말이야?"라 물었더니 "그게 답이야"라 했고요. "그게 답이라고?" "응, 내가 보여줄게." 우리를 자리에 앉힌 요산타는 자세한 대수학을 세 페이지에 걸쳐 써 보였습니다. 모든 항이 지워지고 나니 코사인이란 답이 나

오더군요. 제가 말했습니다. "아니 요산타, 이걸 다 암산으로 계산한 거야?" "아니, 그건 불가능하지. 3년 전에 아주 비슷한 문제를 풀었던 적이 있거든. 이 문제를 그 문제랑 연관시켜봤더니 답이 코사인이라는 걸 금방 알겠더라고." 제게는 매우 중요한 순간이었습니다. 저는 결코 뛰어난 이론물리학자가 될 수 없을 거란 깨달음을 그때 얻었으니까요.

저는 자기성찰을 시작했습니다. 대부분의 직업의 경우 사회에 기여하는 인재가 되려면 상위 10%에 들어야 합니다. 이론물리학의 경우엔 세계 50위권 내에 들지 않으면 큰 차이를 만들어내지 못하죠. 상황은 아주 명백했습니다. 불길한 징조를 알아차린 저는 바로 전기공학과 컴퓨터공학으로 전공을 바꿨습니다.

우리는 우리가 한 선택의 결과입니다

(2010년 프린스턴 대학 졸업 연설)

어린 시절 저는 텍사스 목장에서 할아버지와 여름을 보냈습니다. 풍차를 고치고, 가축들에게 예방 접종을 하는 등 여러 일들을 도왔죠. 우리는 매일 오후에 드라마를 시청했는데 특히 〈우리 생애 나날들(Days of Our Lives)〉을 즐겨봤습니다. 조부모님께선 캐러밴 클럽(Caravan Club)의 회원이셨어요. 에어스트림(Airstream)사의 캠핑 트레일러를 가진 사람들이 함께 어울려 미국과 캐나다를 여행하는 클럽이었죠. 우리는 할아버지 차에 에어스트림 트레일러를 매달고 300대의 다른 에어스트림 모험가들과 줄을 지어 여행을 떠났습니다. 저는 할아버지를 사랑하고 숭배했으며, 또 이 여행을 진심으로 고대했죠.

열 살 때쯤 떠난 여행이었을 겁니다. 할아버지는 운전을 하고 계셨고 저는 차 뒤편의 긴 좌석에서 뒹굴고 있었습니다. 할머니는 조수석에 계셨고요. 할머니는 여행 내내 담배를 피우셨는데 저는 그 냄새가 너무 싫었습니다.

그 무렵의 저는 갖가지 일을 예측하고 계산하는 걸 즐겼습니다. 자동차 연비를 계산하거나 식료품 구입에 관련된 쓸모없는 통계를 구하는 식이었죠. 당시 흡연에 대한 광고를 종종 듣기도 했는데, 정확한 내용은 기억나지 않지만 담배를 한 모금 빨아들일 때마다 수명이 몇 분 단축된다는 것이 요지였습니다. 아마 2분이라고 했던 것도 같네요. 어찌되었든 저는 할머니를 위해 그 계산을 해보기로 했습니다. 하루에 피우시는 담배의 개수, 담배 하나당 빨아들이는 횟수 등을 추산해서요. 그리고 만족할 만한 합리적 결과에 도달하자 저는 차 앞쪽으로 고개를 내밀고선 할머니의 어깨를 두드리며 자랑스럽게 외쳤어요. "한 모금에 2분씩 줄어든다고 하면 지금까지 할머니 수명은 9년이 줄어든 셈이에요!"

그런 뒤 어떤 일이 일어났는지는 지금도 생생히 떠오릅니다. 제가 예상했던 것과는 전혀 딴판이었어요. 저는 제 영민함과 수학적 재능에 대한 찬사가 쏟아질 것이라 기대했죠. "제프, 그 어려운 계산을 해내다니 정말 똑똑하구나. 한 해가 몇 분인지도 계산해야 하고, 나눗셈도 해야 했을 테니 말이야." 그런 일은 일어나지 않았습니다. 대신 할머니가 울음을 터뜨리셨죠. 저는 뒷좌석에 앉아 어찌할 바를 모르고 있었습니다. 할머니가 우시는 동안 조용히 운전을 하고 계셨던 할아버지는 고속도로 갓길에 차를 대셨습니다. 그리고 차에서 내리시더니 제가 있는 쪽으로 돌아와 문을 열고선 제가 따라 나올 때까지 기다리셨죠. 저는 할아버지께 혼이 났을까요? 할아버지는 대단히 지적이고 조용한 분이셨으며, 제게 심한 말을 하신 적도 없었습니다. 그럼 그때 처음 그러셨을까요? 차로 돌아가 할머니께 사과를 하라고 하셨을까요? 저는 조부모님과의 이런 상황을 경험해본 적이 없었기에 어떤 결과가 생길지 전혀 짐작할 수 없었습니다. 우리는 트레일러 옆에서 걸음을 멈췄습니다. 할아버지는 잠시 저를 조용히 쳐다보시더니 이내 부드럽고 차분한 목소리로 말씀하셨습니다. "제프, 너도 언젠가 알게 될 게다. 똑똑한 것보다 친절한 것이 어려운 일이란 걸 말이야."

오늘 제가 여러분께 드리고 싶은 말은 재능과 선택의 차이입니다. 똑똑함은 재능이고 친절함은 선택이죠. 재능을 얻는 건 쉽습니다. 그저 주어지는 것이니까요. 선택은 어려울 수 있습니다. 조심하지 않으면 자신의 재능에 현혹될 수 있기 때문이죠. 그렇게 되면 재능이 선택을 망칠 수도 있습니다.

지금 이곳에는 많은 재능을 가진 사람들이 모여 있습니다. 똑똑하고 능력 있는 두뇌는 분명 여러분의 재능 중 하나일 테고요. 어떻게 제가 이렇게 자신할 수 있는 걸까요? 치열한 입학 경쟁 속에서 그런 재능이 엿보이지 않았다면 입학처장이 여러분의 입학을 허가하지 않았을 것이 확실하기 때문입니다.

여러분의 영민함은 놀라움으로 가득한 세상을 앞으로 여행하는 동안 매우 유용할 겁니다. 인간은 묵묵히 앞으로 나아갈 것이고 그 과정에서 스스로에게 놀라게 될 것입니다. 청정에너지를 비롯한 많은 것을 만들어내는 방법을 찾고, 세포벽으로 진입해 질병을 치료하는 원자 단위의 작은 기계들을 만들어내겠죠. 올해는 생체를 합성했다는 소식이 전해졌는데, 한편으로는 놀랍지만 또 한편으론 예상 가능했던 필연적인 소식이었습니다. 미래엔 생체를 합성하는 데 그치지 않고 설계도 따라 조작하는 것도 가능해질 것입니다. 거기에 그치지 않고 두뇌에 대해서도 완벽히 파악하게 되겠죠. 쥘 베른(Jules Verne), 마크 트웨인(Mark Twain), 갈릴레오(Galileo), 뉴턴(Newton) 등 호기심이 가득했던 사람들은 그 어느 시대보다 지금 같은 시대에 살아 있기를 바랐을 것입니다. 앞으로도 많은 재능을 가진 인재들이 우리 인간의 문명에 등장할 겁니다. 지금 제 앞에 앉아 있는 여러분 같은 인재들이 말이죠.

그렇다면 여러분은 이런 재능을 어떻게 사용하시겠습니까? 여러분이 자부심을 갖게 될 것은 여러분의 재능일까요? 아니면 여러분의 선택일까요?

저는 16년 전 아마존에 대한 아이디어를 얻었습니다. 웹 사용량이 매년 2300%씩 증가하고 있다는 사실을 우연히 알게 됐는데, 그토록 빠르게 성장하는 무언가에 대해선 들은 적도 본 적도 없었습니다. 수백만 권의 책을 구비한 온라인 서점, 현실 세계에서는 존재할 수 없는 그런 것을 만들어야겠다는 생각에 가슴이 뛰더군요. 당시 저는 막 서른이 되었고 결혼한 지 1년이 된 시기였는데 아내인 매켄지에게 직장을 그만두고 이 미친 짓을 해보고 싶다고 말했습니다. 대부분의 스타트업이 그렇듯 실패할 수도 있고, 만약 실패하면 그 후에는 어떤 일이 일어날지 확실치 않다는 이야기도 했죠. 아내(그녀 역시 프린스턴 동문이고 지금 여기 둘째 줄에 앉아 있습니다)가 제게 그러더군요. 해보고 싶은 건 해봐야 한다고 말입니다. 소년 시절에 저는 발명가였습니다. 시멘트를 채운 타이어로 자동 출입문 폐쇄 장치를, 우산과 쿠킹호일을 이용해서 태양열 조리기(잘 작동하지는 않았습니다)를, 베이킹 팬으로 동생들을 골탕 먹이는 경보 장치를 만들었죠. 저는 늘 발명가가 되고 싶어 했고, 매켄지는 제가 열정을 좇기를 바랐습니다.

당시 전 매우 똑똑한 사람들이 모여 일하는 뉴욕시의 한 금융 회사에 다니고 있었습니다. 사장도 제가 존경해마지 않는 아주 명석한 분이셨죠. 사장님을 찾아간 저는 인터넷에서 책을 파는 회사를 차리고 싶다고 이야기했습니다. 그분은 저를 센트럴 파크로 데려가 아주 긴 산책을 함께하셨고, 제 이야기를 주의 깊게 들으신 뒤 이렇게 말씀하셨습니다. "정말 좋은 생각이네. 그런데 자네처럼 이미 좋은 직장을 가진 사람이 아닌 이들에게 더 좋은 아이디어가 될 것 같군." 일리 있는 말씀이셨죠. 사장님은 마지막 결정을 내리기 전에 48시간 동안 더 고민해보라고 저를 설득하셨습니다. 정말 어려운 선택이었죠. 하지만 결국 저는 한번 시도해보기로 마음먹었습니다. 시도했다가 실패하는 건 후회스럽지 않을 것 같은데, 시도조차 해보지 않는다면 그에 대한 후회가 저를 계속 따라다닐 거란 생각이 들었죠. 깊은 생각 끝에 저는 제 열정을 좇아 덜 안전한 길을 택했습니다. 그리고 저의 그 선택에 자부심을 느낍니다.

내일부터는 그야말로 여러분의 삶, 여러분 스스로가 처음부터 만들어가는 삶이 시작됩니다.

여러분은 자신의 재능을 어떻게 사용하시겠습니까? 또 어떤 선택을 하실 건가요?

타성이 여러분을 이끌도록 내버려두시겠습니까, 아니면 열정을 좇으시겠습니까?

남이 만든 신조를 따르시겠습니까, 아니면 새로운 신조를 만들어 내겠습니까?

쉬운 인생을 택하시겠습니까, 아니면 봉사와 모험의 삶을 사시겠습니까?

비판에 풀이 죽고 마시겠습니까, 아니면 자기의 확신을 따르시겠습니까?

당신이 틀렸을 때는 허세를 부려 그 상황을 벗어나시겠습니까, 아니면 사과를 하시겠습니까?

누군가를 사랑하게 되면 상대의 거절이 두려워 당신의 마음을 숨기겠습니까, 아니면 행동을 하시겠습니까?

안전한 길로만 가시겠습니까, 아니면 모험이 따르는 길을 택하시겠습니까?

어려운 상황이 닥치면 포기하시겠습니까, 아니면 끈질기게 매달려보시겠습니까?

냉소적인 사람이 되시겠습니까, 아니면 호기심을 가지고 개척해나가는 사람이 되시겠습니까?

다른 사람에게 상처를 주는 똑똑한 사람이 되시겠습니까, 아니면 친절한 사람이 되시겠습니까?

저는 감히 예상해봅니다. 여러분이 여든 살이 되어 혼자 조용히 자기 삶을 되돌아볼 때, 가장 집약적이면서도 의미 있는 부분은 아마 자신이 내렸던 일련의 선택이 될 것이라고 말이죠. 우리는 우리가 한 선택의 결과입니다. 자신만의 멋진 이야기를 만들어가십시오. 여러분의 앞날에 행운이 함께하기를 기원합니다. 감사합니다.

기지

남동생과 저는 정말 행복한 어린 시절을 보냈습니다. 우리는 조부모님과 많은 시간을 보내야 했는데, 그분들은 부모님과는 아주 다른 것들을 가르쳐주셨죠. 저는 네 살 때부터 열여섯 살 때까지 매년 여름을 할아버지의 목장에서 보냈습니다. 할아버지는 대단히 독립적인 분이셨습니다. 외딴 시골에서 살면 뭔가가 고장나도 고쳐줄 사람을 부를 수 없어서 뭐든 직접 해결해야 하죠. 어린 저는 온갖 문제를 직접 해결하시는 할아버지의 모습을 지켜봤습니다.

한번은 할아버지께서 중고 D6 캐터필러(Caterpillar, 트랙터의 브랜드 중 하나)를 구입하셨습니다. 5000달러라는 엄청나게 싼 가격에 말이죠. 본래는 그보다 훨씬 비쌌음에도 그렇게 저렴했던 이유는 완전히 고장나버린 트랙터였기 때문이었습니다. 변속기가 완전히 망가졌고 유압 장치도 작동하지 않았죠. 우리는 여름 내내 그 트랙터를 고쳤습니다. 캐터필러 본사에 우편 주문했던 거대한 기어들이 배달되었는데 얼마나 덩치가 컸던지 우리가 옮길 수조차 없었습니다. 그래서 할아버지는 우선 기어들을 옮길 크레인부터 만드셨죠. 그것이야말로 자립심과 기지였습니다.

할아버지는 세심하고, 온건하며, 조용하고, 내향적인 분이셨습니다. 쉽게 흥분하는 성향이 아니셨죠. 하루는 할아버지께서 혼자 목장으로 들어오셨는데, 기어를 주차 모드에 놓는 걸 그만 잊어버린 채 차에서 내리셨습니다. 그런 뒤 목장 입구에 다 가서야 자동차가 입구 쪽으로 천천히 굴러 내려오는 것을 발견하셨습니다. 할아버지는 생각하셨죠. '이거 멋진데. 빗장을 열고 문을 열 만한 시간적 여유가 충분해. 내가 문을 연 뒤에 저 차가 들어오면 좋겠군.' 자동차는 할아버지께서 빗장을 거의 다 열었을 때 입구를 들이받았고, 할아버지의 엄지손가락은 문과 울타리 버팀목 사이에 끼어 살점이 전부 떨어져 나가버렸습니다. 벗겨진 살점이 손가락에 간신히 매달려 있었죠.

스스로에게 몹시 화가 나신 할아버지는 매달려 있던 살점을 잡아떼어내 덤불에 던져버리신 뒤, 16마일(약 26킬로미터) 떨어진 텍사스 딜리의 병원 응급실로 직접 차를 몰고 가셨습니다. 응급실 의사는 할아버지께 이렇게 얘기했죠. "엄지손가락의 피부는 다행히 다시 붙일 수 있을 것 같습니다. 그런데 봉합할 피부는 어디 있나요?" 할아버지는 말씀하셨습니다. "제가 덤불에 던져버렸습니다." 간호사를 비롯한 모든 사람들이 차를 타고 목장으로 달려와 몇 시간 동안 덤불을 뒤졌지만 살점을 찾을 순 없었습니다. 아마도 지나가던 동물이 주워

먹었겠죠. 그들은 할아버지는 응급실로 다시 모시고 가서 말했습니다. "피부 이식을 해야 합니다. 가장 좋은 방법은 엄지손가락을 배에 6주 동안 꿰매두는 방법이고, 다른 하나는 엉덩이에서 피부를 잘라내 손가락에 봉합하는 방법입니다. 보기에 썩 좋진 않지만 6주 동안 배에 엄지손가락을 꿰매두지 않아도 된다는 게 장점이죠." 할아버지는 "두 번째 방법이 좋겠군요. 엉덩이 피부를 이식해주시오."라 하셨습니다. 의료진은 할아버지의 뜻대로 수술을 해주었고, 결과는 매우 성공적이라 할아버지의 손가락도 잘 움직였죠.

하지만 이 이야기에서 가장 재미있는 부분은 따로 있습니다. 저는 할아버지의 이 일이 생생하게 기억납니다(우리 모두 그렇죠). 할아버지껜 아침마다 의식처럼 따르는 정해진 일과가 있었습니다. 일어나서 시리얼로 아침을 드시고 신문을 읽고 전기면도기로 아주 오랫동안 면도를 하셨죠. 15분은 족히 되었어요. 얼굴을 면도하고 나면 할아버지는 면도기로 엄지손가락 위를 두 번 왔다 갔다 움직이셨습니다. 엄지손가락에서 엉덩이 털이 자랐거든요. 그러나 그건 할아버지에게 전혀 문제가 되지 않았습니다.

결국 일을 진전시키는 것은 당신이 마주하는 문제, 실패, 성공하지 못한 것들입니다. 이럴 때는 다시 일어나 도전해야 합니다. 좌절을 겪을 때마다 다시 일어나 도전하는 겁니다. 기지를 발휘해야 합니다. 자립심을 발휘해야 합니다. 틀에서 벗어나 자신만의 독창적인 방법을 발명해야 합니다. 아마존에는 이렇게 해야만 했던 수많은 사례가 있습니다. 우리는 수많은 실패를 겪었고, 저는 아마존이 실패하기에 딱 좋은 곳이라고 생각합니다. 우리는 실패를 아주 잘합니다. 엄청난 연습을 해왔으니까요.

한 가지 예를 들어보겠습니다. 오래전 우리는 외부판매자 판매 사업을 생각해냈습니다. 이 방법이라면 고객의 선택 범위가 늘어날 것이 분명했죠. 그래서 아마존닷컴 옥션(Amazon.com Auction)을 시작했습니다. 아무도 오지 않더군요. 다음으론 고정가 옥션이었던 지숍(zShops, 오픈마켓 형태의 온라인 벼룩시장)이라는 것을 론칭했습니다. 역시 누구 하나 오지 않았습니다. 이런 실패들에는 각각 1년, 1년 반이라는 긴 시간이 필요했습니다. 그리고 마침내 우리는 아마존에서 소매 제품을 소개하는 상세페이지에 외부판매자의 상품을 같이 올려보자는 아이디어를 떠올렸습니다. 우리가 마켓플레이스(Marketplace)라 이름 붙인 이 사업은 곧바로 성공가도를 달리기 시작했죠. 새로운 것을 시도하고 찾아내는 기지, 고객들이 진정으로 원하는 것을 찾아내는 기지는 어디에서나 유용합니다. 여러분의 일상생활에서도 마찬가지죠. '어떻게 하면 아이들에게 도움이 될까? 무엇이 아이들에게 가장 적합하고 가장 필요한 일일까?' 등이 그 예가 될 겁니다.

우리 부부는 아이들이 네 살이 되면 날카로운 칼을 사용하게 했습니다. 일고여덟 살이면 전동 공구도 사용하게 했고요. 제 아내가 했던 훌륭한 이야기가 있습니다. "기지가 없는 아이보다는 손가락이 아홉 개밖에 없는 아이가 훨씬 낫겠어요." 삶에 대한 매우 바람직한 자세입니다.

헤지펀드에 다니던 나는
왜 책을 팔게 되었을까

프린스턴을 졸업한 후 저는 뉴욕으로 가서 데이비드 E. 쇼가 운영하는 퀀트 헤지펀드사 D. E. 쇼 앤드 코(D. E. Shaw and Co.)에서 일하게 되었습니다. 제가 일을 시작할 무렵의 직원은 30명뿐이었지만 회사를 떠날 때는 300명 가까이 되었죠. 데이비드는 제가 아는 그 어떤 사람보다 명석한 사람입니다. 저는 그에게서 많은 것을 배웠고, 아마존을 시작할 때는 인사나 고용, 어떤 유형의 사람을 채용해야 하는지 등에서 그의 아이디어와 원칙을 많이 활용했습니다.

　1994년 당시 인터넷에 대해 아는 사람은 극소수였습니다. 그때의 인터넷은 주로 과학자들이나 물리학자들이나 이용하는 것이었으니까요. D. E. 쇼에서도 인터넷을 조금 사용했지만 그리 자주는 아니었습니다. 그러던 중 저는 웹이 매년 2300%씩 성장하고 있다는 사실을 접하게 되었습니다. 당장의 기본 사용량이 낮다는 점을 감안하더라도 그렇게 빨리 성장한다는 건 대단한 일이었죠. 저는 인터넷을 기반으로 하는 사업 아이디어를 구상하고 인터넷의 성장에 편승해서 사업을 발전시켜야겠다는 결론을 내렸습니다. 일단 온라인에서 판매하면 좋을 제품들의 목록을 만들어봤고, 그것들의 순위를 매겨본 뒤 결국 책을 선택했습니다. 어떤 면에서 보면 책은 가장 특이한 상품이기 때문이었어요. 책이라는 카테고리 안에는 다른 어떤 카테고리보다 많은 상품이 있습니다. 세상에는 항상 300만 종의 인쇄 도서가 존재하지만 제아무리 큰 서점이라 해도 보유 서적의 종수는 15만에 불과합니다. 그래서 저는 아마존을 설립하면서 인쇄 도서 전체를 보유한 서점을 만들자는 계획을 세웠고, 그 일을 실행에 옮겼습니다. 소규모 팀을 고용해서 소프트웨어를 만들고 시애틀로 이주했죠. 당시 세계에서 가장 큰 도서 물류창고가 시애틀 근교 오리건 로즈버그에 있었고, 또 시애틀에 본사를 둔 마이크로소프트 덕에 이용할 수 있는 인재의 풀이 넓었기 때문입니다.

저는 사장인 데이비드 쇼와 센트럴 파크를 걸으면서 이 일을 시작하겠다고 이야기했습니다. 그는 오랫동안 제 얘기를 들은 후 이렇게 말하더군요. "그러니까 제프, 이건 정말 좋은 아이디어일세. 정말 그렇다고 생각해. 그런데 이미 좋은 직장을 가진 자네 말고 다른 사람에게 더 좋은 아이디어가 되지 않겠나?" 일리 있는 말이란 생각이 들더군요. 그는 결정을 확정하기 전에 이틀만 더 생각해보라고 저를 설득했습니다. 그 결정, 좋은 기회를 놓치고 싶지 않다는 그 결정은 제 머리가 아닌 가슴에서 나온 것이었습니다. 저는 80세가 되었을 때 인생에서 후회할 일을 최소로 만들고 싶습니다. 그리고 사람들이 후회하는 일은 대개 자신이 빠뜨린 일, 시도해보지 않은 것, 걷지 않은 길입니다. 그런 일들은 뇌리를 떠나지 않고 우리를 괴롭힙니다.

사업 초기엔 제가 직접 우체국으로 책들을 가져가서 부쳤습니다. 이제는 그렇게 하지 않아도 되지만 회사 설립 뒤 몇 년간은 배송 업무를 해야 했죠. 첫 달에는 딱딱한 시멘트 바닥에 무릎을 대고 꿇어앉아 손으로 박스를 포장했습니다. 저는 옆 사람에게 이렇게 말했습니다. "무릎 보호대가 있어야겠어. 무릎이 너무 아파서 죽을 지경이야!" 그러자 그가 대답했습니다. "우리에게 필요한 건 포장 테이블이에요." 제가 들어본 중 최고로 좋은 아이디어였죠. 이튿날 저는 포장테이블을 사왔고 우리의 생산성은 두 배가 되었습니다.

'아마존'이라는 이름은 지구에서 가장 긴 강에서 따왔습니다. 취급제품의 범위가 세계에서 가장 넓다는 의미였죠. 사실 원래 생각했던 이름은 '카다브라'였습니다. 시애틀로 운전해 가는 동안 저는 빨리 사업을 준비하고 싶었습니다. 회사의 법인 등록을 하고 은행 계좌도 개설하고 싶었죠. 저는 친구에게 전화를 했고, 친구는 자신의 변호사를 소개해주었습니다. 실은 친구의 이혼 담당 변호사였지만, 어쨌거나 그는 회사의 법인 등록과 은행 계좌 개설 업무를 맡아주기로 했습니다. "법인을 등록하려면 회사 이름이 필요한데 뭘로 하실 건가요?" 전화상으로 저는 '카다브라'라고 답했습니다. 마법의 주문 '아브라카다브라'의 카다브라 말입니다. 그러자 그는 "카데바(시체)라고요?"라 물었고, 저는 이렇게 말했습니다. "안 되겠네요. 일단은 카다브라로

하고 이후에 변경하도록 하죠." 3개월쯤 뒤 저는 회사명을 아마존으로 바꾸었습니다.

도서에 이어 우리는 음악과 비디오 판매를 시작했습니다. 이후에는 좀 더 영리해져서, 임의로 선정한 1000명의 고객에게 이메일로 물었습니다. 이미 판매 중인 제품들 이외에 우리가 팔았으면 하는 제품이 있다면 무엇이냐고 말이죠. 그러자 매대에서 찾기 힘든 제품들이 끝도 없이 등장하더군요. 고객들은 질문에 답하는 바로 그 순간 자신들이 원하는 것을 답으로 내놓았는데, 그중 기억에 남는 것은 "당신들이 자동차 앞유리 와이퍼의 고무날을 좀 팔았으면 좋겠어요. 전 그게 꼭 필요하거든요"였습니다. 저는 혼자 생각했습니다. '이런 식으로라면 뭐든 팔 수 있겠어.' 이후 우리는 오랜 시간에 걸쳐 전자제품, 완구를 비롯한 많은 카테고리를 추가했습니다.

IT 거품이 한창일 무렵 아마존의 주가는 약 113달러까지 치솟았습니다. 이후 그 거품이 꺼지자 1년도 채 지나지 않아 6달러까지 급락했죠. 제가 쓴 2000년 연례 주주서한은 "어이쿠"라는 말로 시작됩니다.

그 시기는 매우 흥미로운 기간이었습니다. 주식은 회사가 아니고, 회사는 주식이 아니기 때문입니다. 저는 113달러였던 주가가 6달러로 낙하하는 것을 지켜보는 동안 아마존의 내부 사업 지표들도 함께 살펴봤습니다. 고객 수, 단위수량당 이윤, 결점 등 여러분이 상상할 수 있는 모든 것들을 말이죠(상세한 내용은 2000년 주주서한을 참조해주십시오). 사업과 관련된 모든 지표들은 더 나아지고 더 빨라지는 중이었습니다. 주가는 잘못된 방향으로 가고 있었지만 회사 내부의 모든 것은 제대로 된 방향을 향해 움직이고 있더군요. 그렇기에 이미 필요한 자금을 충분히 갖고 있었던 우리는 자본 시장에 손을 벌릴 필요도 없었습니다. 그저 앞으로 나아가는 것만이 필요했죠.

그 시기에 저는 톰 브로커가 진행하는 TV 프로그램에 출연했습니다. 그는 대여섯 명의 인터넷 기업가들을 한데 모아놓고 인터뷰를 했죠. 이젠 저와 친한 친구가 되었지만 당시의 톰은 면전에서 저를 이렇게 공격했습니다. "베조스 씨, '이윤(P-R-O-F-I-T)'이란 단어의 철자는 알고 계신가요?" 제가 "물론입니다. P-R-O-P-H-E-T(prophet, 예언자)죠"라 대답하자 그가 웃음을 터뜨리더군요. 사람들은 1달러짜리 지폐를 90센트에 파는 식이라고 우리를 비난했는데, 그때마다 저는 이렇게 말했습니다. "그렇게 하면 누구나 수익을 늘릴 수 있겠죠." 아마존은 그렇게 하지 않습니다. 우리의 매출 총수익은 늘 플러스이고, 우리가 하는 사업은 고정비용 사업입니다. 따라서 내부 지표를 기반으로 판단하건대, 특정 수준의 매출에 이르기만 하면 우리는 고정비용을 상쇄하고 이익을 낼 수 있습니다.

근본 원인을 찾다

저 자신도 아마존의 고객인데, 주문 과정에서 문제가 생기는 경우를 간혹 겪습니다. 제가 그런 일을 처리하는 방식은 고객들이 제기한 문제를 처리하는 방식과 같습니다. 발전의 기회로 삼는 것이죠. 제 이메일 주소 jeff@amazon.com은 널리 알려져 있습니다. 지금도 이 주소는 변함없이 존재하고, 실제로 저는 그 주소로 온 이메일들을 읽습니다. 물론 엄청나게 많기 때문에 일일이 모두 확인하진 못합니다만 그래도 많이 읽고 있죠. 제가 읽는 메일은 대개 제 호기심을 건드리는 것들입니다. 가령 결함에 대해 쓴 고객의 메일이 있다면 전 그걸 읽어볼 겁니다. 우리가 뭔가 잘못한 게 있다는 뜻이니까요. 항상 그런 것은 아니지만 사람들이 제게 메일을 쓰는 건 대개 그런 이유에서입니다. 우리가 어떤 식으로든 주문을 엉망으로 만든 것이죠. 그런 이메일을 읽다가 우리에게 뭔가 문제가 있구나 싶은 부분을 발견하면 저는 아마존 팀에게 사례 연구를 하고 근본 원인을 찾아내라고, 그런 다음엔 진짜 뿌리에서부터 그 문제를 해결하라고 지시합니다. 이렇게 문제를 시정하는 것은 그저 한 명의 고객이 아닌 모든 고객을 위한 조치입니다. 그리고 그 과정은 우리가 하는 일의 매우 중요한 부분이 되고요. 따라서 제가 했던 주문에 이상이 생기거나 그 주문 때문에 제 고객경험이 나빠진 경우, 저는 이와 똑같이 처리를 합니다.

부의 창출

사람이라면 당연히 궁금해하는 것이긴 합니다만, 저는 결코 '세계에서 가장 돈이 많은 사람'이라는 칭호에 욕심을 내본 적이 없습니다. 세계에서 두 번째로 부유한 사람이라는 것에도 충분히 매우 만족스러웠고요. 하지만 그보다는 발명가 제프 베조스, 기업가 제프 베조스, 좋은 아버지 제프 베조스로 알려지는 편이 훨씬 마음에 듭니다. 제겐 그런 것들이 갖는 의미가 정말 크니까요.

부라는 것은 결과에 대한 평가입니다. 아마존과 그 주식으로 거둔 재정적 성공에 대해 말하자면, 저는 아마존 주식의 16%를 보유하고 있습니다. 아마존의 가치는 약 1조 달러입니다.* 그건 우리가 20여

---

* 이는 2018년 9월 13일 당시 기준입니다. 이 글을 쓰고 있는 시점(2020년 7월 6일)의 아마존 가치는 1조 4400억 달러이고 저는 전체 주식의 11%를 보유 중입니다.

년 동안 다른 사람들을 위해 8400억 달러의 부를 창출했다는 뜻이죠. 그것이 재정적 관점에서 정말로 우리가 한 일입니다. 우리는 다른 사람들을 위해 8400억 달러의 부를 만들어냈습니다. 대단한 일이죠. 그리고 그것은 기업이 마땅히 해야 할 일입니다. 아시다시피 저는 기업자본주의와 자유시장이 세상의 많은 문제를 해결할 수 있다고 굳게 믿고 있습니다. 모든 문제까지는 아니라도 많은 문제를 말입니다.

프라임이라는 아이디어

우리가 아마존에서 하는 대부분의 발명은 다음의 과정을 통해 이루어집니다. 우선 누군가가 아이디어를 내면 다른 사람들이 그 아이디어를 발전시킵니다. 여기에 또 다른 사람들이 그것이 효과가 없을 이유를 대며 반대하면 우리는 이런 반대 이유를 해결합니다. 대단히 재미있는 과정이죠. 우리는 고객들을 위한 보상 프로그램으론 어떤 것이 있을까에 대해 늘 의문을 품고 있었습니다. 그러던 중 한 소프트웨어 엔지니어가 아이디어를 내놓았죠. 고객들에게 빠른 무료 배송 서비스를 무제한으로 제공하면 어떻겠냐는 아이디어였습니다.

재무팀은 그 아이디어를 모델링했고, 결과는 참담했습니다. 배송 비용이 너무 많이 들었던 것이죠. 하지만 고객들은 무료 배송을 좋아합니다.

마음과 직관을 이용해야 합니다. 위험을 감수해야 합니다. 본능을 믿어야 합니다. 모든 좋은 결정은 그런 식으로 이루어져야 합니다. 그리고 여러 사람이 함께해야 합니다. 또한 대단히 겸손한 자세가 필요합니다. 틀리는 것은 그렇게 나쁜 일이 아니기 때문입니다. 그저 또 다른 사건일 뿐이죠. 아마존도 많은 실수를 저질렀습니다. 실패했던 실험들을 여기에 모두 나열하진 않겠지만, 파이어폰을 비롯해 우리가 발명한 수없이 많은 특별한 것들이 실패로 돌아갔습니다. 하지만 큰 성공들은 수천 개의 실패한 실험들을 만회합니다.

그래서 우리는 프라임을 시도했습니다. 처음에는 대단히 많은 비용이 들었습니다. 엄청났죠. 무료로 무제한 먹을 수 있는 뷔페를 마련해놓으면 어떤 일이 일어나겠습니까? 누가 뷔페에 가장 먼저 나타날까요? 대식가들이겠죠. 무서운 일이 아닐 수 없습니다. "내가 정말 새우를 먹고 싶은 만큼 실컷 먹으라고 했단 말인가?"라는 말이 절로 나오죠. 그런 일이 정말로 일어났던 겁니다. 하지만 그 일에 대한 추세도 볼 수 있었죠. 온갖 유형의 고객들이 우리에게 오는 것이 보였고, 그들은 우리 서비스에 후한 점수를 주었습니다. 그리고 그것이 프라임의 성공으로 이어졌습니다.

3년 앞을 내다보다

저는 아침에 느긋하게 빈둥거리길 좋아합니다. 저는 일찍 일어나고 일찍 잠자리에 듭니다. 저는 신문을 읽는 것을 좋아합니다. 커피를 마시는 것을, 또 등교하기 전의 아이들과 함께 아침 식사를 하는 것을 좋아하죠. 이렇게 빈둥거리는 시간이 제게는 대단히 중요합니다. 제가 첫 회의를 10시에 잡는 이유도 이것입니다. 점심 먹기 전 제 머리가 가장 잘 돌아가는 시간에 회의하는 것을 좋아하기 때문이죠. 정신적으로 큰 부담이 되는 문제는 10시 회의에서 다룹니다. 오후 5시가 되면 그런 문제에 대해 더 이상 생각할 수 없는 상태에 이르니까요. 그럴 땐 이튿날 오전 10시에 다시 시도해보기로 합니다. 이후 8시간을 잡니다. 시간대가 다른 곳을 여행하고 있지 않는 한 제가 가장 우선시하는 것은 수면입니다. 간혹 8시간 동안 자는 것이 불가능할 때도 있지만, 저는 수면에 대단히 집중하며 8시간의 수면을 반드시 필요로 합니다. 잠을 잘 자면 더 나은 사고를 할 수 있고, 활력이 더욱 샘솟고, 기분이 더 나아집니다.

생각해보십시오. 고위 임원들은 어떤 일을 하고 보수를 받을까요? 소수의 질 높은 결정을 내리는 일입니다. 그들의 일은 매일 수천 가지를 결정하는 것이 아닙니다. 제가 하루에 6시간, 아니 더 극단적으로 4시간을 잔다고 가정해봅시다. 소위 말하는 생산적 시간이 4시간 더 생기는 것입니다. 그 전엔 깨어 있는 동안 12시간의 생산적인 시간을 가졌다면, 이제는 갑자기 그것에 4시간이 더해져 16시간의 생산적인 시간이 생기는 것이니 결정을 내릴 시간이 33% 늘어난 셈이죠. 그 전까지 제가 하루에 100개의 결정을 내리곤 했다면 이제는 33개의 결정을 더 내릴 수 있다는 뜻일 테고요. 그런데 지치고 피로해져 결정의 질이 떨어진다면, 잠을 줄여서 결정의 수를 늘리는 것이 가치 있는 일일까요?

스타트업 회사라면, 또 아마존이 예전처럼 직원 100명 규모의 회사라면 이야기는 달라집니다. 하지만 아마존은 스타트업이 아니기에 모든 고위 임원이 저와 같은 방식으로 움직입니다. 그들은 미래에서 일하고, 미래에서 삽니다. 제게 직접 보고하는 직위의 사람들은 현 분기에 초점을 맞춰선 안 됩니다. 제가 월스트리트의 사람들과 분기별 화상회의를 가지면, 그분들은 제게 "이번 분기 높은 실적을 올리신 걸 축하드립니다"라 할 테고 저는 "감사합니다"라고 답하겠죠. 하지만 이번 분기의 결과는 이미 3년 전에 결정되어 있었습니다. 그리고 지금의 저는 2023년의 어느 때엔가 드러날 분기의 일을 하고 있죠.

당신도 그렇게 해야 합니다. 2년, 3년 앞을 미리 생각해야 합니다. 2~3년 앞을 생각한다면 왜 오늘 100개의 결정을 해야 할까요? 제 경우에는 하루에 세 개의 좋은 결정을 하는 것으로 충분하다고 생각합니다. 대신 그것들은 제 역량을 충분히 발휘한 질 높은 결정이어야 하죠. 워런 버핏(Warren Buffet)은 '1년에 세 개의 좋은 결정을 한다면 썩 좋은 성과'라고 했는데, 저도 그 말에 동의합니다.

아마존 웹서비스라는 아이디어는
어디에서 비롯되었나

AWS, 즉 아마존 웹서비스는 오랫동안의 막후 작업 끝에 론칭되었습니다. AWS는 기업들의 컴퓨팅 파워 구입 방식을 기존의 것과 전혀 다르게 만듦으로써 매우 큰 규모의 회사가 되었죠. 컴퓨팅 파워를 필요로 하는 기업들은 대개 데이터센터를 만들었습니다. 센터에 서버를 채우고 나면 그 서버들의 운영 시스템을 업그레이드하고 모든 것이 적절히 작동되도록 유지하는 등의 일을 해야 하는데, 그런 작업은 기업이 하는 일에 어떤 가치도 덧붙여주지 못합니다. 차별화 능력은 전혀 만들어내지 못하는 거액의 입장료인 셈이죠.

처음엔 아마존도 그와 꼭 같은 일을 했습니다. 데이터센터를 직접 만들었던 것입니다. 그런데 그 과정에서 데이터센터를 작동시키는 네트워킹 엔지니어들과 애플리케이션 엔지니어들의 노력이 얼마나 낭비되는지 목격했습니다. 부가가치를 전혀 창출하지 않는 과제를 두고 수없이 회의를 하고 있었으니까요. 그래서 이런 의견을 냈죠. "일련의 강화 애플리케이션 프로그램 인터페이스(application program interface, API)를 개발하면 되지 않을까요? 그렇게 하면 이 두 그룹(애플리케이션 엔지니어들과 네트워킹 엔지니어들)이 세부사항 회의 대신 로드맵 회의를 할 수 있을 겁니다." 우리가 만들고자 한 것은 서비스 중심의 아키텍처(architecture, 컴퓨터 시스템 구성)였습니다. 강화 API를 만들어 누구나 이용할 수 있도록 문서로 잘 기록해두고, 이런 API에서 우리의 모든 서비스를 이용할 수 있도록 하는 것이었죠.

계획을 세우자마자 세상의 모든 기업이 이런 서비스를 필요로 하고 있다는 사실이 분명하게 드러났습니다. 별다른 홍보나 광고가 없었는데도 수천 명의 개발자들이 이 API들로 몰려들었거든요. 정말 놀라운 일이었습니다. 이후 전례 없는 기적이 펼쳐졌습니다. 무려 7년간, 우리와 뜻이 같은 경쟁업체를 단 한 곳도 만나지 않았던 겁니다. 제가 아는 한 이는 비즈니스 역사상 가장 큰 행운이고, 정말이지 믿기 힘든 일입니다.

1995년 우리가 아마존닷컴을 시작하고 나서 2년 후인 1997년에 반스 앤드 노블(Barnes & Noble)은 반스앤드노블닷컴(Barnesandnoble.com)을 시작하고 시장에 진입했습니다. 뭔가 새로운 것을 발명하면 보통 2년쯤 뒤엔 경쟁자가 나타납니다. 우리가 킨들을 세상에 선보이자 2년 후엔 반스 앤드 노블이 누크(Nook)를 론칭했고, 우리가 에코를 내놓자 2년 후 구글이 구글 홈(Google Home)을 론칭했습니다. 미지의 영역을 개척하면 운이 좋을 경우 2년 정도 선도업체로서 유리한 위치를 누릴 수 있습니다. 하지만 그 누구도 7년이나 그런 입지를 차지하진 못합니다. 바로 그런 이유에서 제가 믿기 힘든 일이라고 말하는 것입니다. 소프트웨어 사업을 하는 기존의 대기업들은 아마존을 믿을 만한 소프트웨어 기업으로 여기지 않았던 것 같습니다. 더불어 앞선 기능들로 무장한 제품 및 서비스를 만들 만한 저력이 있다거나 불굴의 추진력으로 성과를 만들어낼 팀이 있다고도 생각하지 못했던 것이죠. 앤디 재시(Andy Jassy)가 이끄는 AWS 팀은 제품 측면에서 대단히 빠른 혁신을 이루고 있으며 모든 것을 너무나 잘 운영하고 있습니다. 그들이 무척 자랑스럽습니다.

알렉사, AI, 머신러닝

알렉사는 인터넷에서 작동하는 클라우드 속의 가상 비서이고, 에코는 다수의 마이크를 탑재해 원거리 음성인식이 가능한 디바이스입니다. 연구를 시작한 2012년부터 우리의 비전은 장기적으로 알렉사를 〈스타 트렉〉에 등장하는 컴퓨터처럼 만드는 것이었습니다. 무엇이든(당신을 위해 일을 해달라거나 물건을 찾아달라는 등) 요청할 수 있고 매우 자연스럽고 쉽게 대화도 나누는 컴퓨터 말입니다.

기술적 견지에서 봤을 때 알렉사와 에코에 대한 연구는 대단한 도전이었습니다. 지금도 매사추세츠 케임브리지, 베를린, 시애틀을 비롯한 각지의 여러 팀에서 수천 명의 사람들이 에코와 알렉사를 연구하고 있죠.

에코에는 해결해야 할 여러 문제들이 있었습니다. 에코의 개발에 착수했을 당시 우리가 생각했던 핵심 요소 중 하나는 벽의 콘센트에 연결할 수 있어 충전할 필요가 없고 항상 인터넷에 연결되어 있는 기기였습니다. 침대나 주방, 혹은 거실에 있으면서 당신을 위해 음악을 켜고, 질문에 답하고, 최종적으로는 조명이나 온도 조절과 같은 홈 시스템의 일부를 조정할 수 있게끔 말이죠. "알렉사, 실내 온도를 2도 높여줘" 혹은 "알렉사, 불을 꺼줘"라고 말하는 것은 그런 환경과 상호작용을 하는 가장 자연스럽고 편리한 방법입니다. 에코와 알렉사가 나오기 이전의 사람들이 주택 자동화 시스템과 상호작용할 수 있는 주된 도구는 전화기에 있는 앱이었습니다. 하지만 조명을 조절하기 위해 전화기를 찾고, 꺼내서, 특정 앱을 열고, 그 앱에서 조명 제어 메뉴를 찾는 것은 불편하기 짝이 없는 일입니다.

아마존의 하드웨어팀은 놀라운 일을 해냈습니다. 그리고 앞으로도 많은 진전이 있을 테고요. 우리는 에코와 알렉사에 대한 환상적인 계획을 갖고 있습니다. 알렉사를 위한 거대한 외부 생태계가 그것이죠. 이 생태계는 알렉사를 위한 '스킬들'이라 불리는 것을 구축해 알렉사의 능력을 확장 중인 다른 기업들로 이루어져 있습니다.

우리(인류로서, 문명으로서, 또 기술 문명으로서 등)는 〈스타 트렉〉의 컴퓨터만큼 놀랍고 마법 같은 수준과 아직 멀리 떨어져 있습니다. 오랫동안 그건 공상과학 같은 꿈으로만 존재했죠. 우리가 현재 머신러닝을 통해 해결하려는 문제는 대단한 것들이고, 우리는 실로 진보가 가속되는 티핑 포인트에 있습니다. 머신러닝과 인공지능의 황금시대에 발을 들이고 있죠. 하지만 기계가 인간처럼 일할 수 있게 하는 수준과는 여전히 아주 멀리 떨어져 있습니다.

세계 최고의 AI 연구자들에게도 인간과 같은(human-like) 지능은 여전히 신비로운 영역입니다. 학습할 때의 인간은 데이터 효율이 엄청나게 높습니다. 알렉사에게 자연어 인식 훈련을 시키려면 수백만 개의 데이터 포인트(data point, AI를 훈련시키는 각각의 데이터)가 있어야 합니다. 이렇게 검증된 데이터베이스를 수집하여 알렉사가 학습시킬 훈련 세트를 만드는 것은 규모가 클 뿐 아니라 비용도 대단히 많이 드는 일입니다.

현재 자율주행차를 위한 머신러닝 시스템을 설계·구축하려면 차에게 운전하는 법을 학습시키기 위한 수백만 마일의 운전 데이터가 필요합니다. 하지만 인간은 엄청나게 효율적으로 학습을 합니다. 운전을 배우려고 수백만 마일까지 차를 몰아볼 필요가 없으니까요. 우리 인간은 머신러닝 분야에서 사용하는 용어인 '전이 학습(transfer learning)'이라는 것을 하는 것 같습니다.

인간은 이미 많은 다른 스킬을 학습해왔고 기존의 스킬들을 새로운 스킬에 매우 효율적인 방식으로 연결시킬 수 있습니다. 최근 세계 바둑 최강자를 이긴 알파고(AlphaGo) 프로그램 역시 수백만 판의 바둑을 두며 훈련했죠. 인간 고수가 평생 두는 바둑은 수천 판에 불과합니다. 그럼에도 인간 최강자와 컴퓨터 프로그램의 수준은 거의 비슷했습니다. 게다가 인간은 전혀 다른 여러 일들도 할 수 있죠. 이 역시 에너지 효율이 높기 때문입니다.

정확한 수치는 기억나지 않지만 알파고가 사용하는 전력은 수백만 와트에 달합니다. 아마도 1000대 이상의 서버가 병렬로 작동할 거예요. 그러나 인간 바둑 최강자인 이세돌은 약 50와트의 전력을 사용합니다. 인간은 믿을 수 없을 정도로 복잡한 계산을 엄청난 에너지 효율로 해내고 있는 것이죠. 정말로 높은 데이터 효율과 에너지 효율이 아닐 수 없습니다.

AI에 관해서라면 머신러닝을 연구하는 우리는 배울 것이 대단히 많습니다. 이 때문에 머신러닝 분야가 흥미로운 것이고요. 우리는 극단적으로 복잡한 문제들을 해결하고 있는데, 거기에는 자연어와 머신 비전의 문제뿐 아니라 두 가지가 혼합되어 있는 문제도 포함됩니다.

개인정보보호단체들은 기기 혹은 서비스에 관련된 사생활 침해건을 고발받아 그 상황을 재현합니다. 사실 그들에게는 대단히 쉬운 일이죠. 항상 그런 일을 하니까요. 그들은 기기를 역분석해서 자신들의 주장이 참인지 확인하는데, 저는 그 일이 매우 훌륭하다고 생각함과 동시에 그런 일을 해주는 조직들에게 감사의 마음을 갖고 있습니다. 그들은 기업이 저지른(때로는 충분히 주의를 기울이지 않은 탓에 발생한) 명백한 착오를 드러내줍니다.

알렉사라는 디바이스는 "알렉사" 하며 자신을 깨우는 단어를 듣기 전까지는 그 어떤 것도 클라우드로 전송하지 않습니다. 그리고 그 단어를 들으면 상단의 고리에 불이 켜지죠. 고리에 불이 들어와 있을 때 알렉사는 당신이 하는 말을 클라우드로 보냅니다. 이는 반드시 필요한 과정입니다. 이를 통해 클라우드에 있는 모든 데이터에 접근할 수 있어야만 알렉사는 당신을 위해 날씨를 확인하는 등 자신이 가진 다양한 기능을 모두 이행할 수 있기 때문이죠.

해킹은 우리 시대의 큰 문제 중 하나입니다. 사회와 문명 전체가 세계적으로 해결해야 할 문제죠. 솔루션의 일부는 법률이 될 것입니다. 국민이 원치 않는 일을 국가가 하는 문제도 있는데, 그것이 어떻게 통제될지는 전혀 알 길이 없습니다.

현재 우리가 보유 중인 기기와 기술을 이용하면 국가는 각 가정의 창문에 레이저 광선을 쏘거나 전화기에 악성 소프트웨어를 설치해 마이크를 모두 켜는 방식으로 모든 대화를 쉽게 들을 수 있습니다. 지금의 고급 휴대전화에는 보통 네 대의 마이크가 있습니다. 어쩌면 FBI와 같은 특정 기관을 통제하는 것은 쉬운 일일지도 모릅니다. 우리가 모여서 어떤 규칙과 어떤 법률이 마련되어야 하고, 법원은 그것들을 어떻게 강제해야 하는지를 결정할 수 있으니까요. 하지만 국가 주도의 사이버해킹 등에 대한 해결 방법은 아직 존재하지 않습니다. 그런 상황에 대해 우리가 어떻게 행동해야 할지도 아직 알 수 없죠.

'인터넷으로 연결된 사회는 정말 안전할 수 있는가'라는 문제에 대한 답은 저도 모릅니다. 우리는 꽤 오랫동안 이런 기술들과 더불어 살아왔습니다. 사람들은 어디든 휴대전화를 가지고 다니려 하고, 저는 이런 현상이 이제 우리 삶의 일부가 되었다고 생각합니다. 그런데 그 전화기는 온전히 소프트웨어의 통제를 받고, 그 안에는 역시 소프트웨어로 통제되는 여러 개의 마이크가 있습니다. 전화기 속의 무선 통신 장치는 세상 어디로든 데이터를 전송할 수 있죠.

기술은 어떤 휴대전화가 됐든 그 주인도 모르는 사이에 도청 기기로 바꿀 수 있는 수준까지 도달해 있습니다. 우리 아마존 팀은 알렉사에 대해 대단히 흥미로운 결정을 내렸습니다. 제 판단에는 대단히 주목할 만한 것이라 여겨지기에 다른 기업들도 이런 결정에 동참하길 희망합니다. 그 기능은 다름 아니라 사용자가 에코의 마이크를 끌 수 있게끔 송신 음성 소거 버튼을 기능에 추가한 것입니다. 이 버튼을 누르면 상단의 고리가 붉은색으로 변합니다. 붉은색 빛은 아날로그 전자 장치로 마이크와 연결되어 있고, 이 빛이 기기에 표시되어 있을 때는 마이크가 켜지는 것이 사실상 불가능합니다. 해킹을 통해 원격으로 마이크를 켤 수 없는 것이죠. 하지만 휴대전화는 그렇지 않습니다.

오프라인 매장과 홀푸드

아마존은 수년간 오프라인 매장에 큰 관심을 가져왔습니다. 하지만 제가 항상 말해왔듯 우리는 남을 따라 하는 것이 아닌, 차별화된 상품과 서비스를 내놓는 데만 관심을 둡니다. 오프라인 매장이라는 공간은 이미 발달할 대로 발달해 있기에 대세에 순응하는 제품을 내놓는다면 성공하지 못할 것입니다. 아마존의 문화는 개척과 발명에 훨씬 능하고, 따라서 우리는 뭔가 다른 것을 내놓아야 했죠. 그것이 바로 아마존 고(Amazon Go) 편의점입니다. 아마존 고는 기존 오프라인 매장과 완전히 다릅니다. 아마존 북스토어(Amazon Bookstore)도 기존 서점과 완전히 다르죠. 또한 우리에겐 아마존 프라임과 홀푸드를 결합해 홀푸드를 완전히 차별화된 경험으로 만들기 위한 아이디어들이 있습니다.

아마존은 여러 기업을 인수합니다. 대개는 홀푸드보다 규모가 훨씬 작습니다만 어쨌든 매년 많은 기업을 인수하죠. 회사를 설립한 기업가를 만날 때 제가 가장 먼저 알아내려 하는 점이 있습니다. '이 사람은 선교사인가, 아니면 용병인가?' 하는 것이죠. 용병은 자기 회사의 주식 가격을 올리려 애씁니다. 그와 달리 선교사는 자신의 제품이나 서비스에 애정을 가지며 고객들을 아끼고, 훌륭한 서비스를 구축하기 위해 노력합니다. 여기에서의 가장 큰 모순은 더 많은 돈을 버는 쪽이 선교사라는 점입니다. 제가 만난 기업가가 용병인지 선교사인지는 이야기를 나누어보면 금방 구분할 수 있습니다. 홀푸드는 선교사들의 회사이고, 설립자인 존 매키는 선교사입니다. 우리는 우리의 자원과 기술 노하우를 활용하여 홀푸드의 대의를 더 넓게 펼칠 수 있습니다. 그들은 모든 사람들에게 영양이 풍부한 건강한 먹거리를 공급하겠다는 훌륭한 뜻을 가지고 있습니다. 우리에겐 자원의 측면에선 물론이고 운영 탁월성과 기술적 노하우의 면에서도 그 뜻에 힘을 보탤 많은 것이 있습니다.

〈워싱턴 포스트〉의 인수

저는 신문사를 찾는 중도 아니었고 인수할 의도로 없었습니다. 그런 생각은 해본 적이 없었고, 어린 시절의 꿈 같은 것도 아니었죠. 그런데 20년 동안 친분을 쌓아온 제 친구 도널드 그레이엄이 중재인을 통해 제게 접촉해왔습니다. 그는 제가 〈워싱턴 포스트〉 인수에 관심이 있는지 알고 싶어 했으나 저는 인수 의도가 없다는 답을 보냈습니다. 신문에 대해 아는 바가 전혀 없었으니까요.

그렇지만 돈(도널드의 애칭)은 연이은 대화를 통해 〈워싱턴 포스트〉에는 신문에 대해 잘 아는 내부 인재가 많기 때문에 제 무지는 중요하지 않다고 저를 설득했습니다. 그들에게 필요한 것은 인터넷에 대해 알고 있는 사람이었습니다. 그것이 우선사항이었죠. 이렇게 인수에 관심을 갖게 된 저는 이후 자기탐구에 들어갔습니다. 제 의사결정 과정의 중심은 분석이 아닌 직감에 있습니다. 2013년 당시 〈워싱턴 포스트〉의 재정적 상황은 대단히 좋지 않았습니다. 신문은 고정비용 사업인데 〈워싱턴 포스트〉는 그 이전 5~6년 동안 매출이 급감했죠. 하지만 경영 자체는 대단히 잘 이뤄지고 있었으니 직원들이나 경영진의 잘못은 아니었습니다.

문제는 주기적인 것이 아닌 영속적인 것이었습니다. 인터넷은 지역 신문들이 누리고 있던 모든 전통적 이점을 무너뜨렸습니다. 이는 미국만이 아닌 전 세계 지역 신문이 겪고 있는 심각한 문제죠. 저는 자기성찰을 하고 스스로에게 이것이 제가 관여하고 싶은 일인지 물어보았습니다. 그 일에 손을 댄다면 거기에 마음을 쏟고 시간을 들여야 하니까요. 저는 〈워싱턴 포스트〉가 정말로 중요한 기관이라는 믿음이 들 경우에만 그 일을 하겠다고 마음먹었습니다. 저는 저 자신에게 이렇게 말했습니다. "이것이 경영난을 겪는 과자 회사라면 내 답은 '노'야." 저는 중요한 기관으로서의 〈워싱턴 포스트〉, 세계에서 가장 중요한 나라의 수도에 있는 신문에 대해 생각하기 시작했습니다. 〈워싱턴 포스트〉가 미국이라는 민주국가에서 대단히 중요한 역할을 담당하고 있다는 점에 대해선 한 점의 의심도 없었습니다.

그 관문을 지나자 제 친구 돈에게 '예스'라는 대답을 하기 전에 거쳐야 할 관문은 하나밖에 남지 않았습니다. 자신에게 정말로 솔직해지고 싶었던 저는 거울을 보고 그 회사에 대해 생각하면서 정말 제가 〈워싱턴 포스트〉의 성공을 낙관하고 있는지 확인했습니다. 가망이 없다면 그건 제가 관여할 일이 아닐 테니까요.

〈워싱턴 포스트〉의 상황을 조사해보니 대단히 낙관적이었습니다.

다만 전국적이고 세계적인 신문으로 전환될 필요가 있었죠. 인터넷은 신문 사업의 거의 모든 것을 망쳐버렸습니다. 그럼에도 딱 하나 선사한 선물이 있다면 그건 신문사의 콘텐츠를 무료로 전 세계에 배포할 수 있다는 점입니다. 종이 신문만 있던 시절이라면 곳곳에 인쇄 공장을 세워야 했을 것입니다. 세계적으로, 아니 전국적으로 배포되는 신문만 하더라도 물류 운영에 엄청난 경비와 거액의 자본 투자가 필요하죠. 전국적인 혹은 세계적인 신문이 거의 존재하지 않는 이유가 바로 이것입니다. 하지만 지금은 인터넷 덕분에 무료 배포가 가능하고, 그렇다면 우리는 그 선물을 활용해야 합니다. 그것이 기본 전략이었습니다.

우리는 상대적으로 적은 독자를 대상으로 하면서 독자 1인당 많은 돈을 내게 하는 기존 〈워싱턴 포스트〉의 비즈니스 모델을 바꾸기로 결정했습니다. 구독자들로부터 받는 돈은 적더라도 대단히 많은 수의 독자들을 대상으로 하는 모델로 전환하기로 한 것이죠. 그리고 그 결정을 실행에 옮겼습니다.

현재 〈워싱턴 포스트〉가 수익을 내고 있다고 말씀드릴 수 있어서 저는 정말 기쁩니다. 〈워싱턴 포스트〉의 뉴스실은 나날이 성장 중인데 이는 리더인 마틴 배런이 엄청나게 일을 잘해주는 덕분입니다. 저는 배런이 신문 사업 분야의 최고 편집자라고 생각합니다. 또 발행인 프레드 라이언(Fred Ryan), 논설위원 프레드 하얏트(Fred Hyatt) 역시 뛰어난 역량을 펼치고 있으며 기술 책임자 샤일리시 프라카시(Shailesh Prakash)야말로 슈퍼스타라고 부르기에 손색이 없는 활약을 하고 있죠. 이렇게 해서 〈워싱턴 포스트〉는 잘 굴러가고 있습니다. 저는 〈워싱턴 포스트〉 팀이 무척이나 자랑스럽습니다. 여든 살 혹은 아흔 살쯤 되어(예전엔 여든 살 때쯤의 제 모습을 떠올렸지만 나이가 들어감에 따라 그 나이도 점차 아흔 살로 바뀌고 있습니다) 인생을 뒤돌아볼 때, 〈워싱턴 포스트〉를 인수하고 대단히 힘겨운 이행을 거치도록 도운 것은 제가 무척 자랑스럽게 여기는 일 중 하나가 될 것입니다.

미국 대통령이나 주지사라면 예리한 감시의 시선을 예상치 않고 그 자리에 오르지는 않겠죠. 그들에겐 항상 날카롭게 감시하는 눈길들이 꽂힐 겁니다. 그것이 건전한 상태고요. 대통령이라면 "옳은 일이다. 좋은 일이다. 나는 어떤 조사도 기쁘게 받겠다"라 말해야 합니다. 그것이 안전하고 확실한 행동입니다. 미디어를 악마로 만드는 것은 대단히 위험한 일입니다. 미디어를 저질이라고 말하는 것은 위험한 일입니다. 미디어를 두고 국민의 적이라고 일컫는 것은 위험한 일입니다. 우리에게는 언론과 출판의 자유가 있고, 이는 헌법으로 보장된 권리입니다. 우리가 살고 있는 사회에서 우리를 보호해주는 것은 이런 국가의 법뿐만이 아닙니다. 사회적 규범 역시 그에 해당되죠. 우리가 보호받을 수 있는 이유는 신문에 실린 이야기를 믿기 때문입니다. 헌법을 공격하는 이들은 그때마다 헌법을 조금씩 갉아먹고 있는 것이나 마찬가지입니다. 우리는 이 나라에서 확고한 힘을 갖고 있습니다. 미디어는 굳건히 자리를 지킬 것이며, 우리는 미디어가 맡고 있는 사회적 책무를 끝까지 해낼 것입니다. 마틴 배런은 언제나 뉴스룸에서 더없이 중요한 점을 지적할 것입니다. "행정부는 우리와 전쟁 중일지도 모릅니다. 하지만 우리는 행정부와 전쟁을 하고 있는 것이 아니죠. 그저 자신의 일을 하십시오. 그저 자신의 일을 하십시오." 저는 그의 이런 말을 여러 번 들었습니다. 그리고 〈워싱턴 포스트〉에서 기자들을 만날 때마다 저 역시 그렇게 말합니다.

신뢰

당신이 신뢰를 얻는 방법, 당신이 좋은 평판을 만드는 방법은 어려운 일을 잘 해내고, 또 해내고, 또 다시 해내는 것입니다. 미군이 모든 여론조사에서 그렇게 높은 신뢰성과 평판을 기록하는 것은 수십 년 동안 어려운 일을 반복적으로 잘해냈기 때문입니다.

그만큼 간단한 일이긴 하나 한편으론 또한 그만큼 어려운 일이기도 합니다. 어려운 일을 잘하기란 쉽지 않죠. 하지만 그것이 신뢰를 얻는 길입니다. '신뢰'는 많은 뜻을 담고 있는 단어, 대단히 다양한 것들을 의미하는 단어입니다. 성실성을 말하기도 하고 능력을 뜻하기도 하죠. 신뢰란 당신이 하겠다고 말한 일을 해내는 것입니다. 그래서 아마존은 매년 수십억 개의 상품을 배달합니다. 우리는 그런 일을 하겠다고 말했고, 이후 그 말을 행동으로 옮겼습니다. 신뢰는 논란이 많은 입장을 취하는 것입니다. 사람들은 당신이 이렇게 말하는 걸 좋아합니다. "아니오, 우리는 그런 식으로 하지 않을 겁니다. 우리가 그러기를 당신이 원한다는 건 압니다만, 우린 그렇게 하지 않을 거예요." 그럼 당신과 뜻이 같지 않더라도 그들은 이렇게 말할 겁니다. "우리는 그런 생각, 그리고 그들을 존중해. 적어도 그들은 자신이 누구인지 알거든."

명확성도 도움이 됩니다. 이것은 하지만 저것은 하지 않겠다는 점을 명확히 밝히면 사람들은 그에 동참할 수도 있고 동참하지 않을 수도 있습니다. 사람들은 이렇게 말할 겁니다. "그것이 ~에 대한 아마존, 혹은 블루 오리진, AWS의 입장이라면 나는 거기에 동참하고 싶지 않아." 이런 것은 문제가 되지 않습니다. 우리가 사는 곳은 여러 의견이 공존하는 민주국가니까요. 저는 사람들이 제각기 의견을 가질 수 있는 곳, 그럼에도 여전히 함께 일하는 곳에서 살길 원하고 그런 것들을 잃고 싶지 않습니다. 모든 이들에겐 자신의 의견을 가질 자유가 있습니다. 물론 고위 경영진의 일은 '노'라고 말하는 것이지만 말이죠.

기술 기업의 내부에서는 여러 상황이 벌어집니다. '기술 기업은 국방부와 협력해서는 안 된다'고 생각하는 직원들이 존재하는 것도 그런 상황 중 하나입니다. 이에 대한 제 생각을 말하자면, 대규모 기술 기업이 국방부에 등을 돌릴 경우 이 나라는 곤경에 처합니다. 그런 일이 있어서는 안 되겠죠. 때문에 고위 경영진은 직원들에게 이렇게 말해야 합니다. "이것이 감정적인 문제라는 점은 저도 알고 있습니다. 그것 자체에는 전혀 문제가 없습니다. 우리가 모든 일에 뜻을 같이해야 하는 것은 아니니까요. 하지만 이것이 우리가 일을 해나갈 방식입니다. 우리는 국방부를 지지할 것입니다. 이 나라는 중요합니다. 그것도 대단히 말입니다."

저는 사람들이 이 문제에 대해 대단히 감정적이며 다양한 의견을 가지고 있다는 점을 알고 있습니다. 하지만 세상에는 진리라는 것이 있습니다. 저는 우리가 선한 사람들이란 점을 굳게 믿습니다. 또한 이것이 복잡한 사안이란 것도 알고 있죠. 그렇다면 한 가지 질문을 드리겠습니다. 당신은 이 나라의 국방이 강력하길 원하십니까, 혹은 그 반대입니까? 아마도 강한 국방력을 원하시겠죠. 그렇다면 당신도 지지를 표해야 합니다.

문명의 편에 서기를 원하는 것은 미국뿐만이 아닙니다. 당신은 어떤 문명을 원하십니까? 당신은 자유를 원하십니까? 당신은 민주국가를 원하십니까? 이것들은 다른 종류의 의문들보다 우선하는 중요 원칙입니다. 당신이 돌아가야 할 곳은 바로 거기입니다.

일과 삶의 조화

저는 아마존에서 고위 임원들을 대상으로 리더십 교육 시간을 갖고 인턴들과도 이야기를 나눕니다. 그런데 어디를 가나 항상 소위 '일과 삶의 균형'에 대한 질문을 받게 되더군요.

저는 '일과 삶의 균형'이라는 말을 좋아하지 않습니다. 오해의 소지가 있다고 생각하기 때문이죠. '일과 삶의 균형'보다는 '일과 삶의 조화'가 더 좋은 표현이라고 저는 생각합니다. 일터가 자신의 가치를 더하고 있다는 느낌, 혹은 팀의 일원이라는 느낌을 받음으로써 에너지와 즐거움을 얻는다면 어떤 일이 됐든 그것은 집에서의 우리를 더 나은 사람으로 만들어주니까요. 그것을 통해 저는 더 나은 남편, 더 나은 아버지가 됩니다. 마찬가지로 집에서 만족을 느끼면 그것을 통해 저는 직장에서 더 나은 직원, 더 나은 상관이 되고요. 주중의 근무 시간이 대폭 늘어나는 바쁜 기간도 있긴 하죠. 하지만 진짜 문제는 그런 것이 아닙니다. 정말 중요한 것은 당신에게 에너지가 있는가의 여부입니다. 당신의 일은 당신의 에너지를 앗아가나요? 아니면 당신에게 에너지를 주나요?

모든 사람들이 이 둘 중 하나에 해당하는 이들을 알고 있습니다. 회의에 가면 그런 사람을 볼 수 있죠. 회의에 들어온 어떤 이는 회의에 에너지를 불어넣습니다. 그런데 어떤 이가 들어오면 회의 분위기가 온통 처지죠. 이런 사람들은 회의에서 에너지를 빼냅니다. 우리는 자신이 어떤 사람이 될지 선택해야 합니다. 회사만이 아닌 집에서도 마찬가지고요.

이것은 관성바퀴이고 순환이지 균형이 아닙니다. '균형'이라 말하며 저울에 비유하는 것이 위험한 이유가 이것입니다. 그렇게 되면 일과 삶은 서로 엄격한 상충 관계에 놓이는 셈이니까요. 일하지 않는 모든 시간을 가족과 함께 보낸다 해도, 일과 관련해서 당신이 우울하고 사기가 꺾여 있다면 가족은 당신 곁에 있고 싶지 않을 것입니다. 당신이 가족으로부터 좀 떨어져 휴식을 갖길 바라겠죠. 중요한 것은 시간이 아닙니다. 한 주에 100시간쯤 미친 듯 일해야 한다면 한계에 봉착하긴 할 겁니다. 하지만 제 경우엔 문제가 되었던 적이 없습니다. 아마도 양쪽 모두가 제게 에너지를 주기 때문이겠죠. 이상이 제가 인턴이든 임원에게든 똑같이 들려드리는 충고입니다.

인재 채용: 당신이 원하는 것은 용병입니까, 선교사입니까?

우리 아마존은 직원들에게 대단히 경쟁력 있는 보상을 제공합니다. 하지만 무료 마사지나 지금 유행하는 특전을 제공하는 사교 클럽 같은 문화를 만들진 않았습니다. 저는 그런 종류의 특전에 대해 다소 회의적인 시각을 갖고 있습니다. 직원들이 잘못된 이유로 회사에 머물 수 있다는 염려 때문이죠. 우리는 사명감으로 회사에 남아 있는 사람들을 원합니다. 회사에 용병을 두는 것은 우리의 바람이 아닙니다. 우리는 선교사를 원합니다.

선교사는 사명을 중시합니다. 그리 복잡한 사안이 아닙니다. 무료 마사지는 사람들에게 혼란을 줄 수 있습니다. "우리 회사가 추구하는 사명은 내 마음에 안 들지만 무료 마사지는 너무 좋은걸"이라 생각할 수도 있다는 뜻이죠.

어떻게 하면 뛰어난 인재를 채용해서 회사에 오래 남게 할 수 있을까요? 무엇보다 그들에게 중요한 사명을 맡겨야 합니다. 진정한 목적의식과 의미를 담은 사명 말입니다. 삶에서 의미를 추구하려는 것은 인간의 본성입니다. 그런 점에서 보자면 군대라는 조직은 큰 이점을 갖고 있습니다. 군인들에게는 진지한 사명이 주어지고, 그들은 큰 의미를 추구하고 있으니까요. 인재 채용에 있어 이런 점은 엄청난 강점이 됩니다.

홀륭한 인재들을 떠나게 하는 방법도 있습니다. 의사결정의 속도를 아주 느리게 만드는 것이 한 예죠. 자신의 일을 완수할 수 없는 조직에 훌륭한 인재가 왜 남겠습니까? 시간이 좀 흐르면 그들은 이렇게 말할 겁니다. "사명은 정말 마음에 드는데 의사결정 속도가 너무 느리니 도무지 일을 할 수가 없어." 아마존과 같은 대기업은 이 문제에 대해 생각해볼 필요가 있습니다.

결정

의사결정의 속도를 높이는 방법으로는 여러 가지가 있습니다. 이건 대단히 중요한 사안인데, 다른 고위 임원들께 제가 감히 조언을 드릴 기회가 있다면 이렇게 말씀드리고 싶습니다. 의사결정에 있어 가장 유념해야 할 것은 고위 관리자들이 중간 관리자들의 본보기가 된다는 점이라고 말입니다(저는 이걸 아마존에서 직접 목격한 바 있습니다). 당연한 말이죠. 직원들은 항상 상관들을 보고 따라 하기 마련이고, 심지어 그런 행동의 대부분은 무의식적으로 일어납니다. 이렇게 선례만을 따르면 의사결정에 다른 유형이 있다는 사실조차 고려되지 않을 위험이 있습니다.

결정에는 두 가지 유형이 있습니다. 하나는 되돌릴 수 없는 매우 중대한 결정입니다. 우리는 그것을 일방향의 문, 혹은 제1유형 의사결정이라고 부르는데, 이런 결정은 천천히 주의 깊게 내려야 합니다. 저는 아마존에서 종종 가장 느린 최고책임자 역할을 하곤 합니다. "저는 이 결정을 17가지 방향에서 더 분석해보고 싶습니다. 대단히 중요하고 되돌릴 수 없는 사안이니까요"라 말하는 식이죠. 문제는 대부분의 결정이 그렇지 않다는 것, 즉 양방향 문이라는 데 있습니다.

결정을 내리고 여러 단계를 거치다 보면 그것이 잘못된 결정임이 밝혀지는 때가 있습니다. 그럴 땐 돌아가면 됩니다. 대기업에서는 (대규모 조직이어도 스타트업이라면 해당되지 않습니다) 되돌릴 수 없는 중요한 결정에만 적용되어야 할 과정을 모든 결정에 사용하는 경우가 있는데, 이것은 재앙입니다. 무언가를 결정해야 할 때는 "이 결정은 일방향 문인가, 아니면 양방향 문인가?"라는 질문을 던져야 합니다. 양방향 문이라면 소규모 팀 혹은 고위 결정권자 개인이 결정해야 합니다. 결정을 내렸다 해도 그것이 잘못된 것이었음을 알게 되면 그때 바꾸면 됩니다. 하지만 일방향 문이라면 다양한 방식으로 분석해야 합니다. 주의를 기울이십시오. 이때야말로 느린 것이 매끄러운 것이고, 매끄러운 것이 빠른 것인 때입니다.

일방향 결정을 빠르게 내리고 싶은 사람은 없을 겁니다. 다른 이들과 의견의 일치를 보거나 최소한 많은 사람들의 생각을 듣고 토론을 거치고 싶겠죠.

일방향인지 양방향인지 가리는 것 외에 의사결정의 속도를 높이는 또 다른 방법은 '의견은 다르지만 해보자'는 원칙을 가르치는 것입니다. 열정적인 선교사가 필요한 이유가 이것이죠. 이 과정에선 모두가 중요합니다. 주의를 기울이지 않으면 의사결정 과정은 소모전으로 전락해버립니다. 결국엔 지구력이 가장 좋은 사람이 이기고, 그와 반대 의견을 가진 상대편은 굴복해버립니다. "좋아요, 이젠 지치네요. 당신들 마음대로 하세요."

이건 세상에서 가장 안 좋은 의사결정 과정입니다. 모두가 에너지를 빼앗기고 무작위적인 결과에 이르게 되니까요. 그보다 훨씬 더 나은 접근법은 보다 높은 상급자들에게 결정을 맡기는 것입니다. 결정에 대한 논란이 많은 사안은 빨리 상부로 올려야 합니다. 두 명의 중간 관리자가 1년 동안 입씨름하면서 기진맥진하게 두어선 안 되고, 그들에게 의사결정의 방법을 가르쳐야 합니다.

팀이 교착상태에 빠졌다면 문제를 상부로 빨리 이관시키십시오. '빨리' 말입니다. 상급 관리자는 다양한 견해를 듣고 이렇게 말할 수 있어야 합니다. "여기에 있는 누구도 무엇이 옳은 결정인지는 모릅니다. 하지만 저는 여러분이 저와 모험을 해보길 원하고, 제 의견에 반대하더라도 따라주시길 바랍니다. 이 일은 이러이러하게 실행할 것입니다. 다시 말하지만 이는 여러분이 반대하더라도 따라주셔야 가능한 일입니다."

여기에 중요한 점이 있습니다. 간혹 상급자와 하급자의 의견이 첨예하게 대립하는 경우가 발생합니다. 하급자가 어떤 일을 정말로 특정 방향으로 하길 원하는 데 반해 상급자는 그와는 전혀 다른, 정반대 방향으로 해야 한다고 생각하는 것이죠. 하급자와 의견은 다르지만 상급자가 따라야 하는 경우도 흔합니다. 저도 예외는 아니죠. 하루 종일 혹은 1주일 내내 논의하다가 이렇게 말하는 겁니다. "난 이 문제에 절대 반대하네. 하지만 자네에게 검증 자료가 더 많으니 자네가 주장하는 방식을 따르겠네. '그러게 내가 뭐랬어'란 말은 절대 하지 않겠다고 약속하네."

상급자의 의견을 따르라는 결정은 아주 차분하게 받아들여집니다. 상급자가 더 나은 판단력을 가지고 있다는 현실을 하급자가 인정하기 때문이죠. 판단력은 대단히 가치 있는 능력이고, 때론 하급자들이 더 나은 증거를 가지고 있는 경우에도 그들의 반대를 기각시켜야 하는 이유가 됩니다. 어쨌든 판단은 당신의 몫입니다. "난 저들이 어떤 사람인지 알아. 오랫동안 함께 일해왔으니까. 저들은 판단력이 매우 뛰어나고, 내 의견에 적극적으로 반대하고 있으며, 더 나은 증거를 갖고 있어. 그렇다면 나는 반대 의견이더라도 그들을 따르겠어"라고 해야 할 때도 있을 겁니다.

경쟁

각각의 이득과 손실의 총합이 0이 되는 제로섬 게임은 아주 드뭅니다. 스포츠 경기는 제로섬 게임입니다. 두 팀이 경기장에 들어서고 나면 이내 한 팀은 이기고 한 팀은 집니다. 선거 역시 제로섬 게임이죠. 한 후보는 승리하고 다른 후보는 패배하니까요. 그러나 사업에서는 몇몇 경쟁자들이 함께 성공할 수 있고, 이건 매우 자연스러운 일입니다. 사업의 경우(군사적 적대 관계에서도 마찬가지라 여깁니다만) 경쟁자에 맞서 성공하는 데 가장 중요한 것은 굳건하면서도 민첩해지는 것입니다. 그것이 바로 규모입니다. 혼자 싸우는 대신 군의 일원이 되는 것이 좋은 이유는 규모가 커지기 때문입니다. 굳건해지는 데다 상대에게 덤벼들 수도 있게 해주니 규모는 엄청난 강점입니다. 규모가 커지면 굳건함도 커지는데 그에 더해 상대의 주먹까지 피할 수 있다면 더 좋겠죠. 그것이 민첩함입니다.

민첩함에서 가장 중요한 요소는 의사결정의 속도입니다. 두 번째로 중요한 요소는 기꺼이 실험적인 태도를 취하는 것이죠. 기꺼이 위험을 감수해야 하고, 기꺼이 실패해야 합니다. 그런데 사람들은 실패를 싫어합니다.

실패에는 두 종류가 있다고 저는 늘 말해왔습니다. 하나는 실험적 실패입니다. 기뻐해야 하는 종류의 실패죠. 다른 하나는 운영상의 실패입니다. 아마존은 오랫동안 수백 개의 물류센터를 만들었고 그 방법을 잘 알고 있습니다. 그런 아마존이 새로운 물류센터를 지었는데 형편없는 실패작이 되었다면 그것은 잘못된 실행 그 이상도 이하도 아닙니다. 바람직한 실패가 아닌 것이죠. 하지만 새로운 제품 혹은 서비스를 개발 중이거나 특정 방법을 실험했는데 결과가 좋지 않은 경우는 문제가 되지 않습니다. 그런 것들은 훌륭한 실패니까요. 우리는 이 두 유형의 실패를 구분하며 발명과 혁신을 추구해야 합니다.

그런 자세를 유지하고 싶다면 당신에겐 그에 맞는 직원이 필요합니다. 바로 혁신적인 사람들이죠. 이런 이들은 결정을 내리지 못하는 조직, 위험을 감수할 수 없는 조직에서 달아납니다. 채용이야 할 수 있을지 몰라도 오래 붙잡을 순 없습니다. 빌더(builder)는 새로운 무언가를 만들어가는 것을 좋아합니다. 대부분이 아주 간단하지만 실행하긴 쉽지 않은 일들이죠. 경쟁에서 중요한 또 다른 부분은 당신이 경쟁우위를 원한다는 점입니다. 때문에 혁신이 필요한데, 우주와 IT 같은 영역에서는 특히 더 그렇습니다.

공정한 경쟁의 장은 운동 경기에서나 필요한 것입니다. 우리는 우주나 기술 등의 영역에서 수십 년간 경쟁우위를 누렸습니다. 저는 이런 상황이 빠르게 변화하는 것에 몹시 큰 불안을 느낍니다. 남보다 앞서나가며 그 경쟁우위를 거머쥐고 놓지 않는 방법은 혁신입니다.

우주라는 영역에서 우리는 혁신을 거듭하는 적들을 만나고 있습니다. 그런 것들이 진짜 문제죠. 혁신에 능숙하지 않은 적을 만난다면 당신 역시 혁신에 능할 필요가 없겠지만 말입니다.

우수한 축에 끼는 것만으로는 경쟁에서 이길 수 없습니다. 당신은 당신과 비슷한 능력을 가진 상대와 늘 치열하게 싸워야 하는 미래를 바라십니까? 저는 그렇지 않습니다.

정부 조사와 대기업

모든 종류의 모든 대규모 기관은 심사, 조사, 점검의 대상이 되고 또 그래야만 합니다. 정부는 조사를 받아야 합니다. 정부 기관, 대규모 교육 기관, 대형 비영리단체, 대기업 등 모두가 감시의 대상이 됩니다. 그것은 사적 조사가 아니라 우리 사회가 원하는 조사니까요. 저는 직원들에게 아마존에 대한 조사를 사적인 것으로 받아들이지 말라고 조언하곤 합니다. 그렇게 받아들이면 엄청난 에너지를 낭비하게 마련이니까요. 이런 조사는 당연히 이뤄져야 하는 일입니다. 사실 건전하고 바람직한 것이죠. 우리는 사람들이 대규모 기관에 대해 염려하고 경계하는 사회에서 살기를 원합니다.

저는 어떤 규제가 만들어지고 적용된다 해도 아마존이 고객들에게 서비스를 제공하지 못하는 상황은 벌어지지 않을 것이라 생각합니다. 아마존은 대단히 독창적이기 때문입니다. 제가 상상하는 어떤 틀의 규제하에서도 고객들은 여전히 낮은 가격을 원할 테고, 여전히 빠른 배송을 바랄 것이며, 여전히 선택의 폭이 넓기를 희망할 것입니다. 아마존이 하는 일은 이렇듯 지극히 본질적인 것들입니다. 더불어 이런 이야기도 하고 싶군요. 정치가들을 비롯한 사람들은 대기업이 가져다주는 가치를 이해해야 하며 기업들을, 또 특히 대기업을 모두 싸잡아 악마로 묘사하거나 비방해선 안 된다는 점을 알아야 한다고 말입니다. 세상에는 대기업만이 할 수 있는 일들이 있습니다. 이 점은 아마존과의 여정을 거쳐오면서 제가 직접 경험했습니다. 저는 아마존이 열 명의 직원만 두고 있을 때 할 수 있었던 일, 1000명 규모일 때 할 수 있었던 일, 1만 명 규모일 때 할 수 있었던 일, 그리고 50만 명이 넘는 규모인 지금 할 수 있는 일이 무엇인지 알고 있습니다.

좀 더 생생한 사례를 들려드리겠습니다. 저는 차고에서 출발하는 스타트업 기업가들을 아끼고 그들의 회사에 많은 투자를 합니다. 그런 기업가들을 많이 알고 있기도 하죠. 하지만 차고에서 사업을 하는 기업가는 탄소섬유를 이용하여 연료 효율이 높은 보잉 787을 만들 수 없습니다. 불가능하죠. 보잉은 그런 일을 하기 위해 필요한 기업입니다. 스마트폰을 좋아하는 사람이 스마트폰을 손에 넣으려면 애플이 필요하고, 삼성이 필요합니다. 이런 일들은 적절히 기능하는 기업자본주의가 아주 잘하는 일이죠.

물론 시장이 완벽하게 돌아가는 것은 아닙니다. 공정하지 못한 부의 분배 등의 문제가 발생하니까요. 그런 것에 신경 써야 하는 것은 자선 단체와 정부입니다. 다른 것에는 다른 모델이 필요합니다. 다만 분명한 것은 보잉, 애플, 삼성이 없다면 이 세상이 지금보다 나빠질 것이란 사실입니다.

기후 서약

2019년 9월 아마존은 파리 협약((Paris Agreement)의 목표를 10년 앞당겨 달성하기 위한 기후 서약(Climate Pledge)을 발표하고 그 첫 서명자가 되었습니다. 아래의 내용은 기후 서약 출범 기자회견에서의 발언이고, 아마존의 지속가능성 과학(Sustainability Science) 팀을 이끄는 다라 오루크(Dara O'Rourke)의 발언도 포함되어 있습니다.

기후 서약에 서명한 이들은 첫째로 탄소 배출량을 측정 및 보고하고, 둘째로 파리 협약에 따라 탈탄소 전략을 실행에 옮기는 데 동의합니다. 이는 기업들이 사업에서 탄소 제거를 위한 일을 실제로 하고 있으며 비즈니스 활동에서 변화를 일으키고 있다는 의미입니다.

그리고 셋째로, 실제적인 변화를 통해 제거할 수 없는 탄소 배출량에 대해서는 믿을 만한 상쇄 조치를 취하는 데 동의합니다. 이때의 '믿을 만한' 상쇄 조치란 무엇을 의미할까요? 이는 자연기반 해법

(nature-based solution, 사회-환경적 문제에 맞서는 자연의 지속가능한 관리와 사용)을 뜻합니다.

기후 서약은 다른 대기업과의 협력을 통해서만 실현될 수 있습니다. 우리 모두가 상대 공급망의 일부이기 때문입니다. 이런 목표들을 달성하려면 공동의 노력이 필요합니다. 협력을 통해서만 가능한 일인 것이죠. 아마존의 기후 서약 서명은 우리의 규모와 범위를 이용해 그 길을 선도하고 본보기가 되겠다는 약속입니다. 그러나 이것은 엄청난 규모의 물리적 인프라를 가진 우리에게 대단히 어려운 과제입니다. 아마존은 정보만 이동시키는 것이 아니라 물건도 이동시켜야 하니까요. 우리는 연간 100억 개 이상의 물건을 배송합니다. 실제적 규모를 가진 물리적 인프라를 통해서 말이죠. 그렇기에 그런 아마존이 가능한 일이라면 누구든 할 수 있는 일이라고 자신 있게 말할 수 있는 것입니다. 우리는 열정적으로 이런 주장을 펼 계획입니다. 힘든 과정이 되겠지만 우리는 할 수 있고, 또 해야 합니다.

이 일을 해내려면 아마존의 모든 조치에는 과학적 성실성이 뒷받침되어야 합니다. 다라 오루크는 아마존의 접근법을 이렇게 설명했습니다.

아마존의 모든 팀은 2016년부터 회사 전체에서 환경 영향 평가(사업계획을 수립함에 있어 당해 사업의 시행이 환경에 미치는 해로운 영향을 미리 예측·분석하고 그것을 줄일 수 있는 방안을 강구하는 평가 절차)를 실시해왔습니다.

아마존 팀들은 대단히 아마존다운 방식으로 지속가능성을 구축하기 위해 과학적 모델과 데이터 시스템으로 이루어진 기초를 마련하고 있습니다. 규모의 확장에 필연적인 지속가능성의 문제를 고객 집착과 연결된 기술, 그리고 그 기술과 연결된 과학으로 해결하려 하는 것입니다.

지난 몇 년간 그 작업의 핵심은 데이터를 모으고, 모델을 구축하고, 도구를 만드는 것이었습니다. 아마존 팀들이 단순히 환경 배출물(탄소)을 추적하는 것에 그치지 않고 회사 전체와 공급망에서 탄소 배출을 급격히 감소시킬 수 있게 말입니다.

아마존은 대단히 규모가 크고 복잡한 기업이기 때문에 세계에서 가장 정교한 탄소 계산 시스템을 마련해야 했습니다. 상세 데이터를 얻을 수 있는 시스템을 구축해야 했으니까요. 그러나 한편으로는 아마존의 규모에 맞춰 팀들에게 혁신의 기회를 주고 전체 회사의 입장을 볼 수 있는 시스템이어야 할 필요도 있었습니다. 그런 시스템을 실행시키려면 매우 상세한 수준의 데이터 분석이 필요합니다. 우리 시스템은 회사 전체를 아우를 수 있을 정도로 포괄적이면서도 시스템 수준의 최적화를 실행할 수 있을 정도로 정밀합니다.

또한 우리는 개별 제품, 과정, 서비스까지 고려해야 합니다. 에코의 경우를 예로 들자면 제조 단계에서 알렉사에 동력을 공급하는 데이터센터는 물론 에코를 고객의 집까지 배송하는 비행기, 트럭, 포장에 이르는 모든 영향을 파악해야 하는 것이죠.

지금까지 우리는 환경 생활주기(environmental life-cycle) 분석이라는 학리적(學理的) 기법을 기반으로 다섯 가지 모델을 구축했습니다. 그중 넷은 운송 분야, 포장 분야, 물류센터 및 데이터센터의 전기 분야, 기기 분야의 프로세스 모델입니다. 우리는 내부 운영 데이터(재무 데이터로 처리된 물리적 데이터)를 외부의 과학적 데이터와 결합시켜 그것들 모두를 우리의 탄소 발자국에 연결했습니다.

우리는 이 데이터를 기후위험 분석에도 사용합니다. 현재 아마존 웹서비스와의 협력을 통해 55개 이상의 날씨, 기후, 지속가능성 기초 데이터 세트를 관리 중이죠. 이미 전 세계의 비영리단체, 학계, 정부들은 기후 문제의 실제적 해결을 위해 첨단 머신러닝 도구가 갖춰진 AWS의 인프라를 사용 중인데 우리 역시 그것을 활용하고 있는 것입니다.

이와 더불어 아마존은 기업별 활동 데이터를 수집하고 그것을 배출 모델과 연결하는 일도 하고 있습니다. 오케스트레이션 계층(orchestration layer, 커넥터와 응용 프로그램을 연결하는 장소)을 통해 이 데이터들 모두를 결합시키면 회사 전체가 탄소를 줄이는 데 이용할 수 있는 의사결정 지원 도구들이 만들어집니다. 대시보드, 지표, 기제 등이 그 도구들에 해당하죠. 이런 모든 모델들의 뒤에는 상세한 논리와 정교한 데이터가 자리하고 있습니다.

운송 모델은 탄소 생성의 주된 요인, 즉 이 경우엔 차량 유형, 연료 유형, 경로에 초점을 맞춥니다. 이로써 우리는 기존 네트워크와 물류를 분석하고 새로운 기술, 새로운 차량, 대체 연료를 찾아낼 수 있습니다. 현재 우리는 미래의 전기차, 드론, 차세대 운송 혁신을 모델링할 수 있는 역량을 갖췄으며 이를 통해 최종적으로는 미래의 유형, 기술, 고객 혁신에 지속가능성을 설계하여 넣는 것도 가능해질 것입니다.

이런 지표 및 데이터는 아마존 전체 팀들에게 그 외의 방법으로는 가질 수 없는 통찰력을 제공합니다. 그중에는 직관에 어긋나는 것들도 있죠. 당일 배송은 사실 탄소 배출이 가장 적은 배송 옵션입니다. 지속가능성의 측면에서 가장 좋은 배송 환경은 재고가 고객 가까이에 있는 상태니까요.

우리가 만든 이런 시스템(모델과 지표)은 아마존 전체 팀들에게 탄소 배출 감소에 도움이 되는 상세한 식견을 전달합니다. 우리는 탄소 배출 총량을 줄이는 데 그치지 않고 아마존 고객과 지구를 생각하는 배출 목표를 설정하고 성취하며 혁신의 방향으로 발전해나갈 것입니다.

아마존은 선도자이자 롤모델이 되려 합니다. 아시다시피 우리는 이 문제에 있어 무리의 중심에 자리해왔습니다. 그리고 우리는 전면으로 나서는 선도자가 되길 원합니다. 아마존 같은 복잡성, 규모, 범위, 물리적 인프라를 가진 기업이 할 수 있는 일이라면 누구든 할 수 있다는 점을 다른 기업에게 보여주고 싶습니다.

현재 아마존이 사용하는 에너지의 40%는 재생에너지입니다. 대규모 태양광, 풍력발전단지 건설을 통해 가능해진 일이죠. 우리는 세계 전역에 있는 모든 아마존 물류센터 및 분류센터의 지붕에 태양광 발전 설비를 설치했습니다.

우리는 지금 어디쯤 있을까요? 우리는 2040년까지 재생에너지 사용 비율 80%에 이르겠다는 목표로 노력 중입니다. 현재는 2030년까지 100%를 달성하는 것이 목표죠. 이를 담당하는 팀은 2025년까지

100%에 이르기 위해 박차를 가하고 있으며 그 실행에 필요한 믿을 만한 계획을 갖고 있습니다.

아마존의 많은 배송차량들은 현재 모두 화석 연료를 사용합니다. 우리는 2019년 9월 리비안(Rivian)이라는 기업에 10만 대의 전기 배송 차를 주문했습니다. 기후 서약과 같은 약속은 경제를 자극합니다. 아마존 같은 대기업이 그런 약속을 지키는 데 필요로 하는 제품과 서비스를 만들어내기 시작하는 것이죠. 우리가 리비안에 4억 4000만 달러를 투자한 것도 그 때문입니다.

우리는 라이트 나우 기후 펀드(Right Now Climate Fund)에 자금을 대면서 네이처 컨서번시(Nature Conservancy, 미국 최대의 환경 단체)와 협력하고 있습니다. 또한 재식림 사업에 1억 달러도 기부했죠. 재식림 사업은 지구의 공기에서 탄소를 제거하기 위한 자연기반 해법의 좋은 예입니다.

경제가 발전하면서 사람들은 실제적 사업 활동의 변화를 통해 탄소 제로 상태가 되는 문제를 진지하게 고민하기 시작했습니다. 이런 분위기는 시장에 강력한 신호가 될 것입니다. 관련 약속을 달성하는데 필요한 새로운 기술에 투자하고 그런 기술의 개발을 시작하라며 글로벌 기업들에게 보내는 신호 말입니다. 그것이 우리가 함께 일해야 하는 또 다른 이유입니다. 그런 시장의 신호에 따라 강력한 행동을 보여주려면 많은 기업들이 이 서약에 서명하게끔 해야 합니다. 물론 아마존은 큰 영향력을 가진 대기업입니다. 하지만 더 많은 대기업이 뜻을 모으게 한다면 그것은 시장에 더 강력한 신호를 보낼 것입니다. 공급망들이 서로 밀접하게 얽혀 있기 때문에 특히나 그렇죠. 협력은 이 일을 해내는 유일한 방법이 될 것입니다.

베조스 데이원 펀드

베조스 데이원 펀드(Bezos Day One Fund)는 2018년 20억 달러의 재원으로 출범했습니다. 이 자금은 1)집 없는 가정을 지원하는 비영리단체에 대한 자금 조달, 2)저소득 지역 내 비영리 프리스쿨(preschool) 네트워크 구축, 이렇게 두 가지 부문을 지속적으로 지원하는 데 사용됩니다.

데이원 패밀리 펀드(Day 1 Families Fund)는 어린 자녀가 있는 가정의 급박한 니즈를 해결하기 위해 쉼터와 먹거리를 지원하며 사회를 변화시키고자 노력하는 조직 및 시민단체에 매년 수여됩니다. 이 펀드에 대한 영감은 시애틀의 마리아의 집(Mary's Place)이 표방하는 '어떤 아이도 지붕 없는 곳에서 잠들지 않게 한다'는 모토에서 얻었습니다.

데이원 아카데미 펀드(Day 1 Academies Fund)는 소외된 지역을 위해 전액 무료인 양질의 몬테소리 프리스쿨 네트워크를 출범, 운영하기 위한 조직을 구성 중에 있습니다. 우리는 배우고, 발명하고, 개선할 기회를 가질 것이고, 아마존을 움직이는 것과 동일한 원칙들을 사용하려 합니다. 그중 가장 중요한 것은 고객에 대한 진심 어리고 진지한 집착일 테고요. 아마존이라는 선교사 팀이 봉사할 고객은 전국 소외된 지역의 어린이들이 될 것입니다.

다음은 2018년 9월 13일 워싱턴 경제클럽에서 클럽 대표인 데이비드 루벤스타인과 나눈 이야기의 내용입니다.

데이원 펀드 조성을 위해 사용했던 과정은 우리에게 대단히 유용했습니다. 우리는 사람들에게 아이디어를 내달라고 부탁했습니다. 일종의 크라우드 소싱이었죠. 그리고 4만 7000개가 넘는 답을 받았습니다. 제 이메일로 온 것들도 있었지만 대부분은 소셜 미디어를 통해서였습니다. 저는 수천 개의 답을 읽었고, 담당팀은 모든 응답의 연관성을 찾아 분류했습니다. 그렇게 하자 몇 개의 주제가 드러나더군요. 크라우드 소싱의 장점은 그전엔 미처 생각하지 못했던 아이디어를 얻을 수 있다는 데 있습니다. 사람들은 세상을 돕는 정말로 다양한 방식에 관심을 두고 있었습니다. 여러분이 생각할 수 있는 모든 것들이 그 답변들 안에 있었죠. 예술과 오페라에 관심이 많은 어떤 분은 그와 관련된 재원이 충분치 않다 생각했고, 의료와 특정 질환에 관심이 있어 그런 분야가 좀 더 많은 연구개발비를 지원받아야 한다고 생각하는 분들도 많았습니다. 모두 맞는 이야기입니다. 저를 비롯한 많은 분들은 노숙자들에 대해 큰 관심을 갖고 있었고, 또 많은 분들은 대학 장학금과 견습 교육 프로그램 등 각종 교육에 관심이 있었습니다.

　저는 아동교육에 대한 관심이 큽니다. 콩 심은 데선 콩이 난다고들 하죠. 베조스 가족 재단(Bezos Family Foundation)을 운영하는 제 어머니는 아동교육 분야의 전문가가 되셨습니다. 사실 저는 몬테소리 학교의 작품입니다. 저는 두 살 때 몬테소리를 시작했는데, 선생님은 제 어머니께 이런 하소연을 하셨습니다. 제게 어느 한 가지 과제를 주면 그것에 너무 몰두하기 때문에 그다음 과제로 바꾸게 할 수가 없다고요. 선생님은 결국 저를 의자째 들어서 옮기셔야 했죠. 저와 함께 일하는 사람들에게 물어보시면 제가 여전히 그렇다는 이야기를 듣게 되실 겁니다.

　우리는 몬테소리 교육을 기반으로 하는 무료 프리스쿨을 만들고 그 운영 주체가 되려 합니다. 경영진과 지도부도 이미 구성되어 있죠. 우리의 무료 프리스쿨은 저소득 지역에 세워질 것입니다. 뒤처진 아이들이 학업을 따라잡기란 정말이지 너무나 어렵다는 것을 저는 알고 있습니다. 두 살, 세 살, 네 살 때, 혹은 유치원이나 1학년에 들어가기 전에 도움을 받을 수 있다면 그 아이들이 뒤처질 가능성은 훨씬 낮아집니다. 완전히 없앨 수는 없겠지만 그 확률을 훨씬 줄일 수 있는 것이죠. 대부분의 사람들은 취학 전 연령의 자녀들이 좋은 교육을 받게 하는 데 무척 신경을 쓰고, 이런 아이들은 남보다 훨씬 유리한 출발을 하게 됩니다. 그런 출발을 2세, 3세, 4세 때 한다면 강력한 누적 효과가 나타나죠. 엄청난 지렛대 효과를 얻는 것입니다. 조기 교육이란 그런 것이고, 거기에 쓰이는 돈은 수십 년 동안 엄청난 이익을 가져다줍니다.

우리가 해나가는 일 중에는 보다 전통적인 보조금 지급 방식의 자선 활동도 있을 것입니다. 저는 정규팀을 구성해서 무주택 가구를 확인하고 보금자리 마련에 필요한 자금을 조달할 계획입니다.

오늘은 첫날(Day One)입니다. 제가 지금까지 해온 모든 일은 시작 당시 아주 보잘것없는 일들이었습니다. 아마존은 몇 명 안 되는 사람들과 함께 출발했고, 블루 오리진은 다섯 사람이 극히 적은 예산으로 시작했죠. 이제 블루 오리진의 연간 예산은 10억 달러가 넘습니다. 정확히 열 명에서 시작한 아마존 가족은 현재 75만 명이 넘습니다. 다른 사람은 기억하지 못하겠지만 제게는 어제 일처럼 생생합니다. 직접 우체국으로 배송 박스를 날랐고 언젠가는 지게차를 살 수 있으면 좋겠다고 소망했던 그때가 말입니다. 저는 작은 것이 크게 성장해나가는 과정을 목격했습니다. 그것이 이 '첫날' 사고방식의 일부분입니다. 저는 무엇이든 작은 것처럼 취급하길 좋아합니다. 아마존은 대기업이지만 저는 아마존이 작은 회사의 마음과 정신을 가지고 있길 바랍니다.

데이원 펀드도 그렇게 될 것입니다. 조금은 방황도 할 테고요. 우리에겐 우리가 원하는 바에 대해 대단히 구체적인 아이디어들이 있습니다. 하지만 저는 방황의 힘을 믿습니다. 제 사업과 인생에서 최고의 결정들은 분석이 아닌 마음, 직관, 배짱에서 만들어졌습니다. 물론 분석에 기반을 두고 결정할 수 있을 때라면 그렇게 해야겠죠. 하지만 인생에서 가장 중요한 결정들은 언제나 직감, 직관, 기호, 마음으로 만들어진다는 것이 드러났습니다. 그것이 우리가 데이원 펀드로 해나갈 일입니다. 데이원 펀드는 '첫날' 사고방식의 일부입니다. 이런 비영리적 학교 네트워크를 구축하면서 우리는 새로운 것들을 배워나갈 테고, 어떻게 하면 더 잘할 수 있는지 알아낼 것입니다.

우리의 고객은 아이들이 될 것입니다. 이는 대단히 중요합니다. 아마존만이 가진 비법 양념이기 때문이죠. 아마존의 토대가 된 원칙에는 여러 가지가 있습니다만, 지금의 우리를 있게 해준 가장 중요한 원칙은 경쟁자가 아닌 고객에 대한 강박적인 집착입니다. 다른 CEO, 창립자, 기업가들과 대화를 나눌 기회가 아주 많은 저는 그들이 입으론 고객을 이야기하면서도 실제로는 경쟁자에게 초점을 맞추고 있다는 점을 느낄 수 있습니다. 경쟁자가 아닌 고객에게 집중한다면 그것은 어떤 기업에게나 엄청난 강점이 될 것입니다. 그러려면 누가 당신의 고객인지 확인해야 하죠.

〈워싱턴 포스트〉를 예로 들어보겠습니다. 〈워싱턴 포스트〉의 고객은 우리로부터 광고용 지면을 사는 사람들일까요? 그렇지 않습니다. 고객은 독자입니다. 광고주들은 어디에 광고를 하고자 할까요? 독자가 있는 곳입니다. 이렇게 간단한 문제인 것이죠. 학교에서는 누가 고객일까요? 부모님일까요, 아니면 교사일까요? 아닙니다. 학교의 고객은 아이들입니다. 그래서 우리는 어린이들에게 강박적으로 집중하려 합니다. 우리는 가능한 과학적으로 접근할 것이고 필요할 때는 마음과 직관을 이용할 것입니다.

얼마를 기부하게 될진 모르겠습니다만 저는 제 재산을 내놓을 생각입니다. 블루 오리진에도 많은 투자를 할 계획이고요.

저는 사명을 가지고 출발했습니다. 사명을 실현하는 데는 여러 방법이 있습니다. 정부를 통할 수도 있고, 비영리단체를 통할 수도 있으며, 영리조직을 이용할 수도 있죠. 영리조직을 이용해서 사명을 실현하는 경우엔 여러 장점이 있습니다. 우선은 자립적입니다. 아이폰에 대해서 한번 생각해봅시다. 전화기를 만드는 비영리기업이 우리에게 필요할까요? 필요치 않습니다. 우리에게는 전화기를 만들면서 건전한 경쟁을 펼치는 기업 생태계가 있으니까요. 그럼 이번에는 상온 백신에 대해 생각해봅시다[게이츠 재단(Gates Foundation)이 하고 있는 것처럼 말입니다]. 냉장 시설이 반드시 필요한 상온 백신에 대해서는 시장 자체가 존재하지 않습니다. 백신을 살 여력이 있는 사람이라면 당연히 냉장 시설도 구입할 수 있겠죠. 그럼 그런 여력이 없는 사람들은 어떻게 해야 할까요? 이 부분에서 비영리조직이 필요해집니다. 따라서 비영리조직은 시장이란 솔루션으로 해결할 수 없는 문제부터 손을 대야 합니다. 그런 문제를 해결한 뒤에는 법원 시스템이나 군대에 대해서도 고려해야 할 테고요(이 부분에서는 비영리적 모델을 찾을 수조차 없습니다).

돈은 어디에 쓰는 것이 바람직할까요? 제 경우엔 데이원 펀드와 같은 비영리 모델로 많은 돈을 보낼 생각입니다. 하지만 블루 오리진에도 많은 돈을 투자할 것입니다. 합리적인 투자자라면 블루 오리진에 대한 투자는 형편없는 투자라 하겠죠. 하지만 저는 그 투자가 대단히 중요하다 생각하고, 블루 오리진이 번영하는 자립적 기업이 되길 바랍니다.

우주로 가는 목적

다음은 2019년 5월 9일 워싱턴에서 있었던 블루 오리진의 달착륙선 블루문(Blue Moon) 공개 행사에서 이루어진 발언입니다.

블루 오리진은 제가 지금 하고 있는 가장 중요한 일입니다. 제게는 이 일에 대한 강한 확신이 있습니다. 그 기반에는 아주 간단한 논거가 자리하죠. 바로 '지구는 최고의 행성'이라는 논거입니다.

우리가 깊이 생각해봐야 할 중요한 질문이 있습니다. "우리는 왜 우주로 가야 할까요?" 제 답은 일반적인 '플랜 B' 주장, 즉 지구 환경이 파괴되어가니 다른 곳을 찾아야 한다는 것과는 다릅니다. 이런 주장은 제게 아무런 자극도 주지 않습니다. 고등학교에 다닐 때 저는 이런 글을 썼습니다. "지구는 유한하다. 세계 경제와 인구가 계속 확장·증가한다면 우주 진출만이 유일한 길이다." 저는 아직도 이렇게 믿고 있습니다.

"태양계 최고의 행성은 무엇일까요?" 아주 쉬운 질문입니다. 인간
은 다른 모든 행성에 로봇 탐사선을 보내봤으니까요. 일부 탐사는 저
공비행이었지만 어쨌든 모든 행성에 대한 조사가 이루어졌습니다.
지구는 최고의 행성입니다. 다른 후보들을 멀리 따돌리고 선두에 있
을 정도로 좋죠. 화성으로 이주하겠다는 친구가 있으면 저는 이렇게
말할 것입니다. "부탁인데, 우선 에베레스트산 꼭대기에 가서 1년만
살아보고 얘기하자. 화성에 비하면 거기는 낙원이니까." 금성은 얘기
도 꺼내지 마십시오.

지구를 볼까요? 정말 놀랍습니다. 제 영웅 중 하나이자 아폴로 8호
(Apollo 8)로 달 주위를 선회한 짐 러벨(Jim Lovell)은 아주 놀라운 일을
했습니다. 엄지손가락을 꺼내든 그는 팔을 뻗으면 손가락으로 지구
를 가릴 수 있다는 것을 깨달았습니다. 그가 알아왔던 모든 것을 엄
지손가락으로 가릴 수 있었던 거죠. 그리고 그는 놀라운 이야기를 했
습니다. 흔히들 "죽으면 천국에 가고 싶어"라 하는데 짐 러벨은 이렇
게 말했죠. "그 순간 저는 우리가 태어난 곳이 바로 천국이었다는 것
을 깨달았습니다." 지구는 천국입니다.

천문학자 칼 세이건(Carl Sagan)도 대단히 시적인 말을 남겼습니다.
"당신이 아는 모든 사람, 당신이 들어본 모든 사람, 지금까지 존재했
던 모든 이는 저 푸른 점 위에서 자신의 삶을 살아냈다. 거대한 우주
속의 아주 작은 무대에서." 인류 역사 내내 지구는 우리에게 아주 큰
곳이었습니다. 실제 감각으로도 그랬고, 인류는 작은 존재였죠. 하지

만 이제 지구는 더 이상 큰 곳이 아니고, 인류는 큰 존재가 되었습니다. 지구는 우리에 비해 큰 것 같지만 유한합니다.

우리는 우리가 당면한 문제들, 우리가 해결해야 하는 문제들이 있다는 사실을 깨달아야 하고, 또 그런 문제들을 다루고 있습니다. 시급한 문제들이죠. 제가 지금 말하는 것은 가난, 기아, 노숙자, 오염, 대양에서의 남획 문제입니다. 시급한 문제들의 목록이 대단히 길기에 우리는 그런 문제를 하루빨리 해결해야 합니다. 여기에서, 바로 지금 말입니다. 하지만 장기적 문제들 역시 매우 많으므로 그것들 역시 해결해야 하죠. 그런 문제를 제거하는 데는 긴 시간이 필요합니다. 장기적 문제가 시급한 문제가 될 때까지 기다려선 안 됩니다. 두 가지 모두를 해결해나가야 하는 것이죠. 당장의 문제들을 해결하면서 장기적인 문제의 해결도 시작할 수 있습니다.

우리는 지구를 보호하기 위해 우주로 가려 합니다. 때문에 이 회사의 이름도 블루 오리진, 즉 우리가 비롯된 푸른 행성을 뜻하는 것입니다. 우리는 정체된 문명을 마주하고 싶지 않습니다. 이 행성에 안주하는 것이야말로 진짜 문제, 그리고 장기적인 문제입니다.

매우 근본적인 장기적 문제는 우리가 지구의 에너지를 바닥낼 것이라는 점입니다. 어려운 수학을 동원하지 않아도 쉽게 알 수 있는 문제죠. 에너지 고갈은 피할 수 없는 일입니다. 동물인 인간은 97와트의 전력을 사용합니다. 그것이 인간의 대사율이죠. 하지만 선진 사회의 일원으로서 우리는 1만 와트의 전력을 사용하고 그것에서 많은 혜택을 얻습니다. 우리가 사는 이 시대는 역동성과 성장의 시대입니다. 우리는 우리의 조부모 세대보다 나은 생활을 하고 있고, 우리 조부모 세대는 그들의 조부모 세대보다 나은 생활을 했습니다. 거기에서 큰 몫을 한 것이 우리가 얻어 우리의 이익을 위해 사용할 수 있었던 풍부한 에너지입니다. 병원에 간 사람은 많은 에너지를 사용합니다. 의료 장비, 운송, 우리가 향유하는 온갖 오락거리, 우리가 사용하는 약품. 이 모든 것은 엄청난 양의 에너지를 필요로 합니다. 그런 에너지의 사용을 멈추는 것은 우리가 원하는 일이 아닙니다. 그러나 지금처럼 사용한다면 에너지는 더 이상 지속가능할 수 없습니다.

세계 전력 수요의 연평균 증가율은 3%입니다. 그리 크게 느껴지지 않는 수치겠죠. 하지만 이것이 오랫동안 쌓이면 극도로 큰 숫자가 됩니다. 연평균 3%씩 증가한다는 것은 인간의 에너지 사용량이 25년마다 두 배로 늘어난다는 것과 같은 이야기입니다. 현재의 세계 에너지 사용량은 네바다주 전체를 태양광 전지로 뒤덮어야 감당할 수 있는 규모입니다. 어려워 보이지만 가능한 일이긴 할 겁니다. 네바다의 거의 대부분은 사막지대니까요. 하지만 전력 수요가 연간 3%의 비율로 계속 늘어나는 상태에서 100~200년이 지나면 지구 전체를 태양광 전지로 덮어야 할 겁니다. 물론 그런 일은 일어나지 않겠죠. 매우 비현실적인 데다 장담컨대 그리 유효하지도 않은 해법일 테니 말이죠. 그럼 우리는 어떻게 해야 할까요?

가능한 일 중 하나는 효율에 집중하는 것입니다. 좋은 아이디어이긴 합니다만, 그 방법을 우린 이미 채택하고 있다는 것이 문제입니다. 수백 년에 걸쳐 에너지 사용이 연 3%씩 늘어나는 동안 우리는 항상 효율에 치중해왔습니다. 예를 몇 가지 들어드리죠. 200년 전에 1시간 동안 사용할 인공광을 얻으려면 84시간 동안 일을 해야 했지만 현재는 1.5초만 일하면 됩니다. 양초에서 등잔으로, 백열전구에서 LED로 이동하면서 인간은 엄청나게 효율을 늘려왔습니다. 또 다른 예는 항공 운송입니다. 50년이라는 상용 항공의 역사 동안 우리는 네 배의 효율 상승을 지켜봤습니다. 20년 전 한 사람이 미국 횡단 비행을 하는 데는 109갤런의 연료가 필요했던 데 반해 지금은 최신형 보잉 787기를 이용할 경우 단 24갤런만이 필요합니다. 엄청난 발전이자 대단히 극적인 일이죠.

컴퓨팅의 효율은 어떨까요? 무려 1조 배 향상되었습니다. 유니백(Univac, 세계 최초의 시판 컴퓨터)은 1킬로와트초의 에너지로 15개의 계산을 할 수 있었지만 현대의 프로세서는 1킬로와트초의 에너지로 17조 개의 계산이 가능합니다. 이렇게 효율이 개선되면 어떤 일이 일어날까요? 이런 것들이 더 많이 사용되죠. 인공광의 가격이 대단히 저렴해진 덕에 인간은 많은 인공광을 사용합니다. 항공 운송비가 낮아진 덕분에 우리는 비행편을 많이 이용하고, 컴퓨팅 비용이 대단히 저렴해졌기 때문에 스냅챗(SnapChat)까지 이용하게 되었습니다.

인간의 에너지 수요는 계속 증가하고 있습니다. 효율이 높아지고 있는 와중에도 계속 더 많은 에너지를 사용하게 될 테고요. 전력수요 증가율이 3%라는 것은 이미 장래의 에너지 효율을 계산에 넣어서 나온 수치입니다. 무제한의 수요가 유한한 자원과 만나면 어떤 일이 벌어질까요? 답은 너무나 간단합니다. 배급제죠. 우리는 그런 길을 걷게 될 것입니다. 그 길에 처음으로 들어서는 것은 당신의 손자손녀가 될 테고, 그 길을 걷는 그들의 손자손녀는 당신보다 훨씬 못한 삶을 살게 될 겁니다. 좋지 못한 길이죠.

좋은 소식이 있긴 합니다. 태양계로 진출하면 모든 실용적 목적에 부합하는 무제한의 자원을 얻게 되리라는 게 그것입니다. 그렇다면 우리는 '정체와 배급제를 택할 것인가, 아니면 역동성과 성장을 택할 것인가?'라는 문제 앞에서 선택을 해야겠죠. 쉬운 선택입니다. 그리고 우리는 당신이 어떤 선택을 할지 알고 있습니다. 우리는 그저 부지런히 일을 하면 됩니다. 태양계는 1조 명의 인간을 수용할 수 있습니다. 그 말은 우리에게 1000명의 모차르트와 1000명의 아인슈타인이 생긴다는 뜻입니다. 인간의 문명은 엄청나지겠죠.

이런 미래는 어떤 모습일까요? 1조 명의 인간은 어디에서 살게 될까요? 프린스턴 대학의 물리학 교수인 제라드 오닐(Gerard O'Neill)은 이 문제를 자세히 연구한 뒤 이전에는 아무도 던져본 적 없는 매우 정확한 질문을 제기했습니다. "인간이 태양계로 확장한다면 그 최적의 장소는 행성 표면일까?" 그와 그의 제자들은 이 질문의 답을 찾기 위한 연구에 착수했습니다. 그리고 대단히 놀라운 반직관적인 답에 도달했죠. "아니다!" 왜 아닐까요? 그들은 엄청난 문제점들을 찾아냈습니다. 하나는 다른 행성들의 표면이 그리 넓진 않다는 점입니다. 기껏해야 지구의 두 배 정도에 불과하니까요. 게다가 너무나 멉니다. 지구와 화성을 왕복하는 데는 몇 년이 걸리고, 지구에서 화성으로 우주선을 발사할 기회는 26개월에 한 번밖에 오지 않습니다. 심각한 물류상의 문제가 있는 것입니다. 마지막으로 너무나 거리가 멀어서 화성에선 지구와의 실시간 커뮤니케이션이 불가능합니다. 상대성 이론에 따르면 광속으로 이동할 때 시간이 지연된다고 하죠? 그렇다면 그에 따른 문제도 있을 것입니다.

근본적으로 지구와 달리 다른 행성 표면에는 중력이 존재하지 않습니다. 중력을 만들 수도 없죠. 때문에 다른 행성의 표면에서 인간은 그 행성 나름의 중력장 때문에 고생하게 될 것입니다. 화성의 중력은 지구의 3분의 1 수준입니다. 그래서 오닐과 학생들은 원심력으로 회전하면서 인공 중력을 만드는 가공계(manufactured world)라는 아이디어를 떠올렸죠. 가공계는 그 크기가 몇 마일에 걸친 대단히 큰 구조물이라 각각의 가공계는 수백만 명 이상을 수용할 수 있습니다.

오닐이 주장하는 가공계, 즉 우주 식민지(space colony)는 공상과학 소설에 등장하곤 하는 국제우주정거장(International Space Station)과는 차원이 다릅니다. 그 안에선 고속 운송 수단이며 농업 지역, 도시까지 넓은 범위의 세상이 구현될 테니까요. 상상력을 발휘해봅시다. 우주 식민지의 중력을 모두 똑같이 만들 필요가 있나요? 어떤 곳에선 중력을 0으로 만들어서 날개를 만들어 달고 날아다니는 레저 목적의 식민지로 조성할 수 있겠죠. 식민지 몇몇 곳은 국립공원으로 만들어도 좋을 것입니다. 잠깐 방문하는 곳이 아니라 장기간 쾌적하게 살아갈 수 있는 곳도 가능할 테고요. 이 오닐의 우주 식민지를 지구와 똑같이 만들어도 재미있겠죠. 역사적인 도시를 골라 모방해놓을 수도 있는 등 우주 식민지에선 기존의 개념을 뒤엎은 전혀 새로운 형식의

않은 지금 당장은 우주에서 흥미로운 일을 하는 데 필요한 입장료가 너무 비싸기 때문입니다.

제가 아마존을 시작했던 1994년에는 아마존이 필요로 하는 모든 대형 인프라가 이미 마련되어 있었습니다. 만약 상품 배달을 위한 운송 시스템을 만들어야 했다면 수십억 달러의 자본이 필요했을 테지만 그 시스템은 세상에 이미 존재하고 있었습니다. US 포스탈 서비스(US Postal Service), 도이치 포스트(Deutsche Post), 로열 메일(the Royal Mail), UPS, 페덱스(FedEx)라는 이름의 인프라가 말입니다. 결제 시스템도 마찬가지입니다. 우리가 결제 시스템을 발명하고 출시해야 했을까요? 그러려면 수십 년에 걸쳐 수십 억 달러를 들여야 했겠지만 다행히 그럴 필요가 없었습니다. 신용카드라 불리는 결제 시스템이 이미 있었으니까요. 우리가 컴퓨터를 발명해야 했을까요? 아닙니다. 대부분의 가정에는 이미 컴퓨터가 있었죠. 주로 게임을 하기 위한 것이긴 했지만 말입니다. 몇 십억 달러가 필요한 통신망을 건설해야 할 필요가 있었을까요? 아닙니다. 주로 장거리 전화를 위해 AT&T와 같은 전 세계 회사들이 만들어놓은 통신망이 존재했던 덕이죠. 이렇듯 인프라는 기업가들이 놀라운 일을 할 수 있게 해줍니다.

오닐 식민지는 오늘날의 아이들과 그들의 자녀들, 손자손녀들에 의해 세워질 것입니다. 그렇기에 그 식민지가 만들어질 수 있는 인프라를 구축하는 일은 우리 세대에서 시작되어야 합니다. 우리가 우주로 가는 길을 만들어놓으면 놀라운 일들이 일어날 것입니다. 기업가적 창의력이 빛날 것이고, 우주 기업가들이 기숙사 방에서 회사를 차릴 수 있겠죠. 하지만 지금은 그런 일이 불가능합니다.

그렇다면 오닐 식민지는 어떤 방식으로 만들어질까요? 아무도 모르고, 저 또한 그렇습니다. 자세한 사항은 미래 세대들이 알아내겠죠. 하지만 그렇게 되기 위해 지나야 하는 관문들, 충족되어야 하는 전제 조건이 있다는 것만은 분명합니다. 그 전제 조건들을 우리가 마련해두지 않으면 미래 세대는 절대 그 일을 해내지 못할 것입니다. 무엇을 해야 하는지 알고 있다는 건 정말 다행스러운 일입니다. 앞으로 유용해질 것이란 강한 확신하에 그 일들을 할 수 있으니까요.

세부 사항들의 내용은 향후 발전하겠지만 이러한 미래의 비전에 반드시 필요한 두 가지가 있습니다. 첫째, 지금은 너무나 비싼 우주선 발사 비용을 파격적으로 낮춰야 합니다. 둘째, 이미 우주에 있는 자원을 이용할 수 있어야만 합니다. 지구의 중력장은 대단히 강력해서 우주 개발에 필요한 모든 자원을 지구에서 가져가는 것은 불가능하기 때문입니다.

머큐리(Mercury)에 탑승했던 미국 최초의 우주 비행사 앨런 셰퍼드의 이름을 딴 뉴 셰퍼드는 블루 오리진의 재활용 아궤도 로켓(suborbital rocket, 발사된 뒤 얼마 동안은 로켓에 의해 일정한 궤도와 방향을 유지하지만, 그 뒤에는 인공위성처럼 궤도회전을 하지 않고 보통 포탄처럼 탄도 비행을 하는 로켓) 시스템으로, 우주인과 연구 설비들을 싣고 세계가 인정하는 우주의 경계 카르만 라인(Karman line)을 지나도록 설계되었습니다. 우주인 존 글렌의 이름을 딴 뉴 글렌은 사람과 탑재물을 지구 궤도와 그 너머까지 일상적으로 실어 나를 수 있는 초중량 1단 발사용 로켓이죠.

뉴 셰퍼드에 대해 제가 가장 기대하는 부분은 그것을 이용해 우리가 많은 연습을 해볼 수 있다는 점입니다. 재활용 로켓은 최대 연간 20회 이상을 비행하면서 궤도로 탑재물을 발사할 수 있을 것입니다. 사실 1년에 20회 정도만 이루어지는 일이라면 그 일을 아주 잘할 것이라 기대하긴 힘들죠.

여러분이 수술을 받는 경우를 생각해보겠습니다. 그 수술을 맡은 의사는 해당 수술을 매주 최소한 다섯 번은 하는 사람이어야 합니다. 의사가 주당 5회 이상 하는 수술이 그렇지 않은 수술보다 훨씬 더 안전하다는 사실은 실제 데이터가 뒷받침하고 있죠. 그와 마찬가지로 우리는 매우 일상적인 방식으로 매우 자주 우주에 가야 합니다. 지금의 비행기가 그토록 안전한 이유는 우리가 대단히 많은 연습을 하기 때문입니다.

로켓에 적재하려는 물건의 가치가 대단히 커서 발사 비용보다 훨씬 비싼 경우를 상상해보십시오. 발사 로켓은 극히 안정적이어야 합니다. 로켓을 만드는 사람은 큰 압박을 받을 테고 신뢰성은 비용보다 중요해집니다. 여기에서부터 문제가 발생합니다. 신뢰성 확보를 위해 로켓 발사의 비용은 높아지고 발사 횟수는 줄어들며 인공위성은 비싸지니까요. 이런 경우들은 실제로 자주 일어납니다.

우리 블루 오리진은 이런 잘못된 방향을 지양하고 많은 연습이 가능하게 할 것입니다. 이를 위해 필요한 것이 '작동되는' 재활용 로켓입니다. 여기에서의 핵심은 작동성입니다. 우주선을 재사용하기란 정말로 어려운 일입니다. 실제로 NASA는 우주왕복선을 회수해서 조사한 뒤 재사용합니다. 다만 너무나 자세히 조사하는 탓에 차라리 소모성 로켓을 사용하는 쪽이 나을 정도죠. 보잉 767로 목적지까지의 비행을 마친 뒤 기체 전체를 엑스레이로 촬영하고 또 모두 분해해야 한다면 그로 인해 발생하는 비용은 과연 감당 가능한 수준의 것일까요? 문제의 핵심은 비행기 기체와 우주선의 재사용 가능성을 비교해보는 것입니다. 우리의 목표는 우주선의 재사용 비용을 낮추는 것이고, 우리의 비전은 우주에서 정말로 역동적인 기업가 정신을 발휘할 수 있는 방법을 알아내는 것입니다.

저는 블루 오리진 팀이 뉴 셰퍼드를 통해 재활용 발사용 로켓 부문에서 이룬 놀라운 진전에 엄청난 자부심을 느낍니다. 우리는 11회 연속으로 착륙에 성공했습니다. 우리가 사용한 두 대의 부스터 중 하나는 5회 연속 비행, 다른 하나는 6회 연속 비행에 성공했죠. 비행 사이의 정비는 거의 없었습니다. 이것이 발사 비용을 낮추는 방법이고, 그러려면 재활용 로켓이 필요합니다. 지금까지 우리는 발사 로켓을 한 번만 사용하고 폐기했습니다. 로켓을 회수해서 엄청난 비용이 드는 정비를 많이 해야만 다시 사용할 수 있다면 그것은 진정한 재사용이라 할 수 없습니다. 오래지 않아 뉴 셰퍼드에 물건이 아닌 승객을 태울 것이라고 생각하면 너무나 흥분됩니다.

우주여행을 위해 설계된 아궤도 로켓 뉴 셰퍼드를 만들면서 우리는 대단히 특이한 기술적 결정을 했습니다. 이 로켓은 우선 성능은 가장 우수하지만 가장 다루기 힘든 로켓 연료인 액화 수소로 움직입니다. 아궤도 비행에 반드시 액화 수소를 사용할 필요는 없지만 다음 단계에서 그 기술이 필요할 것임을 알고 있었기에 우리는 그 방편을 선택했습니다. 가장 사용하기 어렵지만 가장 성능 좋은 추진제를 이용해 연습하기로 한 것이죠. 그리고 뉴 셰퍼드의 수직 착륙에 관해서도 같은 종류의 결정을 했습니다. 뉴 셰퍼드의 크기라면 수직 착륙이 아닌 다른 착륙 기제들을 적용할 수도 있었습니다. 그러나 수직 착륙은 규모 확장이 매우 용이하다는 큰 장점이 있습니다. 대단히 반직관적이지만 큰 로켓일수록 수직 착륙을 하기도 쉽죠. 수직 착륙은 손가락 끝에 빗자루를 세우는 것과 비슷합니다. 빗자루는 그렇게 할 수 있죠. 그렇다면 연필로 같은 테스트를 한번 해보십시오. 연필은 관성 모멘트(the moment of inertia, 회전축을 중심으로 회전하는 물체가 계속해서 회전을 지속하려고 하는 성질의 크기)가 아주 작습니다. 우리는 처음부터 인간을 태울 수 있는 시스템을 만들고 싶었기 때문에 안전과 신뢰성, 탈출 시스템 등의 요소들을 명확히 고려해야 했습니다. 이 모두가 차세대 로켓 개발을 위해 연습해야 하는 것들입니다. 즉, 우리의 가장 큰 목적은 연습인 것이죠.

뉴 글렌은 뉴 셰퍼드보다 훨씬 큽니다. 뉴 셰퍼드가 뉴 글렌의 적하소에 들어갈 수 있을 정도죠. 뉴 글렌은 390만 파운드(약 1770톤)의 추진력을 가진 대단히 큰 로켓입니다. 저는 종종 매우 흥미로운 질문을 받습니다. "제프, 다음 10년 동안엔 어떤 것이 변할까요?" 그럴 땐 답을 조금씩 바꿔가며 즐겁게 대화하죠. 하지만 그보다 더 중요한 이 질문은 거의 받아본 적이 없습니다. "다음 10년 동안도 변하지 않는 것은 무엇일까요?" 대단히 중요한 질문입니다. 그것들을 중심으로 계획을 세울 수 있으니까요. 제가 확실히 아는 한 가지는 지금부터 10년 후에도 변함없이 아마존 고객들은 낮은 가격을 원하리라는 점입니다. 빠른 배송, 선택의 폭이 넓은 것을 원할 것이란 점도 마찬가지죠. 따라서 우리가 그런 부분에 쏟아온 에너지는 계속해서 보상을 가져다줄 것입니다. 10년 뒤 어떤 고객이 제게 다가와 "제프, 나는 아마존이 정말 마음에 들어요. 다만 배송이 조금만 느려지면 좋겠어요" 또는 "가격이 조금 더 높다면 좋을 텐데요"라고 말하는 일은 생기지 않을 것입니다. 이렇듯 어떤 상황에서도 무엇이 그대로 유지될지 알아낼 수 있다면 거기에 에너지를 쏟아야 합니다.

우리는 뉴 글렌에 있어선 어떤 요소들이 그처럼 유지될지를 알고 있습니다. 바로 비용, 신뢰도, 정시 발사죠. 뉴글렌이 정말 태양계로 나가는 다음 단계에 이르기까지 우리는 이 요소들을 발전시켜야 합니다. 이 세 가지의 중요성은 시간이 지나도 변하지 않을 테니까요. 10년 후 뉴 글렌의 고객이 우리에게 와서 "제프, 저는 로켓 발사가 좀더 자주 실패했으면 좋겠습니다" 또는 "저는 비용이 더 많이 들거나 발사 날짜에 맞추지 못하는 편이 좋겠어요"라 하는 일은 없을 겁니다. 비용 대비 효율과 정시 발사는 정말이지 중요한 요소지만 우주산업에 직접 관여하지 않는 대부분의 사람들은 그 중요성을 제대로 인식하지 못합니다. 발사 지연은 우주여행과 관련된 모든 문제를 혼란에 빠뜨리고 이로 인해 여행 비용도 상승시킵니다. 비용, 신뢰도, 정시 발사, 이 세 가지의 중요성은 변하지 않습니다. 로켓 전체가 이

세 가지를 중심으로 설계된다 해도 틀린 말이 아니죠. 따라서 우리는 거기에 우리의 에너지를 아낌없이 쏟아부을 것입니다.

　재사용 가능성은 발사 비용을 급격히 줄일 수 있는 절대적인 열쇠입니다. 연료의 가격이 얼마나 비싼지, 또 연료가 문제가 되는지 궁금해하는 사람들이 있습니다. 그러나 액화천연가스는 대단히 저렴합니다. 뉴 글렌에는 수백만 파운드의 추진체가 들어갑니다만 연료와 산화제 비용은 100만 달러 미만입니다. 전체 비용에서 차지하는 비중을 보면 대수롭지 않은 액수입니다. 현재 우주궤도로 진입하는 비용이 높은 가장 큰 이유는 하드웨어를 한 번 쓰고 버리기 때문입니다. 쇼핑센터까지 차를 몰고 가서 버리는 것과 비슷하다 할 수 있습니다. 그렇게 한다면 쇼핑센터까지 가는 데 엄청난 비용이 들 테죠.

　우주 식민지 건설을 위해 우리가 반드시 지나야 하는 두 번째 관문은 우주 자원입니다. 우리는 우주 자원을 사용해야 합니다. 우리에게는 이미 선물이 하나 있죠. 지구와 아주 가까운, 달이라는 이름의 천체 말입니다. 아폴로 시절, 아니 20년 전만 해도 달에 대해 몰랐던 것들을 지금 우린 많이 알고 있는데 그중 가장 중요한 것은 달에 대단히 귀중한 자원이 있다는 사실입니다. 달에는 물이 존재합니다. 달의 극에 있는 영구 음영 분화구 속에 얼음의 형태로 존재하죠. 전기 분해를 이용하면 물을 수소와 산소로 분해할 수 있고, 이를 통해 로켓 추진체를 얻을 수 있습니다. 달이 가진 큰 장점, 우리에게 달이 선물과도 같은 또 다른 이유는 우리와의 거리가 가깝다는 점입니다. 지구에서 사흘 거리에 불과하니까요. 또 화성의 경우처럼 발사와 발사 사이에 26개월의 시간차를 두어야 한다는 제한도 없어 언제든 우리가 원하는 시기에 갈 수 있습니다. 달의 중력이 지구의 6분의 1 수준이라는 사실은 우주에 큰 물체를 만드는 데 있어 큰 의미를 가집니다. 달에서 우리가 채취한 자원을 아주 낮은 비용으로 우주의 자유공간까지 보낼 수 있다는 뜻이기 때문이죠. 달에서 1파운드짜리 물체를 들어 올릴 때 필요한 에너지는 지구에서 들어올릴 때에 비해 24배나 적습니다. 정말 엄청난 장점이라 하지 않을 수 없습니다.

달에도 인프라가 필요합니다. 인프라를 구축하는 한 가지 방법은 블루문 같은 로켓을 이용하는 것입니다. 블루문은 우리가 몇 년에 걸쳐서 연구하고 있는 대단히 큰 달착륙선으로 3.6톤의 화물을 달 표면에 정확한 방식으로 연착륙시킬 수 있습니다. 연료 탱크를 확장한 모델이라면 6.5톤까지도 가능하죠. 상부 데크의 인터페이스가 대단히 단순하게 설계되었기 때문에 그곳에 엄청나게 다양한 적재물을 싣고 안전하게 고정시키는 것이 가능합니다.

블루문은 해군 시스템에서 영감을 얻은 대빗(davit, 배 밖에서 물체를 끌거나 달아 올릴 때 그것이 선체에 부딪치지 않고 회전하게 해주는 해양 작업 장비) 시스템을 통해 데크에서 달 표면으로 화물을 내립니다. 이 대빗은 특정 화물에 맞게 조정할 수도 있죠.

달, 특히 달의 극지에 대한 흥미로운 과학 연구가 많이 이루어져야 합니다. 블루 오리진은 과학자문위원회(Science Advisory Board)를 구성해 이런 연구가 올바르게 이루어지고 우리가 투자 대비 최대의 효과를

2019년 5월 9일 달착륙선 블루문을 공개하고 있는 제프 베조스. ⓒ 블루 오리진

올릴 수 있게끔 하고 있습니다. 블루문의 고객들도 달에 대한 과학적 연구를 효과적으로 사용할 것입니다. 화물과 승객, 과학 실험 기기를 달 표면에 정확히 연착륙시키는 이런 블루문의 역량에 많은 이들이 큰 기대를 보이고 있습니다.

마이크 펜스(Mike Pence) 부통령은 미국의 우주인들을 5년 내에 달에 다시 보내는 것이 도널드 트럼프 행정부와 미국의 정책이라고 말했습니다. 저는 그 정책이 무척 마음에 듭니다. 옳은 일이니까요. 혹 집에서 계산해보고 계시는 분들께 귀띔해드리자면 그 시기는 2024년이 될 것입니다. 우리는 그 일정을 맞추는 데 힘을 보탤 수 있습니다. 이제 우리가 다시 달로 향할 때가 왔습니다. 이번에는 발을 디뎌 보기 위해서가 아니라 그곳에 머물기 위해서 말입니다.

우리는 우리의 손자손녀, 그리고 그들의 손자손녀에게 역동적인 미래를 물려줘야 합니다. 그들이 정체와 배급제의 포로가 되도록 놓아둘 순 없습니다. 우주로 향하는 길을 닦아서 미래 세대들이 창의성을 마음껏 발휘하게 하는 것이 우리 세대의 일입니다. 제가 1994년 아마존을 시작했을 당시 관련 인프라가 이미 세상에 마련되어 있었던 것처럼, 미래 우주 기업가들을 위해 우리가 인프라를 마련하는 지금의 일이 자리를 잡고 나면 여러분은 놀라운 일들을 목격하게 될 것입니다. 그 일들은 매우 빠르게 일어날 테고요. 약속할 수 있습니다. 계기만 있으면 사람들은 엄청난 창의력을 발휘합니다. 우리 세대가 우주로 가는 길을 닦고 관련 인프라를 구축해두면 우리는 앞으로 수천 명의 미래 기업가들이 진정한 우주 산업을 구축하는 모습을 보게 될 것입니다. 저는 그들에게 영감을 주고 싶습니다. 너무나 큰 비전처럼 들리십니까? 그렇습니다. 이 중 무엇 하나 쉬운 일이 없고, 모든 것이 대단히 어렵죠. 하지만 저는 여러분에게 영감을 드리고 싶습니다. 이렇게 생각해보십시오. 천리길도 한 걸음부터라고요.

미국에게는 여전히 첫날

시실린(Cicilline) 위원장님, 센브렌너(Ranking Member) 최고위원, 소위원회 위원 여러분 감사합니다. 저는 제프 베조스입니다. 저는 26년 전 지구 최고의 고객중심 회사를 만들겠다는 장기적 목표로 아마존을 설립했습니다.

제 어머니 재키 베조스는 뉴멕시코 앨버커키에서 고등학교를 다니던 17세 때 저를 가지셨습니다. 1964년 앨버커키에서 고등학생이 임신을 한다는 것은 흔한 일이 아니었습니다. 어머니께는 무척 힘든 상황이었죠. 학교에서 어머니를 쫓아내려 하자 할아버지는 학교에 가서 어머니를 위한 변호에 나서셨습니다. 얼마 간의 협상 후에 교장이 말했습니다. "좋습니다. 재키는 학교에 남아 졸업을 할 수 있습니다. 하지만 과외 활동은 불가하고 개인 로커도 가질 수 없습니다." 할아버지는 그 제안을 받아들이셨고 어머니는 고등학교를 마치셨습니다. 다만 동급생들과 무대에 올라 졸업장을 받을 순 없으셨죠. 학업을 계속하기로 마음먹은 어머니는 야간 학교에 등록했습니다. 어머니가 수강 신청한 수업의 교수님들은 아기를 교실에 데려올 수 있게 해주었습니다. 어머니는 큰 가방을 두 개씩 들고 다녔습니다. 하나에는 책들이 담겨 있었고 다른 하나에는 기저귀와 물병, 그리고 관심을 끌어 저를 잠시 조용히 시킬 수 있는 물건들이 있었죠.

아버지의 성함은 미구엘입니다. 아버지는 제가 네 살 때 저를 입양하셨습니다. 카스트로가 쿠바 정권을 장악한 직후 오퍼레이션 페드로 판의 일환으로 혈혈단신 미국에 왔을 당시 아버지는 열여섯 살이었습니다. 조부모님은 아버지가 미국에서 더 안전할 것이라 생각하셨고, 미국이 추울 것이라 생각하셨던 할머님은 넝마 조각을 꿰매어 겉옷을 만들어주셨습니다. 그것이 그분들이 구할 수 있었던 유일한 재료였습니다. 우리는 아직도 그 재킷을 가지고 있습니다. 부모님 댁의 식당 벽에 걸려 있죠. 아버지는 플로리다에 있는 수용소인 캠프 마테쿰바(Camp Matecumbe)에서 2주를 보낸 뒤 델라웨어 윌밍턴의 가톨릭 자선시설로 갔습니다. 운 좋게 그곳에 입소할 순 있었지만 아버지는 영어를 하지 못했고 쉬운 길이 있는 것도 아니었습니다. 다만 아버지에게는 엄청난 투지와 결단력이 있었습니다. 아버지는 장학금을 받아 앨버커키에 있는 대학에 진학했고 거기에서 어머니를 만났습니다. 사람들은 인생에서 각자 다른 선물을 받습니다. 제가 받은 가장 훌륭한 선물은 어머니와 아버지입니다. 저와 형제들에게 있어 평생 동안, 두 분은 믿기 힘들 정도로 훌륭한 롤 모델이었습니다.

조부모님으로부터는 부모님으로부터 배우는 것과는 다른 것들을 배우게 됩니다. 저는 네 살 때부터 열여섯 살 때까지 매년 여름을 텍사스에 있는 할아버지의 목장에서 보냈습니다. 공무원이자 목장주이기도 하셨던 할아버지는 1950년대와 1960년대 당시 원자력위원회에서 우주 기술과 미사일 방어 시스템에 대한 연구를 하셨습니다. 자립적이고 기지 넘치는 분이셨죠. 외딴 곳에 살면 뭔가 고장이 나도 전화로 사람을 불러 고칠 수가 없습니다. 직접 해결해야 하죠. 어린 시절, 저는 도저히 해결 불가능해 보이는 많은 문제들을 할아버지께서 손수 해결하시는 모습을 봤습니다. 고장 난 캐터필러 불도저를 고치셨고, 수의사 일도 직접 하셨죠. 할아버지는 제게 어려운 일과 맞서는 방법을 가르쳐주셨습니다. 장애물과 부딪히면 다시 일어나 또 시도해보면 됩니다. 이렇게 하면 더 나은 곳으로 가는 길을 만들어낼 수 있습니다.

저는 10대 때 이런 가르침을 마음에 새기고 발명가가 되었습니다. 차고가 제 연구소였죠. 저는 시멘트를 채운 타이어로 자동 출입구 폐쇄기를, 쿠킹호일과 우산으로 태양열 조리기를, 베이킹 팬으로 동생들을 놀라게 해줄 경보기를 발명했습니다.

아마존의 콘셉트가 떠오른 것은 1994년이었습니다. 수백만 권의 장서를 보유한, 현실 세계에서는 존재할 수 없는 온라인 서점을 만들겠다는 아이디어에 완전히 빠져버렸죠. 당시 저는 뉴욕의 한 투자 회사에서 일하고 있었습니다. 사장에게 퇴사 의사를 밝히자 그분은 저를 데리고 나가서 센트럴 파크를 오랫동안 함께 걸었습니다. 그리고 제 긴 이야기를 다 들으신 뒤 마침내 이렇게 말씀하셨죠. "정말 좋은 생각이네. 그런데 이미 좋은 직장을 가진 자네 말고 그렇지 않은 사람에게 더 좋은 아이디어가 될 것 같은데." 그는 마지막 결정을 내리기 전까지 48시간만 더 생각해보라고 저를 설득했습니다. 제 결정은 머리가 아닌 가슴으로 내린 것이었습니다. 저는 먼 훗날 여든 살이 되어 뒤를 돌아봤을 때 인생에서 후회되는 일을 최대한 줄이고 싶습니다. 대부분의 사람들은 자신이 빠뜨렸던 일들을 후회하죠. 시도해보지 않은 일, 가보지 않은 길을 말입니다. 그리고 그런 일들은 머릿속을 떠나지 않은 채 두고두고 우리를 괴롭힙니다. 저는 인터넷이란 것이 대단한 일을 벌일 거란 생각이 들었고, 제 아이디어를 시도해보지 않으면 앞으로 계속 후회할 것 같았습니다.

아마존닷컴의 초기 자금은 주로 부모님으로부터 나왔습니다. 부모님은 평생 저축한 돈의 대부분을 당신들께서 이해하시지도 못하는 일에 투자하셨습니다. 그분들이 베팅하신 것은 인터넷 서점이라는 개념이나 아마존이 아닌 아들이었습니다. 투자금을 잃을 가능성이 70%로 보인다고 말씀드렸음에도 부모님은 투자를 해주셨습니다. 제가 100만 달러의 자금을 조달해줄 투자자를 찾기 위해 50번 이상의 미팅을 갖는 과정에서 가장 많이 받은 질문은 이것이었습니다. "그런데 인터넷이 뭐죠?"

전 세계의 다른 많은 나라들과 달리 우리가 사는 미국은 기업가 정신을 바탕으로 하는 위험 감수를 지탄하지 않습니다. 오히려 지지해주죠. 저는 탄탄한 직장을 버리고 시애틀의 차고에서 스타트업을 설립했습니다. 성공하지 않을 수도 있음을 잘 알고 있는 상태에서 말입니다. 언젠가는 지게차를 살 수 있을 거란 꿈을 품으며 우체국으로 택배 박스를 직접 실어 나르던 일이 엊그제처럼 생생합니다.

아마존의 성공은 예상 밖의 일이었습니다. 초기 아마존에 대한 투자는 대단히 위험한 제안이었습니다. 설립한 뒤부터 2001년 말까지 아마존의 누적 적자는 30억 달러에 달했고 2001년 4분기까지는 수익을 기록한 분기가 없었으니까요. 똑똑한 애널리스트들은 반스 앤드 노블이 우리를 무너뜨릴 거라 예견하며 우리에게 '아마존닷토스트'라는 별명을 붙였습니다. 사업 시작 뒤 거의 5년 가까이 흐른 1999년 〈배런스(Barron's)〉(미국의 투자 전문 주간지)에는 종말이 얼마 남지 않은 아마존 이야기가 실렸습니다. 헤드라인은 '아마존닷밤'이었죠. 2000년의 주주서한은 "어이쿠"라는 한 단어짜리 문장으로 시작합니다. 인터넷 거품이 최고조에 달했을 때 116달러까지 치솟았던 아마존 주가는 거품 붕괴 후 6달러까지 곤두박질쳤습니다. 경제·경영 분야의 각종 전문가와 권위자들은 아마존이 문을 닫을 것이라 예상했지만, 저와 함께 기꺼이 위험을 감수하고 기꺼이 우리의 확신을 고수하기로 결정한 많은 현명한 분들 덕에 아마존은 살아남아서 결국 성공할 수 있었습니다.

이것은 초기 아마존에만 국한된 이야기가 아닙니다. 행운이 따르고 훌륭한 사람들이 함께하더라도 큰 위험을 계속해서 감내하지 않았다면 아마존은 실패했을 겁니다. 발명에는 실험이 필요합니다. 성공 여부를 미리 예상할 수 있다면 실험이 아니죠. 일반적인 통념은 대개 옳지만, 커다란 보상은 그런 통념에 반하는 베팅을 했을 때 얻을 수 있습니다. 우리가 AWS를 시작했을 때 많은 사람들은 위험한 일탈이라고 묘사했습니다. "컴퓨팅 파워와 저장 공간을 파는 것이 도서 판매와 무슨 관계가 있다는 거죠?" 그들은 궁금해했습니다. AWS를 원한 사람은 아무도 없었습니다. 하지만 세상은 클라우드 컴퓨팅을 맞이할 준비가 되어 있고 그에 굶주려 있다는 것이 밝혀졌죠. 클라우드 컴퓨팅이 무엇인지조차 몰랐음에도 말입니다. AWS에 있어서는 우리가 옳았습니다. 하지만 우리가 감수한 위험들이 좋은 결과로 이어지지 않는 경우도 매우 많습니다. 사실 아마존이 그간 실패해온 것들의 규모만 해도 수십억 달러에 달합니다만 실패는 발명과 위험 감수에 필연적으로 따르는 결과입니다. 그렇기에 우리는 아마존을 세상에서 가장 실패하기 좋은 장소로 만들기 위해 노력하고 있는 것이고요.

설립 이래로 우리는 '첫날'의 마음가짐을 유지하기 위해 노력해왔습니다. '첫날'이라는 말엔 우리가 하는 모든 일에 첫날과 같은 기업가 정신으로 접근한다는 의미가 담겨 있습니다. 아마존은 대기업이지만, 첫날의 마음가짐을 우리 DNA의 필수 요소로 유지하기 위해 헌신한다면 대기업의 규모와 역량에 중소기업의 정신과 마음까지 모두 가질 수 있다고 저는 믿습니다.

고객에 대한 집착은 첫날의 활기를 달성하고 유지하는 데 가장 좋은 길이라는 게 제 생각입니다. 왜일까요? 고객들은 서비스에 만족했다고, 대단한 회사라고 말할 때조차 절대 만족을 모르기 때문입니다. 스스로 깨닫지 못하고 있을지라도 고객들은 더 나은 것을 원합니다. 그리고 고객을 기쁘게 만들고자 하는 끊임없는 욕구는 우리로 하여금 고객을 대신해 멈추지 않고 발명하게 만듭니다. 그렇게 고객에게 집착하고 집중함으로써 우리는 내부적으로 우리 서비스를 개선하고, 혜택과 기능을 늘리고, 새로운 제품을 발명하고, 가격을 낮추고, 배송 시간을 앞당기고자 하는 의욕을 얻습니다. 반드시 그렇게 해야만 하는 시점이 오기 '전'에 말입니다. 어떤 고객도 아마존에게 프라임 멤버십 프로그램을 만들어달라고 요청하지 않았지만, 우리가 그 프로그램을 선보이자 고객들이 그것을 원하고 있었다는 사실이 드러났습니다. 이런 예들은 얼마든지 들어드릴 수 있습니다. 모든 기업이 이런 고객중심 접근법을 취하진 않지만 우리는 그렇게 합니다. 그것이 아마존의 가장 큰 장점입니다.

얻긴 어렵지만 잃기는 쉬운 것이 고객의 신뢰입니다. 고객들의 뜻을 따라 사업을 해나가면 그들은 그 회사의 충성 고객이 됩니다. 더 나은 서비스를 제공하는 회사가 나타나는 순간까지 말이죠. 우리는 고객들이 통찰력 있고 현명하다는 사실을 알고 있습니다. 우리가 옳은 일을 하기 위해 열심히 일하면 고객들도 그것을 알아차릴 것이고, 그런 일을 계속함으로써 고객의 신뢰를 얻을 수 있을 것이라는 게 우리의 믿음입니다. 고객들의 신뢰는 우리가 어려운 일을 오랫동안 잘 해냄으로써 천천히 얻을 수 있습니다. 시간에 맞춰 배송을 하고, 저렴한 가격을 제안하고, 약속을 지키고, 인기가 없을지라도 원칙에 입각한 결정을 내리고, 쇼핑이나 독서를 보다 편리하게 할 수 있는 방법을 발명하고, 가정 내의 많은 일을 자동화시켜 고객들이 보다 많은 시간을 가족과 보낼 수 있게 함으로써 말입니다. 1997년의 제 첫 번째 주주서한에서 말했듯, 우리는 고객의 니즈 충족을 위해 무언가를 발명하는 과정에서 창출되는 장기적 가치를 기반으로 결정을 내립니다. 그리고 그런 선택에 대한 비판을 받을 때면 귀를 기울이고 스스로를 거울에 비추어 보죠. 우리는 비판가들의 말이 옳다는 생각이 들면 변화를 일으키고, 실수했다는 판단이 들면 사과를 합니다. 하지만 거울을 보고, 비판을 분석해도 여전히 우리가 옳은 일을 하고 있다는 믿음이 변하지 않을 경우엔 세상의 어떤 힘도 우리를 움직일 수 없습니다.

다행히도 우리의 이런 접근법은 효과를 거두었습니다. 유수의 독립 여론조사들에 따르면 미국인의 80%는 아마존에 전체적으로 호감을 갖고 있습니다. '옳은 일을 하는' 데 있어 미국인들이 아마존보다 신뢰하는 이들은 누구일까요? 2020년 1월 모닝 컨설트(Morning Consult)의 설문조사에 의하면 아마존보다 앞선 것은 주치의와 군대뿐이었습니다. 조지타운 대학과 뉴욕 대학의 연구자들은 2018년 조직과 브랜드 신뢰에 대한 설문조사에서 아마존을 앞서는 유일한 조직은 군대라는 결과를 얻었습니다. 공화당 지지자들은 군대와 지역 경찰에 이어 아마존을 3위로 꼽았고, 민주당 지지자들의 답변에선 모든 정부 기관과 대학, 언론을 제치고 아마존이 1위에 올랐죠. 〈포춘(Fortune)〉이 선정한 '세계에서 가장 존경받는 기업' 순위에서 아마존은 2위를 차지했고요(1위는 애플이었습니다). 우리는 고객들이 우리가 그들 대신 기울인 노력을 인정하고 우리에게 신뢰로 보답해준 것에 감사하고 있습니다. 신뢰를 얻고 지키기 위해 일하는 것은 아마존의 '첫날' 문화를 이끄는 가장 큰 원동력입니다.

　여러분 대부분이 아마존이라고 알고 있는 기업은 웃는 표정이 옆면에 그려진 갈색 박스에 여러분이 온라인으로 주문한 물건을 넣어 보내는 회사입니다. 우리는 거기에서 출발했고, 총수익의 80% 이상을 차지하는 소매 사업은 여전히 우리의 가장 큰 사업입니다. 이 사업의 본질은 고객에게 물건을 가져다드리는 것이죠. 고객과 가까워야 하는 이런 사업을 우리는 중국이나 기타 다른 곳에 아웃소싱할 수가 없습니다. 이 나라 고객에 대한 우리의 약속을 지키려면 우리 제품을 미국 고객에게 전달하는 미국인 근로자가 필요하니까요. 아마존에서 쇼핑하는 고객은 지역 사회에서 일자리를 만드는 데 일조하게 됩니다. 그 결과 아마존은 직접적으로 100만 명의 직원을 고용하고 있으며, 그 대부분은 시급을 받는 말단 직원입니다. 우리는 시애틀과 실리콘밸리에서 고학력의 컴퓨터 과학자나 MBA들만 고용하는 것이 아니라 웨스트버지니아, 테네시, 캔자스, 아이다호와 같은 전국의 여러 주에서 수십만 명을 고용하고 교육합니다. 이런 직원들은 상품 포장, 정비, 공장 관리 업무를 맡습니다. 대부분의 경우 아마존은 그들의 첫 직장이고, 어떤 이들에게는 다른 커리어로 가기 위한 디딤돌이 됩니다. 우리는 커리어 초이스(Career Choice) 프로그램을 통해 그런 면에서 그들에게 도움을 주고 있음을 자랑스럽게 여깁니다. 아마존은 의료, 운송, 머신러닝, 클라우드 컴퓨팅과 같은 분야의 교육 프로그램을 수강할 수 있도록 10만 명 이상의 직원들에게 7억 달러 이상을 지원하죠. 수요가 많은 고수입 분야의 자격증이나 학위를 취득하기 위한 학비 및 제반 경비의 95%를 지원하는 것입니다. 그 분야가 아마존에서의 일과 관련되는가의 여부에 상관없이 말입니다.

우리 직원 중 하나인 패트리샤 소토(Patricia Soto)는 커리어 초이스가 낳은 성공 사례입니다. 패트리샤는 늘 의료 분야에서 다른 사람을 돕는 일을 하고 싶어 했습니다. 하지만 최종학력이 고졸이었던 그녀는 고등교육 비용을 감당하면서 그 목표를 이룰 수 있을지 확신하기 어려운 상황에 있었죠. 그러나 커리어 초이스를 통해 의료 분야의 자격증을 취득한 후, 패트리샤는 아마존을 떠나 서터 굴드 의료재단(Sutter Gould Medical Foundation)에서 폐의학 전문의를 지원하는 의료보조원으로 새로운 커리어를 시작했습니다. 커리어 초이스는 패트리샤를 비롯한 많은 직원들에게 멀게만 보이던 두 번째 커리어로 나아갈 수 있는 기회를 선사했습니다.

아마존은 지난 10년간 미국에 2억 7000만 달러 이상을 투자했습니다. 직원들에 대한 투자를 넘어 건설, 설비, 서비스 분야에서 이뤄진 이런 투자를 통해 70만 명의 간접 고용이 창출되었죠. 우리의 고용과 투자는 꼭 필요한 일자리를 만들어냄과 더불어 매사추세츠 폴리버, 캘리포니아 인랜드 엠파이어, 그리고 오하이오 등지의 러스트벨트 지역 내에서 수억 달러 가치의 경제활동을 일으켰습니다. 코로나19의 위기 동안 우리는 추가로 17만 5000명의 직원을 고용했습니다. 여기에는 경제 폐쇄 조치로 직장을 잃은 많은 사람들이 포함되었죠. 우리는 고객들에게 필수품을 공급하고 코로나19 사태 동안 직원들을 안전하게 지키기 위해 2분기에만 40억 달러 이상을 사용했습니다. 아마존 직원으로 구성된 전담팀은 직원들의 코로나 검사를 정기적으로 실시하는 프로그램을 만들었습니다. 우리는 이러한 일들에 관심 있는 다른 기업 및 정부 협력 기관 들과 우리의 경험을 공유하길 고대합니다.

우리가 일하고 있는 세계 소매 시장은 그 규모가 대단히 크고 경쟁 또한 이루 말할 수 없이 치열합니다. 25조 달러 규모의 세계 소매 시장에서 아마존이 자치하는 비율은 1% 미만, 미국 소매 시장에서는 4% 미만입니다. 승자독식의 업계와 달리 소매 업계에는 많은 승자가 존재할 수 있습니다. 미국만 해도 80여 개의 소매업체가 연 10억 달러 이상의 매출을 올리고 있으니까요. 어떤 소매업체나 그렇듯 우리는 우리의 성공이 전적으로 고객들의 만족에 달려 있다는 점을 잘 알고 있습니다. 아마존은 매일같이 타깃(Target), 코스트코(Costco), 크로거(Kroger), 그리고 아마존의 두 배나 되는 규모를 자랑하는 월마트 등 기존 대형 업체들과 경쟁을 벌이고 있습니다. 우리는 주로 온라인에서 이루어지는 소매 판매에서 최고의 고객경험을 만들어내는 데 집중하고 있지만, 온라인 판매는 이제 다른 업체들의 성장 영역이 되었습니다. 월마트의 온라인 매출은 이번 1분기에 74%나 증가했죠. 또한 아마존이 따라잡을 수 없는 규모의 다른 업체들은 주차장 픽업이나 온라인을 통해 구매한 물건을 매장에서 환불해주는 등의 서비스를 발명했고, 고객들은 그 서비스에 몰려들고 있습니다. 수년간 성장해온 이런 서비스들은 코로나 사태로 더욱 각광받게 되었죠. 온라인으로 주문한 상품을 주차장에서 픽업하는 고객들은 최근 몇 달 동안 200% 이상 증가했습니다. 코로나19에 대한 우려가 이런 증가세에 큰 몫을 했고요. 전통적인 오프라인 매장들을 거의 즉각 온라인 매장으로 변신시켜 새롭고 혁신적인 방법으로 고객들에게 직접 상품을 배송해주는 쇼피파이(Shopify)나 인스타카트(Instacart) 등의 회사들, 계속 증가 추세에 있는 다채널 비즈니스 모델로 인한 새로운 경쟁에 아마존은 직면해 있습니다. 기술은 우리 경제의 거의 모든 여타 부문에서와 마찬가지로 소매 분야 전반에 활용되고 있으며, 그 안에서의 경쟁은 더욱 심화되는 중이죠. 온라인 매장, 오프라인 매장, 그리고 현재 대부분의 업체가 활용 중인 이 양자의 다양한 조합 등 모든 부분에서 치열한 경쟁이 벌어지고 있는 것입니다. 아마존을 비롯한 다른 모든 회사들은 정확히 알고 있습니다. '온라인'과 '오프라인' 매장의 가장 좋은 기능을 어떻게 결합하든, 우리는 같은 고객들을 두고 경쟁하며 같은 고객들에게 서비스한다는 점을 말입니다. 소매 경쟁 업체 및 관련 서비스의 범위는 계속해서 변화일로에 있습니다. 소매 업계에서 변하지 않은 유일한 것은 낮은 가격, 더 넓은 선택 범위, 편리함에 대한 고객의 욕구뿐입니다.

우리의 성공은 아마존 매장에서 제품을 판매하는 중소기업 수천 곳의 성공에 크게 의지한다는 사실을 이해하는 것도 중요합니다. 1999년 아마존은 당시로선 이례적인 조치를 취했습니다. 외부판매자를 아마존 매장에 기꺼이 받아들여 그들이 우리 물건 바로 옆에 자신들의 물건을 내보일 수 있게 한 것이죠. 이에 대해선 내부적으로 무척 많은 논란이 벌어졌습니다. 많은 사람들이 반대 의견을 냈고 일부는 그 조치로 길고 손해되는 싸움이 시작될 것이란 예상을 내놓았죠. 사실 아마존에 외부판매자를 들이는 것은 꼭 필요한 일이 아니었습니다. 그 귀중한 자리를 아마존 상품만으로 채울 수도 있었으니까요. 하지만 우리는 고객들에게 선택의 폭을 넓혀주고 만족시키는 것이 장기적으로 봤을 때 외부판매자는 물론 아마존에도 좋은 일이 될 것이란 생각으로 그 일을 밀어붙였고, 성사시켰습니다. 그 후 1년 만에 아마존 내 외부판매자의 매출은 아마존 총매출의 5%를 차지했습니다. 그리고 곧 명확하게 드러났죠. 최고의 제품을 쇼핑할 수 있고 동일 매장에서 다른 판매자의 상품가격을 모두 볼 수 있는 편의성을 고객들은 무척이나 반긴다는 점이 말입니다. 현재 이러한 중소규모의 외부판매 업체들이 아마존 매장에 제공하는 제품 종류는 아마존의 자체 소매 사업이 내놓는 제품보다 많아졌습니다. 외부판매자들의 판매는 현재 아마존의 제품 판매에서 거의 60%를 차지하고, 그들의 매출은 아마존 자체의 소매 매출보다 빠르게 성장하고 있습니다. 제로섬 게임이 아닐 것이라 봤던 우리의 추측이 옳았던 것이죠. 파이 전체가 커졌고, 외부판매자들은 좋은 성과를 내며 빠른 속도로 성장 중이니까요. 이는 고객에게도 아마존에게도 좋은 일입니다.

전 세계 아마존 매장에서 상품을 판매하는 중소규모 업체는 현재 170만에 이릅니다. 2019년엔 세계의 20만 이상 기업가들이 아마존 매장에서 10만 달러가 넘는 매출을 올렸고요. 무엇보다 우리는 아마존 매장의 외부판매 업체들이 전 세계적으로 220만 개의 새로운 일자리를 창출했을 것이라 추정하고 있습니다.

셰리 유켈(Sherri Yukel)은 그런 판매자 중 하나입니다. 셰리는 자녀들을 위해 집에서 더 많은 시간을 보낼 수 있는 직업을 갖고 싶었습니다. 그녀는 친구들을 위해 수공예 파티용품과 선물을 취미로 만들다가 나중에는 결국 자신의 제품을 아마존에서 판매하기 시작했죠. 현재 셰리의 회사는 80명에 가까운 직원을 두고 있으며 고객들도 전 세계에 걸쳐 있습니다. 이와 비슷한 예에 해당하는 또 다른 판매자는 솔트레이크 시티에 사는 다섯 아이의 엄마이자 가정주부인 크리스틴 크로그(Christine Krogue)입니다. 크리스틴은 자신의 웹사이트를 통해 아기 옷 판매 사업을 시작했다가 시험 삼아 아마존에서도 판매를 해보기로 했고, 이후 매출이 두 배가 되는 것을 목격했죠. 그 덕에 제품군을 확대하고 파트타임 직원들도 고용하기에 이르렀습니다. 아마존 판매를 통해 셰리와 크리스틴은 자신의 사업을 키우고 나름의 방식으로 고객을 만족시킬 수 있게 된 것입니다.

이 모든 것이 얼마나 짧은 시간 안에 일어났는지를 생각하면 놀라울 뿐입니다. 아마존은 거대한 마켓플레이스로 출발한 것이 아닙니다. 이베이(eBay)는 우리보다 규모가 몇 배나 컸죠. 그러나 판매자들을 지원하고 그들에게 우리가 발명할 수 있는 최고의 도구를 주는 데만 집중했던 덕분에 우리는 이베이를 넘어섬은 물론 성공도 할 수 있었습니다. 그런 도구 중 하나가 FBA, 즉 풀필먼트 바이 아마존(Fulfillment by Amazon)입니다. 외부판매자들이 자신들의 재고를 아마존 물류센터에 보관할 수 있게끔 하고 그와 관련된 모든 물류, 고객서비스, 제품 반환 등은 아마존이 책임지는 프로그램이죠. 판매 경험에서 가장 문제가 되는 측면들을 비용효율적인 방식으로 극히 단순화시킴으로써 아마존은 수천 곳의 판매자들이 아마존에서 사업을 키워가는 데 도움을 주었습니다. 우리의 성공은 전 세계 모든 유형과 모든 규모의 마켓플레이스가 광범위하게 확산되고 있는 현상을 설명하는 데 도움이 될 것입니다. 월마트, 이베이, 엣시(Etsy), 타깃과 같은 미국 기업들은 물론 전 세계에 물건을 판매하는 알리바바(Alibaba)와 라쿠텐(Rakuten) 같은 해외 소매업체들까지 포함되는 이런 마켓플레이스는 소매 업계 내의 경쟁을 한층 심화시키고 있습니다.

고객들이 매일 우리에게 더해주는 신뢰 덕에 아마존은 지난 10년 동안 미국에서 다른 어떤 기업보다 많은 일자리를 창출했습니다. 42개 주에서 수십만의 일자리가 만들어졌죠. 아마존 직원들의 최저 시급은 연방 최저 시급(현재 우리는 연방 최저 시급의 상승을 의회에 촉구 중입니다)의 두 배가 넘는 15달러입니다. 우리는 다른 대형 소매업체들에게도 아마존의 수준에 상응하는 최저 시급을 지급하도록 자극하고 있습니다. 타깃은 최근 우리 수준으로 시급을 인상했고 바로 지난주엔 베스트 바이(Best Buy)가 뒤를 따랐습니다. 아직까지는 이 두 업체가 전부지만 우리는 그들의 조치를 환영합니다. 아마존은 직원 복지에도 인색하지 않습니다. 아마존의 비정규직 직원들은 고용 첫날부터 발효되는 포괄적인 건강보험, 401(k)(미국의 퇴직 연금) 20주 유급 출산 휴가를 포함한 육아휴직 등 본사의 정규직 직원들과 동일한 혜택을 받습니다. 이러한 아마존의 급여와 복지혜택을 소매 분야의 다른 경쟁 업체들과 비교해서 기준으로 삼아주시길 부탁드립니다.

아마존 주식의 80% 이상은 외부인들이 소유하고 있습니다. 우리는 이런 외부 주주들을 위해 지난 26년 동안 (0달러에서 시작해) 1조 달러 이상의 부를 창출했습니다. 그 주주들은 누구일까요? 바로 소방관, 경찰, 학교 교사의 연금기금입니다. 401(k), 뮤추얼펀드, 대학기금 등 나열하자면 그 목록은 끝이 없습니다. 많은 사람들이 우리가 그들을 위해 창출한 부를 통해 은퇴 뒤 더 나은 삶을 누리겠죠. 우리는 이에 대해 엄청난 자부심을 느낍니다.

고객에 대한 집착은 지금의 아마존을 만들었고, 아마존이 더 큰일들을 할 수 있게 했습니다. 저는 아마존의 직원이 열 명이었을 때 할 수 있었던 일은 물론 1000명 규모였을 때, 1만 명 규모일 때, 그리고 100만이 넘는 지금 할 수 있는 일이 무엇인지 알고 있습니다. 저는 차고에서 사업을 일구고 있는 기업가들을 사랑합니다. 저 역시 그런 사람 중 하나였으니까요. 하지만 세상은 소규모 기업과 더불어 대기업도 필요로 합니다. 아무리 훌륭한 기업가라도 차고에서 탄소 섬유로 뒤덮인 보잉 787을 만들 순 없듯, 세상엔 대기업만이 할 수 있는 일들이 있으니 말입니다.

규모 덕분에 우리는 중요한 사회적 사안에 대해 의미 있는 영향력을 행사할 수 있습니다. 기후 서약은 파리 협약의 목표를 10년 앞당겨 달성하고 2040년까지 탄소 중립(carbon neutral, 배출된 이산화탄소를 흡수하여 실질적 배출량을 0으로 만드는 대책)을 이루기 위해 아마존이 선두에 서고 다른 기업들이 동참한 약속입니다. 우리는 이 약속을 달성할 계획이고, 그 일환으로 미시간에 기반을 둔 전기차 제조업체 리비안으로부터 10만 대의 전기 배송차를 구입할 예정입니다. 10만 대의 배송차량을 보유 중인 아마존은 그중 1만 대를 2022년 초까지 리비안의 새로운 전기 배송차로, 2030년까지는 10만 대 모두를 대체하는 것을 목표로 삼고 있습니다. 세계적으로 아마존은 연간 750만 메가와트시(Mwh)의 에너지, 즉 미국의 68만 가정에 전력을 공급할 수 있는 2900메가와트 용량의 91개 태양광 및 풍력 발전 프로젝트를 운영 중입니다. 또 애팔래치아 산맥 전역의 지속가능한 삼림, 야생동물 및 자연 기반 솔루션을 보존, 복원, 지원하기 위해 네이처 컨서번시와 공동으로 진행하는 두 개의 혁신적 프로젝트에 1000만 달러의 자금 조달을 약속했음은 물론 라이트 나우 기후 펀드를 통해 세계 조림 사업에 1억 달러를 투자할 계획도 가지고 있죠. 최근엔 버라이즌(Verizon), 레킷벤키저(Reckitt Benckiser), 인포시스(Inforsys), 오크뷰 그룹(Oak View Group) 등 네 곳의 세계적 기업이 기후 서약에 서명했고, 우리는 이에 함께할 다른 기업들의 참여를 독려하고 있습니다. 우리는 이들 기업과 함께 우리의 규모를 이용해 기후 위기를 해결하는 일에 당장 착수할 것입니다. 지난달 아마존은 아마존의 20억 달러 펀딩으로 시작하는 기후 서약 펀드(Climate Pledge Fund)를 조성했습니다. 이 펀드는 아마존을 비롯한 기업들이 기후 서약을 지킬 수 있도록 기업의 탄소 배출 감소와 지속가능한 운영에 유용한 제품 및 서비스의 개발을 지원할 것입니다.

우리는 최근 워싱턴주 최대의 노숙자 쉼터를 만들었습니다. 시애틀 시내에 근래 들어 마련한 아마존 본사 사옥에 위치해 있죠. 이 쉼터는 시애틀이 근거지인 훌륭한 비영리단체 '마리아의 집'을 위한 것입니다. 마리아의 집에 대한 1억 달러 투자의 일환으로 마련된 이 쉼터는 8개 층에 이르며 매일 밤 200가족을 수용할 수 있습니다. 또한 자체 진료소를 두고 있으며 집이 없는 가족들이 다시 자립하는 데 도움을 주는 중요 도구들과 서비스를 제공합니다. 이곳의 아마존 전용 공간에선 매주 신용 및 채무 문제, 상해, 주택 및 세입자 권리와 관련된 상담 서비스를 제공하는 무료 법률 상담소가 열립니다. 2018년부터 아마존 법무팀은 수백 명의 마리아의 집 손님들을 지원하면서 1000시간이 넘는 무료 상담에도 자원했습니다.

세계적인 아동 커리어 지원 프로그램인 아마존 퓨처 엔지니어 (Amazon Future Engineer)는 컴퓨터공학 분야의 커리어를 원하는 취약계층의 어린이와 청소년 수천 명에게 영감을 주고 교육 기회를 제공하기 위해 만들어졌습니다. 수백 개 초등학교를 대상으로 하는 컴퓨터공학 교육 과정 및 전문 교사 개발, 전국 빈곤 지역에 있는 2000개 이상 학교 대상의 입문 및 AP 컴퓨터공학 과정 운영, 저소득계층 컴퓨터공학과 대학생 100명에게 4개년간 4만 달러의 장학금 제공에 필요한 자금을 조달하죠. 장학금 수혜자들에게는 아마존에서의 인턴십도 보장됩니다. 기술 분야에는 다양성 부족에 따른 여러 문제가 있는데, 이는 특히 흑인 커뮤니티에 큰 영향을 미칩니다. 우리는 기술 분야의 차세대 인재를 육성하고, 그런 기회를 인구 대비 대표 비율이 낮은 소수 민족에게로 확대하는 데 투자하고자 합니다. 기술과 비기술 분야에서 최고의 인재를 찾기 위해 우리는 긴 역사를 자랑하는 흑인 대학들과 적극적으로 협력해나갈 것입니다.

아마존은 조사의 대상이 되어야만 한다는 제 믿음을 밝히며 이 이야기를 마무리하려 합니다. 기업, 정부 기관, 비영리단체 등 모든 대형 조직은 그 종류에 관계 없이 조사의 대상이 되어야 합니다. 그리고 우리 아마존의 책임은 그런 조사를 당당하게 통과하는 것입니다.

아마존이 이 나라에서 태어난 것은 우연이 아닙니다. 이곳 미국에선 지구상의 다른 어느 곳에서보다 많은 새로운 기업이 탄생하고 성장하며 번영하고 있습니다. 미국은 기지와 독립심을, 그리고 0에서부터 시작하는 빌더를 포용합니다. 미국은 안정된 법치주의, 세계에서 가장 좋은 대학 시스템, 민주주의의 자유, 위험을 기꺼이 감수하는 문화로 기업가들과 스타트업을 육성합니다. 물론 이 나라는 완벽함과 거리가 멉니다. 우리는 존 루이스(John Lewis, 1960년대 마틴 루서 킹 목사와 함께 흑인 인권 운동을 이끌었던 여섯 명 중 한 명) 하원의원을 추모하고 그의 업적을 기리면서도 여전히 인종 차별에 대한 조치가 절실히 필요한 국면에 있습니다. 또 기후 변화 및 소득 불평등이라는 문제와 마주하는 중에 세계적 유행병의 위기도 헤쳐 나가는 중이죠. 하지만 우리의 모든 잘못과 문제에도 불구하고, 세계에는 우리 미국이 가지고 있는 영약 한 방울에 목말라하는 사람들이 있습니다. 제 아버지와 같은 이민자들은 이 나라가 얼마나 빛나는 보물인지 정확히 알고 있습니다. 그들의 눈은 이곳에서 태어난 행운아들보다 훨씬 정확합니다. 오늘도 이 나라에게는 여전히 첫날입니다. 우리를 겸손하게 만드는 지금의 큰 문제들 앞에서도 저는 우리의 미래를 더없이 낙관적으로 봅니다. 오늘 여러분 앞에 설 기회를 갖게 된 데 감사드리며 기쁘게 여러분의 질문을 받겠습니다.

2부

주주서한

The Shareholder Letters

Invent & Wander

JEFF BEZOS

가장 중요한 것은 장기적 시각입니다 (1997)

1997년 아마존닷컴은 여러 획기적 이정표를 세웠습니다. 연말까지 150만 명이 넘는 고객들에게 서비스를 제공했고, 매출을 838% 성장시켜 1억 4780만 달러에 이르게 했으며, 경쟁업체들의 공격적인 시장 진입에도 시장주도권을 확장했죠.

하지만 인터넷에 있어서는 오늘도 여전히 첫날입니다. 그리고 우리가 제대로 사업을 하고 있다면 아마존닷컴에게는 매일이 첫날일 것입니다. 오늘날 온라인 상거래는 고객들이 돈과 귀중한 시간을 절약하게 해주고, 내일이면 개인화를 통해 그 발견의 과정을 한층 가속시킬 것입니다. 아마존닷컴은 인터넷을 이용해서 고객들을 위한 가치 창출에 힘쓰고, 그렇게 함으로써 기성의 대형 시장에서도 지속적으로 장악력을 행사할 수 있길 기대합니다.

우리는 기회의 창 앞에 서 있습니다. 대기업들이 자원을 결집시켜 온라인 사업 기회를 추구하고, 고객들은 온라인 구매에 친숙하지 않음에도 새로운 관계를 형성하는 데 수용적인 태도를 보이고 있기 때문입니다. 경쟁 구도는 계속해서 빠른 속도로 진화하고 있습니다. 많은 대기업들은 신뢰할 수 있는 제안들을 가지고 온라인으로 이동했으며 인지도, 트래픽 및 판매의 증대를 위해 상당한 에너지와 자원을 투자 중입니다. 우리의 목표는 빠르게 움직여서 현재의 위치를 다지고 확장하는 한편 다른 영역에서도 온라인 상거래 기회를 찾는 것입니다. 우리는 목표로 삼은 대규모 시장에서 상당한 기회들을 발견하고 있습니다. 물론 이런 전략에는 위험이 따릅니다. 이미 그 시장을 장악하고 있는 기존 리더들에 맞서는 엄청난 투자와 단호한 실행이 요구되니까요.

가장 중요한 것은 장기적 시각

———

우리는 우리가 장기에 걸쳐 창출하는 주주가치가 성공의 기본적 척도가 될 것이란 믿음을 갖고 있습니다. 이 가치는 기존 시장에서의 선도적 위치를 공고히 하고 확장하는 우리 능력의 직접적 결과일 것입니다. 시장주도권이 단단해질수록 우리가 가진 경제 모델의 힘도 강해질 테죠. 시장주도권은 높은 매출, 높은 수익성, 높은 자본 구조 조정 속도, 그에 수반되는 높은 투자자본수익률로 직결됩니다.

우리가 내리는 결정은 우리의 이런 목표를 일관되게 반영합니다. 우리는 고객 수와 매출의 증가, 고객의 반복구매율, 우리 브랜드의 강점 등 우리의 시장주도력을 가장 잘 보여주는 지표를 통해 늘 자기 평가를 하고 있습니다. 또한 지속가능한 사업권 확립을 위한 조치로 우리의 고객 기반, 브랜드, 인프라를 확장 및 활용하기 위해 공격적 투자를 해왔으며 앞으로도 그런 투자를 계속할 것입니다.

장기에 집중하기 때문에 우리는 여타 기업들과는 다른 결정을 내리고 거래의 비중을 다른 곳에 두곤 합니다. 따라서 저는 주주 여러분께 우리의 기본적인 경영방침과 의사결정 방식을 설명하고, 그럼으로써 여러분으로 하여금 우리의 철학이 자신의 투자 철학과 일치하는지 확인할 수 있게 하고자 합니다.

우리는 어떤 일이 있어도 항상 고객에게 초점을 맞출 것입니다.

우리는 단기적 이윤이나 월스트리트의 반응에 좌우되지 않고 항상 장기적인 시장주도자의 시각에서 투자 결정을 내릴 것입니다.

우리는 우리의 프로그램과 투자의 효과를 꾸준히 측정 및 분석해 허용 기준에 못 미치는 수익을 내는 프로그램들은 폐기하고, 가장 좋은 효과를 내는 프로그램들에 대한 투자는 강화할 것입니다. 우리는 우리의 성공과 실패로부터 계속 배워나갈 것입니다.

시장주도자로서 우위를 얻을 가능성이 충분할 때는 소심한 투자가 아닌 대담한 투자를 결정할 것입니다. 성공하는 투자도 있고 그렇지 못한 투자도 있을 테지만, 어떤 경우에서든 우리는 또 다른 귀중한 교훈을 얻을 것입니다.

GAAP(Generally Accepted Accounting Principles, 일반적으로 인정되는 회계 원칙) 회계처리로 장부의 외관을 그럴듯하게 만드는 일과 미래현금흐름의 현재가치를 극대화하는 일 중 하나를 선택해야 한다면 우리는 후자를 택할 것입니다.

과감한 선택(경쟁우위가 허용하는 범위 안에서)을 할 경우, 우리는 전략적 사고 과정을 주주 여러분과 공유함으로써 여러분이 합리적인 장기적 리더십에 투자하고 있는지를 스스로 평가해볼 수 있게할 것입니다.

우리는 현명하게 자본을 사용하고 우리의 근검한 문화를 유지하기 위해 노력할 것입니다. 비용절감 문화의 지속적인 강화가 중요하다는 점, 특히나 순손실이 발생하는 사업에서는 더욱 그렇다는 점을 우리는 잘 알고 있습니다.

우리는 자본 건전성 관리와 장기적 수익성을 강조하는 성장 중심 전략의 균형을 유지할 것입니다. 현 단계에서 우리는 성장을 우선시하는 선택을 했습니다. 우리 비즈니스 모델의 잠재력을 발휘하는 데는 규모가 중요하다는 믿음 때문이었습니다.

우리는 항상 다양한 분야의 재능 있는 직원을 채용 및 유지하는 일에 초점을 두고, 그들에 대한 보상에서 현금보다는 스톡옵션에 비중을 둘 것입니다. 우리의 성공은 동기부여된 직원들을 끌어들이고 유지하는 능력에 달려 있다는 점, 또 직원은 주인처럼 생각해야 하고 이를 위해선 반드시 실제 주인이 되어야 한다는 점도 우리는 잘 알고 있습니다.

우리는 이상의 것들이 '올바른' 투자 철학이라고 낯 두껍게 주장하진 못합니다. 다만 우리의 철학이 그렇다고 이야기할 뿐이죠. 그동안 취해온, 그리고 앞으로도 취해나갈 접근법을 명확히 인지하지 못한다면 우리는 나태해지고 말 것입니다.

이런 토대에서 이제 1997년의 우리 중점 사업과 우리의 성과, 그리고 우리의 미래 전망을 검토해보려 합니다.

고객에 대한 집착

처음부터 아마존의 목표는 고객이 도저히 눈을 뗄 수 없는 가치를 제공하는 데 있었습니다. 우리는 '월드 와이드 웹(World Wide Web)'이 실은 '월드 와이드 웨이트(World Wide Wait)'로서 우리에게 긴 기다림을 요구해왔고 지금도 그렇다는 것을 알아차렸습니다. 그래서 고객들에게 다른 방식으로는 얻을 수 없는 것을 제공하는 일에 착수했고 책을 판매하기 시작했죠. 아마존은 실제 물리적 매장에서 취급 가능한 정도보다 훨씬 많은 종류의 도서를 보유하고 있으며(그 도서 모두를 진열하려면 축구장 여섯 개 면적의 서점이 필요할 겁니다), 그 도서를 1년 365일 문을 여는 매장에서 쉽게 찾고 쉽게 훑어볼 수 있는 형태로 제공 중입니다. 우리는 고객들의 쇼핑 경험을 향상시키는 데 끈질기게 매달리고 있으며 그 결과 1997년에는 매장의 질을 한층 높일 수 있었습니다. 아마존은 현재 고객들에게 상품권, 클릭 한 번만으로 가능한 쇼핑 경험, 방대한 리뷰, 콘텐츠, 검색 옵션, 추천 기능을 제공 중이죠. 또한 제품들의 가격을 크게 낮춤으로써 고객이 누리는 가치를 한층 더 높였습니다. 입소문은 여전히 우리가 가지고 있는 가장 강력한 신규 고객 유치 도구입니다. 우리는 신뢰를 보내주시는 고객 여러분께 깊이 감사하고 있습니다. 아마존닷컴이 온라인 도서 판매 시장의 선두주자가 된 것은 반복 구매와 입소문이 결합된 결과입니다.

아마존은 그간 여러 지표에서 큰 발전을 일구어냈습니다. 1996년에 1570만 달러였던 매출은 838%인 1억 4780만 달러로, 18만 개였던 누적 고객 계정은 738%인 151만 개로 증가했죠. 또한 재방문 고객의 구매율은 1996년 4분기에 46%였으나 1997년 4분기엔 58%로 늘어났습니다.

온라인 사용자 인구 조사업체인 미디어 메트릭스(Media Metrix)의 접속자 순위 집계에 따르면 아마존 웹사이트는 90위에서 시작해 현재 20위권으로 진입했습니다. 우리는 아메리카온라인(America Online), 야후(Yahoo!), 익사이트(Excite), 넷스케이프(Netscape), 지오시티(GeoCities), 알타비스타(AltaVista), 앳홈(@Home), 프로디지(Prodigy)를 비롯한 수많은 기업과 장기적인 전략 파트너십을 구축했습니다.

인프라

1997년 한 해 동안 우리는 크게 증가한 트래픽, 매출, 서비스 수준을 뒷받침하는 사업 인프라 확장을 위해 애썼습니다.

아마존닷컴의 직원 수는 158명에서 614명으로 늘어났고 경영진도 대폭 보강되었습니다. 또한 시애틀 물류센터의 70% 확장과 11월에 있었던 델라웨어 제2물류센터 확충 등을 통해 물류센터의 수용력은 5만 제곱피트(약 4645제곱미터)에서 28만 5000제곱피트(약 2만 6477제곱미터)로 늘어났습니다. 더불어 연말까지 도서 보유량을 20만 권으로 확대하여 고객들의 도서 입수 가능성을 높였습니다.

1997년 5월의 상장 및 7500만 달러의 차입 덕분에 연말 현재 아마존의 현금 및 투자 잔고는 1억 2500만 달러로 늘어났고, 이로써 전략적 유동성도 충분히 확보하게 되었습니다.

직원

지난해 아마존이 거둔 성공은 유능하고 재기 있으며 성실한 우리 직원들이 만들어낸 것입니다. 저는 제가 그 팀의 일원이란 사실이 무척 자랑스럽습니다. 직원 채용 기준을 높게 설정한 것은 아마존 성공의 가장 중요한 요소였으며 앞으로도 그럴 것입니다.

아마존에서 일하기란 쉽지 않은 일입니다(저는 직원 면접을 볼 때면 이렇게 말합니다. "긴 시간 일하는 방법도, 열심히 일하는 방법도, 영리하게 일하는 방법도 있겠죠. 하지만 아마존닷컴에서는 선택권이 주어지지 않습니다. 이 셋 모두를 해내야 하니까요."). 우리는 중요한 것, 고객들에게 의미 있는 것, 다음 세대에게 자랑스럽게 이야기할 수 있을 만한 것을 만들기 위해 일하고 있습니다. 그런 일들이 쉬울 리 있겠습니까? 아마존은 직원들이 헌신적이라는 엄청난 행운을 누리고 있습니다. 아마존을 만들어나가는 것은 그들의 희생과 열정입니다.

1998년의 목표

우리는 전자상거래와 온라인 판매를 통해 고객들에게 새로운 가치를 제공하는 방법을 배우는 초기 단계에 있습니다. 우리의 목표는 여전히 아마존이란 브랜드와 고객층을 공고히 하고 확장하는 것입니다. 이를 위해서는 시스템과 인프라에 지속적으로 투자하여 뛰어난 고객 편의, 넓은 선택 범위, 서비스 향상 등을 뒷받침하는 한편 성장도 이어가야 하죠. 우리는 아마존이 취급하는 제품군에 음악을 추가할 계획입니다. 시간이 흐르면 다른 제품들도 신중한 투자 대상이 될 것이라 믿습니다. 배송 기간을 단축하고 사용자 경험을 보다 적절하게 조정하는 등 해외 고객에게도 더 나은 서비스를 제공할 수 있는 큰 기회가 있으리라 생각합니다. 우리에게 주어진 가장 큰 과제는 사업을 확장하는 새로운 방법을 찾는 것이 아니라 투자에서의 우선순위를 정하는 것입니다.

아마존닷컴을 설립했을 당시와 비교해보면 현재 우리는 전자상거래에 대해 훨씬 많은 것을 알고 있지만, 배워나가야 할 것들도 여전히 매우 많습니다. 우리는 미래를 낙관하고 있지만 경계심을 갖고 위기감을 유지해나가야 합니다. 아마존닷컴의 장기적 비전을 실현하는 과정에서 우리는 여러 도전 및 장애물과 직면하게 될 것입니다. 공격적이고 유능하며 탄탄한 자금력을 갖춘 경쟁업체, 성장 과제와 실행 위험, 제품과 지리적 확장에 따르는 위험, 시장 확대를 위한 지속적인 대규모 투자의 필요성 등과 말이죠. 하지만 우리가 늘 이야기해왔듯 온라인 책 판매 및 일반전자상거래는 분명 대단히 큰 시장을 형성할 것이고 그를 통해 수많은 기업들이 큰 이익을 얻을 것입니다. 우리는 우리가 해낸 일에 자부심을 느낍니다. 뿐만 아니라 앞으로 하고자 하는 일에는 그보다 더 큰 흥분을 느끼죠.

1997년은 실로 엄청난 한 해였습니다. 아마존닷컴을 믿고 거래해주신 고객 여러분, 열심히 일해주신 직원들, 지지와 격려를 보내주신 주주 여러분께 깊은 감사를 전합니다.

집착 (1998)

지난 3년 6개월은 정말 흥미진진한 시간이었습니다. 아마존은 총 620만 명의 고객들에게 서비스를 제공했고, 10억 달러의 예상 매출과 함께 1998년을 마감했죠. 미국 아마존닷컴에서는 음악·비디오·선물 제품군을 추가했고, 영국과 독일에서 아마존 사이트를 오픈했으며 최근에는 아마존닷컴 옥션을 출범시켰습니다.

우리는 다가올 3년 6개월이 더욱 흥미진진할 것이라고 예상합니다. 우리는 아마존닷컴을 수천만의 고객이 와서 그들이 온라인으로 구매하고 싶은 어떤 것이든 찾을 수 있는 사이트로 만들기 위해 일하고 있습니다. 지금은 인터넷의 진정한 첫날입니다. 이 사업계획이 제대로 실행된다면 아마존닷컴에게는 매일이 첫날일 것입니다. 지금까지 일어났던 일들만을 근거로 삼으면 상상하기 어려울 수도 있지만, 우리 앞에 놓인 기회와 위험은 우리 뒤에 있는 것들보다 훨씬 크다는 것이 우리의 생각입니다. 앞으로 우리는 의식적이고 의도적인 선택들을 많이 해야 할 텐데, 개중에는 기존의 틀을 깨뜨리는 대담한 선택들도 있을 겁니다. 그중 성공작으로 판명되는 것이 있기를 간절히 바랍니다만 분명 실패작이라 판가름되는 것도 있을 것입니다.

1998년의 개관

고객에게 온전히 집중함으로써 우리는 1998년에 상당한 성과를 이뤄냈습니다. 1997년에 1억 4800만 달러를 기록했던 매출은 6억 1000만 달러로 313% 늘어났고, 1997년 말 150만 개였던 누적 고객 계정은 620만으로 300% 이상 증가했죠. 다만 신규 고객들이 크게 늘었음에도 아마존닷컴 웹사이트를 재방문한 고객의 주문율은 1997년 4분기의 58%에서 1998년 동기의 64%로 소폭 상승하는 데 그쳤습니다.

아마존이 처음으로 주요 제품군을 확장하여 만든 '아마존닷컴 뮤직 스토어'는 첫 번째 분기에 온라인 음악 소매업체의 선두주자로 자리매김했습니다.

아마존닷컴의 기술력과 아마존이라는 브랜드를 토대로 10월에 론칭한 영국 및 독일 아마존의 경우 4분기 통합 매출은 3분기보다 네 배 가까이 증가했습니다. 이로써 영국 아마존(Amazon.co.uk)과 독일 아마존(Amazon.de)은 각각 자국 시장에서 최고의 온라인 도서 판매업체로 자리 잡았습니다.

아마존닷컴은 음악 카테고리 상품들을 추가한 데 이어 11월에는 비디오 및 선물 제품군을 추가했고 단 6주 만에 온라인 비디오 소매 업체의 선두가 되었습니다. 또 1998년 4분기 매출의 25%는 영국 아마존, 독일 아마존, 그리고 아마존닷컴의 음악·비디오·선물과 같은 신생 사업에서 발생했습니다.

우리는 원클릭(1-Clik^{SM}) 쇼핑, 기프트 클릭(Gift Click), 전 매장에 걸친 매출 순위, 즉시 추천 등의 혁신을 통해 고객경험을 크게 개선했습니다.

1998년의 매출과 고객 증가, 1999년의 지속적 성장을 달성할 수 있었던 것은 인프라 확대 덕분이었고 지금도 그 사실엔 변함이 없습니다. 몇 가지 주요 인프라 확충에 대해 말씀드리겠습니다.

1998년의 아마존 직원 수는 이전의 약 600명 수준에서 2100명 이상으로 늘어났으며 경영진이 크게 강화되었습니다.

우리는 영국과 독일에 물류센터 및 고객서비스센터를 마련했고 1999년 초 네바다 펀리에선 약 32만 3000제곱피트(약 4645제곱미터)에 이르는, 고도로 기계화된 물류센터를 임차할 예정입니다. 최근의 이런 확충을 통해 아마존의 전체 물류 수용량은 두 배 이상으로 확대될 것이고, 물품이 고객에게 배송되는 시간은 한층 더 줄어들 것입니다.

재고의 경우 연초엔 900만 달러 규모였으나 연말에 3000만 달러 규모로 늘어나면서, 제조업체로부터의 직접 구매를 통해 고객의 제품 입수 가능성을 높이고 제품 비용을 낮추는 것이 가능해졌습니다.

1998년 5월의 고수익 채권 발행과 1999년 초의 전환사채 발행 이후 현재 아마존의 현금 및 투자 잔고는 15억 달러가 훨씬 넘는 수준에 이르렀습니다. 이로써 우리는 상당히 건실한 재정 상태와 전략적 유동성을 갖게 되었습니다.

우리는 현금이 잘 돌고 자본 효율이 높은 비즈니스 모델에서 이익을 거두는 행운을 누리고 있습니다. 실제 매장을 짓고 거기에 재고를 쌓아둘 필요가 없는 집중형 유통 모델 덕분에 단 3000만 달러의 재고와 3000만 달러의 순공장설비만으로 10억 달러에 달하는 매출을 올리는 사업을 구축할 수 있었던 것이죠. 1998년에 우리가 창출한 영업현금흐름은 3100만 달러인데, 이는 2800만 달러의 순고정자산 확충을 상쇄하고도 남는 액수입니다.

우리의 고객

아마존은 세계에서 가장 고객중심적인 회사를 만들고자 합니다. 우리는 고객은 수용적이고 현명하며, 브랜드 이미지는 어떤 특정 방식으로 만들어지는 것이 아니라 현실을 반영하는 것임을 자명한 이치로 받아들입니다. 우리의 고객들은 자신이 아마존닷컴을 선택하고 친구들에게 입소문을 내는 이유가 아마존이 제공하는 선택권, 사용 편의, 저렴한 가격, 서비스 때문이라고 이야기합니다.

아무리 지쳐도 휴식은 없습니다. 저는 직원들 귀에 못이 박이도록 이야기합니다. 매일 아침 두려움 때문에 눈을 떠야 한다고, 그리고 그 두려움은 경쟁이 아닌 고객에 대한 두려움이어야 한다고 말입니다. 고객은 우리 사업을 지금의 모습으로 만들어준 존재입니다. 고객은 우리가 관계를 맺는 사람들이며 우리에겐 고객에 대한 막중한 의무가 있습니다. 그들이 아마존의 충성 고객이 되는 것은 아마존보다 더 나은 서비스를 제공하는 다른 회사가 등장하기 직전까지만이라는 점을 우리는 잘 알고 있습니다.

우리는 모든 사업계획에서 지속적인 개선과 실험, 혁신에 전념할 것입니다. 아마존의 DNA 안에는 기꺼이 개척자가 되겠다는 생각이 있습니다. 개척정신이 성공의 필수 요소임을 생각하면 이것은 큰 장점이죠. 우리는 지속적 혁신, 고객경험에 대한 끈질긴 집중을 통해 차별화에 성공했고 그에 대한 자부심도 느낍니다. 또한 음악 및 비디오 카테고리로의 확장, 영국 아마존과 독일 아마존 오픈 등 1998년에 우리가 시작한 (미국 아마존닷컴만큼이나 멋진) 신생 사업들이 그 점을 반영한다고 믿습니다.

열심히 즐겁게 일하면서 역사를 만든다

인터넷과 같은 역동적 환경에서 비범한 사람들 없이 성과를 내기란 불가능한 일입니다. 역사의 한 장을 만든다는 건 결코 쉬운 일이 아니죠. 그리고 우리는 예상대로 이 일이 쉽지 않다는 점을 날마다 깨닫고 있습니다. 지금 우리에겐 고객을 가장 우선으로 여기는 2100명의 똑똑하고, 성실하고, 열정적인 직원들로 이루어진 팀이 있습니다. 채용 시에 적용하는 높은 기준은 아마존 성공의 가장 중요한 요소였으며 앞으로도 그럴 것입니다.

아마존에서는 채용 면접관들에게 지원자에 대한 결정을 내리기 전 다음의 세 가지를 자문해보라고 요구합니다.

- 나는 이 사람을 존경할 수 있을까?: 당신이 인생에서 존경해온 분들을 떠올려보십시오. 그들은 분명 배울 점이 있고 본보기가 될 만한 사람들일 것입니다. 저는 존경하는 사람들과만 일하기 위해 열심히 노력해왔고, 우리 직원들에게도 똑같은 욕심을 가지라고 격려합니다. 존경할 수 없는 혹은 존경하지 않는 사람들과 어울리기에는 삶이 너무나 짧으니까요.

- 이 사람은 자신이 들어가는 집단의 전반적인 성과 달성 수준을 끌어올릴 수 있을까?: 우리는 엔트로피와 싸우고자 합니다. 기준을 계속 높여야 하는 것이죠. 나는 직원들에게 지금부터 5년 후의 회사를 그려보라고 하는데, 그때쯤이 되면 직원들의 입에서 이런 말이 나와야 합니다. "세상에, 기준이 너무 높군요. 예전에 입사한 게 천만다행이네요!"

- 이 사람은 어떤 면에서 슈퍼스타가 될 수 있을까?: 아마존의 많은 직원들은 모든 동료들의 작업 환경을 풍성하게 하는 특유의 기술, 관심, 시각을 가지고 있습니다. 일과는 직접적인 관련이 없는 것일 때도 많죠. 아마존 직원 중 한 명은 스펠링비(National Spelling Bee, 철자 대회)의 전국 챔피언(1978년일 것입니다)이었습니다. 물론 그 사실이 그녀의 일상적인 업무에 도움이 되진 않겠죠. 하지만 복도에서 마주친 그녀에게 "의성어(onomatopoeia)의 정확한 철자는?"이란 질문을

던질 수 있다면 아마존에서 일하는 것이 좀 더 재미있어지지 않을까요?

1999년의 목표

———

우리는 장래 전자상거래 전반에 엄청난 기회가 있을 것이고, 1999년이 중요한 한 해가 될 것이라 믿습니다. 아마존닷컴은 선도적 위치를 굳건히 다졌지만 경쟁은 더욱 거세질 것이 분명하기에 우린 앞으로 공격적인 투자를 해나갈 계획입니다. 탁월성과 고도의 효율성으로 수천만 고객에게 서비스를 제공하며 수십억 달러 규모의 매출을 내는 회사의 토대를 만들기 위해서죠. 이런 수준의 미래 투자에는 많은 비용이 들고 고유의 여러 위험도 따르겠지만 우리는 이를 통해 고객에겐 최고의 E2E(end-to-end, 상거래 과정을 최적화하고 능률을 향상시키는 것) 경험을, 투자자들에게는 가장 위험도가 낮은 장기적 가치창출 접근법을 제공하게 될 것이라 믿습니다.

다음은 아마존의 1999년 계획을 구성하는 요소들입니다. 여러분께는 이미 친숙한 내용일 겁니다.

- **물류 수용량**: 우리는 대규모의 물류 인프라 구축을 계획하고 있습니다. 다양한 재고에 빠르게 접근할 수 있는 물류 역량을 통해 고객들의 다양한 수요를 충족시키기 위해서입니다.
- **시스템 용량**: 우리는 시스템 용량을 확장해 성장 수준을 뒷받침할

것입니다. 시스템 담당팀은 단기적 성장에 걸맞은 확장, 수십억 달러의 규모와 수천만 고객을 예상한 시스템 구조 조정, 새로운 계획 및 새로운 혁신에 적합한 기능과 시스템 구축, 운영 탁월성과 효율성 증대 등의 중요한 과제를 안고 있습니다. 이 모든 과제를 우리는 800만 고객을 가진 10억 달러 규모의 온라인 매장을 365일 연중무휴로 운영하는 과정에서 해결해나가려 합니다.

- **고객과의 약속**: 대규모 오프라인 소매업체에 비해 아마존닷컴은 아직 소규모의 신생 회사에 불과합니다. 이 중요한 시기 동안 우리는 고객과 넓고 단단한 관계를 구축해야만 합니다.

- **제품 및 서비스 확대**: 1999년에는 기존에 제공해왔던 제품과 서비스의 범위를 지속적으로 늘려나갈 뿐 아니라 새로운 계획들도 추가할 것입니다. 가장 최근에 추가된 것은 아마존닷컴 옥션이죠. 이 새로운 서비스를 아직 시험해보지 않으셨다면 서둘러 아마존닷컴 사이트에 가서서 '옥션' 탭을 눌러보시길 바랍니다. 아마존닷컴 고객은 기존 보유 계정을 통해 판매자가 될 수도, 또 입찰자가 될 수도 있습니다. 판매자가 된다면 온라인 쇼핑 경험이 있는 아마존닷컴의 800만 고객과 만날 수 있는 것입니다.

- **관리 역량과 절차**: 아마존의 사업은 새로운 제품, 서비스, 지역, 인수, 비즈니스 모델의 추가 등으로 대단히 복잡해졌습니다. 우리는 팀, 절차, 커뮤니케이션, 인재개발 전략에 적극 투자할 생각입니다. 이런 방식의 규모 확장은 우리 계획에서 가장 어렵고 도전적인 요소입니다.

아마존닷컴이 지난해 여러 진전을 이루긴 했지만 배워야 할 것들과 해야 할 것들은 아직 많이 존재합니다. 우리는 미래를 낙관하고 있지만 절대 방심하지 않으며 위기감도 잃지 않을 것입니다. 공격적이고 유능하며 탄탄한 자금력을 갖춘 경쟁업체, 사세 확장에 따른 성장 과제와 실행 위험, 시장 확장을 위한 지속적 대규모 투자의 필요성 등 우리의 앞에는 많은 도전과 장애물이 있습니다.

이 서한에서 말씀드릴 가장 중요한 주제는 지난해의 서한에서 이야기했던 장기적 투자 접근법입니다. 새로운 주주들이 많이 생겼기 때문에(지난해에 인쇄한 주주서한은 약 1만 3000부였는데 올해는 20만 부 이상에 달합니다) 작년에 드린 서한을 올해의 서한 바로 뒤에 첨부했습니다. '가장 중요한 것은 장기적 시각'이라는 부분을 읽어주시길 바랍니다. 아마존이 과연 여러분이 투자할 만한 유형의 회사인지 확실히 알고 싶다면 두 번쯤 읽는 것이 좋습니다. 그 서한에서 말씀드렸듯 저는 그것이 '올바른' 투자 철학이라는 낯 두꺼운 주장은 하지 못합니다. 그저 우리의 철학이 그러하다고 이야기할 뿐이죠.

고객과 주주 여러분, 그리고 오래 지속되는 중요한 기업을 만들기 위해 매일매일 열정적으로 노력하고 있는 모든 직원들께 진심 어린 감사의 말씀을 전합니다.

미래를 건설합니다 (1999)

4년 반에 걸친 우리의 첫 여정은 놀라운 성과를 가져다주었습니다. 우리는 지금까지 150여 개국의 1700만 고객에게 서비스를 제공하면서 세계 전자상거래를 선도하는 브랜드와 플랫폼을 구축했습니다.

앞으로 전 세계 수백만의 신규 소비자가 인터넷 접속이 가능해져 전자상거래를 이용한다면 우리는 그에 따른 혜택을 받을 것입니다. 온라인 쇼핑 경험이 계속 발전하면 소비자들의 신뢰와 확신이 커지고, 이것이 추진력으로 작용해 더 많은 사람이 더 자주 온라인 쇼핑을 이용하게 되겠죠. 우리가 우리의 일을 제대로 해낸다면 아마존닷컴은 이 새로운 고객들에게 최고·최상의 서비스를 제공하고 그 결과로 이익을 얻는 특유의 위치를 점할 것입니다.

1999년 개관

고객에 대한 우리의 끊임없는 집중은 1999년 한 해 동안 여러 효과를 거두었습니다.

매출은 1998년의 6억 1000만 달러에서 16억 4000달러로 169% 상승했고, 1070만 명의 신규 고객이 추가됨에 따라 누적 고객 계정은 620만 개에서 1690만 개로 늘어났죠. 또한 1998년 4분기에 64% 이상이었던 재방문 고객의 주문율은 1999년 동기에 73% 이상으로 증가했습니다.

현재 전 세계 고객들은 아마존닷컴에서 다양한 제품을 구입하고 있습니다. 2년 전만 해도 우리의 모든 매출은 아마존닷컴의 미국 도서판매 사업에서 나왔습니다. 그런데 이 사업이 막강하게 성장했음에도 현재 우리 매출의 절반 이상은 도서 판매가 아닌 다른 사업 부문에서 발생합니다. 옥션, 지숍, 완구, 가전, 주택 개조, 소프트웨어, 비디오게임, 결제, 무선사업인 아마존 애니웨어(Amazon Anywhere)가 우리의 1999년 주요 계획에 포함된 부문들이죠.

기존의 도서사업 부문뿐 아니라 신규 부문에서도 우리는 최고로 인정받고 있습니다. 한 예를 들자면 아마존 토이(Amazon Toys)는 MSNBC(미국의 뉴스 전문 케이블 채널) 설문에서 최고의 온라인 완구 매장으로 꼽혔고, 포레스터 리서치(Forrester Research)에서 역시 온라인 완구 매장 1위로 선정됐으며, 〈컨슈머 리포트(Consumer Reports)〉의 완구 카테고리에서 최고점을 받으며 오랜 역사의 기존 업체들을 눌렀습니다.

　1999년 아마존의 해외 매출은 총 3억 5800만 달러로 전체 매출의 22%를 차지했습니다. 우리는 영국과 독일의 아마존 사이트에 음악, 옥션, 지숍을 추가했습니다. 사실 영국 아마존과 독일 아마존, 아마존닷컴은 각각 유럽에서 가장 인기 있는 온라인 소매 사이트 1위, 2위, 3위입니다.

　우리는 12개월에 못 미치는 기간 동안 전 세계 물류 수용량을 약 30만 제곱피트(약 2만 7870제곱미터)에서 500만 제곱피트(약 14만 515제곱미터)로 확장시켰습니다. 이런 인프라가 큰 몫을 해준 덕에 우리는 단 3개월 만에 매출을 90% 높이는 한편 연말 주문의 99% 이상을 연휴 기간 내에 제때 배송할 수 있었습니다. 우리가 아는 한, 10억 달러가 넘는 판매 규모에서 3개월 만에 매출을 90% 증대시킨 기업은 없었습니다.

　아마존닷컴 직원들은 지칠 줄 모르는 노력으로 아마존닷컴에서의 고객경험을 업계 기준으로 만듦과 동시에 대단히 높은 성장률을 일구어냈습니다. 그분들이 저는 무척이나 자랑스럽습니다. 이렇게 믿기 힘들 정도로 대단한 전 세계 아마존 가족에게 감사인사를 전하고 싶은 주주님들이 계시다면 주저하지 말고 제 앞으로 이메일을 보내주십시오(jeff@amazon.com). 뛰어난 사무직원의 도움을 받아 제가 그 이메일들을 정리하여 해당 회사로 보내겠습니다. 저희 직원들이 대단히 고맙게 여길 것입니다(그리고 저는 이 주주서한을 읽은 분들이 계시다는 사실을 덤으로 알게 될 테고요!).

1999년에 우리는 본질적으로 자본 효율이 높은 비즈니스 모델의 혜택을 계속 누렸습니다. 오프라인 매장을 짓고 거기에 재고를 쌓아둘 필요가 없는 집중형 유통 모델 덕분에 우리는 단 2억 2000만 달러 규모의 재고와 3억 1800만 달러 규모의 고정자산만으로 연매출 20억 달러의 사업을 구축할 수 있었습니다. 지난 5년 동안 우리가 운영비로 사용한 금액은 총 6200만 달러에 불과합니다.

당신이 가지고 있는 것은?

최근 스탠포드 대학에서 있었던 어느 행사에서 젊은 여성 한 분이 마이크를 들고 제게 굉장한 질문을 던졌습니다.

"제겐 아마존닷컴의 주식 100주가 있습니다. 제가 갖고 있는 것은 뭔가요?"

저는 무척 놀랐습니다. 아마존닷컴의 본질을 그토록 간단명료하게 묻는 질문을 받아본 적이 없었기 때문입니다. 주주 여러분이 가지고 계신 것은 무엇일까요? 여러분은 선도적인 전자상거래 플랫폼을 소유하고 계십니다.

아마존닷컴이라는 플랫폼은 브랜드, 고객, 기술, 물류 수용량, 전자상거래에 대한 깊은 전문 지식, 혁신 및 고객서비스에 대한 열정을 가진 훌륭한 팀으로 이루어져 있습니다. 우리는 1700만 고객들, 고객중심주의에 대한 세계적 평판, 최고의 전자상거래 소프트웨어 시스템, 목적에 적합하게끔 구축된 물류 및 고객서비스 인프라와 함께

2000년을 시작합니다. 우리는 우리가 '티핑포인트(tipping point, 오랫동안 서서히 축적된 작은 변화들을 바탕으로 작은 요인이 한순간에 폭발적 영향을 발휘하게 되는 지점)'에 이르렀다고 생각합니다. 아마존닷컴이라는 플랫폼 덕분에 좋은 품질의 고객경험, 낮은 한계비용, 높은 성공 가능성, 규모와 수익성에 이르는 빠른 길을 갖춘 상태에서 그 어떤 기업들보다 새로운 전자상거래 사업을 빨리 론칭할 수 있게 된 것이죠.

　이 플랫폼을 이용해 지상에서 가장 고객중심적인 기업, 구매하고 싶은 어떤 상품이든 고객이 찾을 수 있는 온라인 매장을 만드는 것이 우리의 비전입니다. 우리는 그 일을 우리 혼자서가 아닌 크고 작은 수천 곳의 파트너들과 함께 해나갈 것입니다. 앞으로도 고객의 소리를 듣고, 고객을 대신하여 발명을 하고, 온라인 매장을 각각의 고객에 맞춰 개인화하는 한편 계속해서 고객들의 신뢰를 얻기 위해 노력하겠습니다. 우리가 최대한으로 활용할 수만 있다면 아마존닷컴 플랫폼은 우리에게 흔치 않은 큰 규모의 기회를 제공할 것이 분명합니다. 고객과 주주 모두에게 대단히 가치 있는 기회를 말입니다. 많은 위험과 복잡한 문제가 있겠지만 우리는 그에 굴하지 않고 그 목표를 향해 매진할 것입니다.

2000년의 목표

———

2000년 아마존닷컴에겐 여섯 가지의 큰 목표가 있습니다. 고객 수 증대 및 각 고객과의 관계 강화, 우리가 제공하는 제품과 서비스의 지속적이고 빠른 확대, 사내 모든 부문에서의 운영 탁월성 강화, 해외 시장 확장, 파트너십 프로그램 확대, 그리고 마지막으로 가장 중요한 것은 우리가 몸담고 있는 모든 사업의 수익성 제고입니다. 각각의 목표를 간단히 소개하겠습니다.

- **고객과의 관계 확대 및 강화**: 신규 고객의 유입을 위해 우리는 앞으로 많은 투자를 계속할 것입니다. 지난 5년간 일어났던 엄청난 일들을 떠올리면 상상하기 힘들 수도 있지만 전자상거래에 있어서는 오늘도 여전히 첫날입니다. 전자상거래와의 관계가 처음인 고객들이 많은, 범주 형성의 초기 단계인 것입니다. 우리는 아마존에서 쇼핑을 하는 고객의 수, 고객이 구입하는 제품의 수, 고객이 쇼핑하는 빈도, 고객이 느끼는 만족도를 높이기 위해 노력할 것입니다.
- **제품·서비스 확대**: 우리는 고객들이 언제 어디에서나 자신들이 구매하고 싶은 어떤 것이든 찾을 수 있는 온라인 매장을 만들기 위해 노력 중입니다. 우리가 제공하는 각각의 새로운 제품과 서비스는 우리를 더 넓은 범위의 고객 집단과 연결시키고 고객들이 우리 매장을 방문하는 빈도를 높입니다. 따라서 취급 상품과 서비스를 확대하는 것은 곧 전체 비즈니스를 위한 선순환을 창출하는 일이 되죠. 고객들이 우리 온라인 매장을 자주 방문할수록 고객을 다시 돌아오게 하기 위해 우리가 투입하는 시간과 에너지와 마케팅 비용은 줄어듭니다. 눈에서 가까워지면 마음도 가까워집니다.

이런 확장 과정에서 우리는 각각의 신규 온라인 매장에 전담팀을 두고 있습니다. 그 매장을 해당 카테고리에서 최고로 만들기 위해 일하는 팀이죠. 그런 점에서 각각의 신규 매장은 고객들에 대한 우리의 관심을 보여주는 새로운 기회이기도 합니다. 마지막으로 각각의 신규 제품과 서비스는 물류, 고객서비스, 기술, 브랜드에 대한 우리의 투자를 보다 효율적으로 활용하게 하고 수익을 증대시키는 지렛대가 됩니다.

- **운영 탁월성**: 우리에게 있어 운영 탁월성은 두 가지를 의미합니다. 하나는 고객경험을 지속적으로 개선하는 것이고 다른 하나는 모든 사업분야에서 생산성, 이윤, 효율성 및 자산 전환 속도를 높이는 것입니다.

  이 둘 중 한쪽을 향상시키는 가장 좋은 방법은 다른 한쪽을 발전시키는 것일 때가 많습니다. 예를 들어 보다 효율적인 물류 시스템은 CPO(contacts per order, 주문 이행에 필요한 접점 접촉 횟수)를 줄여 배송 소요 시간을 단축시키고 고객서비스 비용을 낮춰줍니다. 이는 고객경험 개선과 브랜드 평판 제고로, 그리고 다시 신규 고객 유치 및 유지비 절감으로 연결되죠.

  우리 회사 전체는 2000년 사업의 모든 영역에서 운영 탁월성을 높이는 데 고도로 집중하고 있습니다. 고객경험과 운영 모두에서 세계적 수준에 오르면서 우리는 보다 빠르게 성장하고 보다 높은 수준의 서비스를 제공하게 될 것입니다.

- **해외 시장 확장**: 우리는 해외 고객들이 미국 고객들보다 낮은 수준의 소매 서비스를 받고 있다고 생각합니다. 우리의 플랫폼이 마련된

곳에서라면 아마존닷컴은 이미 선도적인 세계 소매업체의 위치를 점하고 있습니다. 약 5년 동안 150여 개국에 상품을 배송해온 우리는 이미 전 세계에 걸쳐 높은 매출을 올리며 상당한 브랜드 평판, 고객인지도를 얻었습니다. 저는 여러분께 영국 아마존과 독일 아마존이 상승세와 함께 순조로운 출발을 보이고 있다고 보고드릴 수 있어 대단히 기쁩니다. 이 두 곳은 이미 자국에서 웹사이트로서는 10위권 내에, 전자상거래 사이트로서는 1위 자리에 올랐습니다. 전 세계의 우리 고객과 주주들은 앞으로 이런 기반에서 시작된 우리 비즈니스의 지리적 확장을 기대해도 좋을 것입니다.

- **파트너십 프로그램의 확대**: 우리는 우리의 플랫폼을 통해 드러그스토어닷컴(drugstore.com)과 같은 파트너들에게 엄청난 가치를 가져다줄 수 있습니다. 지금까지의 우리 경험으로 판단해보건대 아마존닷컴은 실제로 비즈니스를 구축하는 파트너들에게 가장 효율적이고 효과적인 수단입니다. 아마존과의 파트너십은 많은 영역에서 고객중심적이고 비용효율적인 방식으로 매장을 급속히 확장할 수 있는 최선의 방법입니다. 한 가지 강조할 점은, 파트너 선정 과정에서 우리가 가장 중시하는 기준은 해당 파트너가 제공하는 고객경험의 질이라는 것입니다. 고객을 위해 일한다는 신념을 공유하지 않는 회사와는 절대 파트너십을 맺지 않을 것입니다.

우리는 이런 종류의 파트너십을 매우 선호합니다. 파트너십을 통해 고객 및 파트너 들을 기쁘게 만들 수 있을 뿐 아니라 재무적 측면에서 파트너십이 갖는 매력 덕분에 주주, 즉 여러분과 우리까지도 기쁘게 만들 수 있기 때문입니다.

- **우리가 몸담고 있는 모든 사업의 수익성 증대:** 앞서 기술한 다섯 가지 목표 모두는 우리가 갖는 장기적 목표, 즉 수익성이 가장 높고, 자본이익률도 가장 높으며, 장기적인 최고의 프랜차이즈를 구축하겠다는 목표에 기여합니다. 그렇기에 어떤 면에서 보자면 수익성의 증대는 이 모든 목표의 기저를 이루는 토대가 되죠. 내년에는 공급업체와의 파트너십, 생산성과 효율, 고정자본과 운전자본의 관리, 제품 조합 및 가격 관리에 대한 우리의 전문 지식이 지속적으로 발전하면서 상당 수준의 이윤 증가 및 비용 효용의 극대화가 이루어질 것으로 기대됩니다.

올해 우리가 잇따라 도입할 제품과 서비스는 아마존 플랫폼을 기반으로 하기 때문에 투자 곡선을 그리 가파르게 만들진 않을 것입니다. 또한 각 사업이 손익분기점을 넘는 시간도 계속해서 단축될 테고요.

가장 중요한 것은 장기적 시각

이제 마지막으로 가장 중요한 것에 대해 생각해볼 차례군요. 앞으로의 쇼핑 경험과 비교하자면 현재의 온라인 쇼핑 경험은 최저 수준입니다. 물론 지금도 1700만 명의 고객을 유인할 정도로 좋은 편이지만 앞으로는 훨씬 더 좋아질 테니까요. 대역폭의 증가로 웹페이지를 더 빨리 볼 수 있게 되고 콘텐츠는 더 풍성해질 겁니다. 이런 발전은 훗날 '상시 접속'(저는 이것이 사무실이 아닌 가정 내 온라인 쇼핑을 크게 늘릴 것이라 생각합니다)으로 이어질 테고, PC 이외의 장치와 무선 접속 역시 눈에 띄게 증가할 겁니다. 더욱이 수조 달러 규모의 세계 시장은 엄청난 기회가 될 테고요. 그 시장에 비교하면 우리의 현 시장 규모는 정말이지 아주 작은 수준이죠. 우리는 이중으로 축복을 받았습니다. 우리가 채택하는 기초기술이 매일 발전하는 영역에서 시장 규모에 제한받지 않는 기회를 누리고 있으니까요. 이는 평범한 상황이 아닙니다.

늘 그렇듯 우리 아마존닷컴은 우리를 믿고 거래해주시는 고객 여러분, 열심히 일하는 직원들, 우리에게 지지와 격려를 보내주시는 주주 여러분께 깊은 감사의 마음을 갖고 있습니다. 정말 정말 감사드립니다.

장기적 시야 (2000)

어이쿠. 올해는 자본 시장의 많은 이들에게 잔혹한 해였습니다. 아마존닷컴의 주주 여러분께도 그랬겠죠. 이 글을 쓰고 있는 현재 아마존 주가는 지난해 주주서한을 쓸 당시 대비 80% 하락했습니다. 그럼에도 아마존닷컴은 거의 모든 면에서 과거의 그 어느 때보다 강력한 위치를 점하고 있습니다.

2000년에 우리가 서비스를 제공한 고객은 2000만 명에 이르렀습니다. 1999년의 1400만에서 크게 상승한 수치죠. 매출은 1999년의 16억 4000만 달러에서 올해 27억 6000만 달러로 증가했습니다. 1999년 4분기에 매출의 26%였던 예상 영업손실은 2000년 4분기에 6%로 낮아졌고, 미국 내 예상 영업손실은 1999년 4분기 매출의 24%에서 2000년 4분기 매출의 2%로 감소했습니다.

아마존의 2000년 고객 1인당 평균 지출은 134달러로 19% 상승했습니다. 1999년에 2억 9100만 달러였던 총수익은 2000년 6억 5600만 달러로 125% 증가했죠. 2000년 4분기의 미국 고객들의 구매 건 중 약 36%는 전자, 도구, 주방 등 '비BMV(서적, 음반, 비디오)' 매장에 서 이루어졌습니다. 또 해외 매출은 1999년에 1억 6800만 달러였으 나 2000년에는 3억 8100만 달러로 늘어났고, 아마존 파트너인 토이저 러스닷컴(Toysrus.com)은 우리의 도움으로 2000년 4분기에 1억 2500만 달러어치 이상의 완구 및 비디오 제품을 판매했습니다.

아마존의 현금 및 시장성 유가증권 보유액은 1999년 말 당시 7억 600만 달러였으나 2000년에는 연초의 유로화 전환 덕분에 11억 달 러를 기록하며 한 해를 마감하게 되었습니다.

가장 중요한 사항은 아마존의 고객중심주의가 미국고객만족지표 (American Custormer Satisfaction Index)에 84점으로 반영되었다는 점입니다. 이는 전체 업계를 통틀어 서비스 기업이 기록한 최고 점수라 하더군요.

이렇게 회사가 지난해보다 나은 입지에 올랐는데 왜 주가는 지난 해에 비해 그렇게나 많이 낮아진 것일까요? 저명한 투자가 벤저민 그레이엄(Benjamin Graham)은 이렇게 말했습니다. "단기적 측면에서의 주식 시장은 투표 기계다. 하지만 장기적인 측면에서는 저울이다." 1999년의 호황 속에서 많은 표가 오갔지만 저울질은 줄어들었습니 다. 우리는 저울에 오르고 싶은 회사고, 시간이 흐르면서 장기적으로 는 우리를 비롯한 모든 기업들이 그렇게 될 것이라 생각합니다. 한편 으로 우리는 점점 더 무거워지는 회사를 만들기 위해 묵묵히 노력할 것입니다.

'대담한 도박(bold bet)'에 대해 제가 이야기하는 것을 들어보신 주주 분들이 많으실 겁니다. 우리 회사는 그간 대담한 도박을 해왔고 앞으로도 그럴 텐데요. 이런 도박에는 디지털 및 무선 기술에 대한 투자에서부터 리빙닷컴(living.com)과 펫츠닷컴(Pets.com)을 비롯한 소규모 전자상거래 기업들에 대한 투자 결정에 이르는 모든 것들이 포함됩니다. 리빙닷컴과 펫츠닷컴은 모두 2000년에 운영을 중단했는데, 이 두 회사의 지배주주였던 우리는 이들에 대한 투자에서 상당한 손실을 기록했습니다.

우리가 이러한 투자를 하게 된 것은 가까운 미래에 우리 스스로 그런 특정 범주에 진입하지 않으리란 점을 알고 있었고, 인터넷에도 일종의 '랜드러시(land rush, 1889~1895년에 미국 오클라호마에서 시행된 토지 정책. 당시 정부는 아메리카 원주민의 땅을 매입해 일반인들에게 분할했는데, 출발 신호가 울리면 말을 타고 달려가 깃발을 먼저 뽑은 신청자에게 토지를 무상으로 분양했다. 여기에선 선점자가 엄청난 이득을 보게 된다는 비유로 사용되었음)'가 있을 거라 굳게 믿었기 때문입니다. 인터넷에서의 랜드러시는 1994년부터 몇 해 동안 대단히 유용한 의사결정 보조도구였지만, 우리의 판단에 따르면 그 유용성은 지난 한두 해 동안 크게 퇴색되었습니다. 되돌아보면 우리는 이 영역에 진입하는 데 어느 정도의 시간이 필요한지, 또 성공에 필요한 규모를 달성하는 것이 단일 범주의 전자상거래 기업들에게 있어 얼마나 어려운 일인지를 크게 과소평가했습니다.

전통적 소매 사업과 비교해보자면 온라인 판매 사업은 고정비가 높고 변동비는 비교적 낮은 특징이 있어 규모의 경제가 여실히 적용되는 분야입니다. 중소 규모의 전자상거래 기업이 존재하기 어려운 것도 이 때문이죠. 충분한 자금을 계속 지원받았더라면 펫츠닷컴과 리빙닷컴은 자신들이 필요로 하는 규모를 달성할 만큼 고객들을 유인할 수 있었을지도 모릅니다. 하지만 자금 시장은 인터넷 기업들에게 문을 닫아버렸고, 그 기업들은 사업을 접을 수밖에 없었습니다. 그들이 사라지는 모습을 지켜보는 건 고통스러운 일이었죠. 그러나 다른 대안, 즉 그들이 목숨을 부지할 수 있게끔 우리의 자본을 더 투자하는 일은 보다 큰 실수가 되었을 것입니다.

미래: 부동산은 무어의 법칙을 따르지 않는다

———

이제 미래로 눈을 돌려봅시다. 우리는 왜 전자상거래, 그리고 아마존 닷컴의 미래를 낙관할 수밖에 없는 걸까요?

향후 수년간은 온라인 쇼핑에서의 고객경험이 눈에 띄게 발전할 테고 그에 따라 업계는 성장하고 신규 고객은 늘어날 것입니다. 이용가능한 대역폭과 디스크 용량 및 처리 능력의 드라마틱한 확대, 특히나 이 모든 것이 낮은 비용으로 빠르게 진행되면서 가능해질 혁신은 고객경험 발전의 추진력이 되겠죠.

현재 연산 속도의 가격 대비 성능은 매 18개월마다, 디스크 용량의 가격 대비 성능은 매 12개월마다, 대역폭의 가격 대비 성능은 매 9개월마다 각각 두 배씩 늘어나고 있습니다. 이런 두 배의 법칙을 고려해보면, 지금부터 5년 후 아마존닷컴은 고객 1인당 지불해야 하는 대역폭 비용을 현재 수준으로 유지하면서도 고객 1인당 이용 가능한 대역폭을 60배 넓힐 수 있을 것입니다. 또한 디스크 용량 및 처리 능력의 가격 대비 성능이 높아지면서 웹사이트의 실시간 개인화를 더 많이, 더 잘 해낼 수 있을 테고요.

오프라인 소매업체들은 기술을 사용해서 어떤 일을 할까요? 그들은 고객 경험을 변화시키기보다는 비용을 낮출 것입니다. 물론 우리도 기술을 비용 절감에 이용하겠지만, 기술 활용의 보다 큰 효과는 소비자의 기술 수용과 매출 확대로부터 나올 겁니다. 우리는 향후 소매 상거래의 15%가 결국 온라인으로 이동할 것이라 굳게 믿고 있습니다.

아직 결론 내려진 것은 아닌 데다 우리가 입증해내야 할 것 또한 많습니다만 오늘의 아마존닷컴은 독특한 자산입니다. 우리는 브랜드, 고객과의 관계, 기술, 실행 인프라 및 자금력, 그리고 이 유아기 산업에서의 선도적 지위를 확장하며 지속가능한 중요한 기업을 일구겠다는 투지를 갖추고 있습니다. 그 과정에서 우리가 가장 우선시하는 것은 앞으로도 고객이 될 것입니다.

2001년은 우리의 발전에서 중요한 해가 될 겁니다. 2000년과 마찬가지로 올해 역시 집중과 실행의 해가 될 텐데, 그 첫 단계로 우리는 4분기에 예상 운영이익을 달성하겠다는 목표를 세웠습니다. 해야 할 일들이 엄청나게 산적해 있고 어떤 보장도 없지만 우리는 그 목표에 이르겠다는 계획을 갖고 있고, 그것을 최우선사항으로 만들었으며, 이 회사의 모든 직원들은 그 목표 달성에 힘을 보태기 위해 헌신하고 있습니다. 내년에 여러분께 우리의 진전 사항들을 보고할 수 있게 되길 고대합니다.

우리 아마존닷컴은 우리를 믿고 거래해주시는 고객 여러분, 열심히 일하는 직원들, 우리에게 지지와 격려를 보내주시는 주주 여러분께 깊은 감사의 마음을 갖고 있습니다. 정말 정말 감사드립니다.

고객 장악력은
우리의 가장 귀중한 자산입니다 (2001)

지난해 7월 아마존닷컴은 중요한 중간 기착지에 이르렀습니다. 4년간 오로지 성장에만 집중했고 그 후 2년 가까운 시간을 거의 전적으로 비용절감에만 매달린 끝에 비로소 성장과 비용개선 모두에 자원과 인력을 분배하며 균형을 이루게 된 것입니다. 7월의 대대적인 가격 인하를 통해 정가 20달러 이상의 도서 가격을 30% 할인하여 판매한 것이 이런 변화를 보여줍니다.

이런 균형은 4분기에 성과를 보여주기 시작했습니다. 그 시점에 우리는 목표수익을 크게 넘어섬과 동시에 사업에서의 성장 속도도 한층 높였습니다. 올해 1월에는 가격을 다시금 인하함과 더불어 99달러가 넘는 주문에 대해서는 상시 무료 배송 서비스를 제공하는 새로운 배송 등급을 만들었죠. 비용 개선에 집중하면 가격을 낮출 수 있고, 이는 성장 촉진으로 이어집니다. 성장을 통해 고정비용이 더 많은 매출로 분산되면 생산단가가 절감되고 그에 따라 상품가격을 한 층 더 낮출 수 있습니다. 고객들이 좋아하는 일이자 주주 여러분에게도 좋은 일이죠. 앞으로도 우리가 이런 선순환을 계속 해나가는 모습을 기대해주시기 바랍니다.

앞서 언급했듯 우리는 5900만 달러의 예상 운영이익과 3500만 달러의 예상 순이익을 기록하며 4분기 목표를 넘어섰습니다. 목표 달성을 위해 열심히 노력한 전 세계 아마존닷컴의 직원 수천 명은 이러한 성취에 자부심을 느끼고, 또 마땅히 그래야 합니다. 이어 2001년 한 해 동안 거둔 가시적 성과에 대해 좀 더 설명하겠습니다.

매출은 2000년의 27억 6000만 달러에서 13% 증가한 31억 2000달러가 되었습니다. 매출의 가속화 덕에 4분기에는 드디어 분기별 매출 10억 달러를 넘어섰으며, 전년 동기 대비 23%의 단위성장을 기록했습니다.

아마존이 서비스한 고객 계정 수는 1999년의 1400만 개, 2000년의 2000만 개에 이어 2001년에 2500만 개로 늘어났습니다. 또한 해외 매출은 74% 성장하여 전체 매출의 4분의 1은 미국 이외의 국가에서 창출되었습니다. 우리의 최대 해외 시장인 영국과 독일에서의 통합 예상 영업이익은 4분기에 처음으로 흑자를 기록했고, 진출한 지 1년밖에 되지 않은 일본 시장에서의 연간 예상 매출은 4분기에 1억 달러까지 증가했습니다.

수십만 중소기업 판매자 및 개인 판매자 들은 트래픽이 높은 아마존 제품 상세페이지들을 통해 우리 고객들에게 상품(새 상품 혹은 중고 상품)을 판매하여 수익을 창출했습니다. 아마존의 이 마켓플레이스를 통한 주문은 4분기 미국에서 이루어진 전체 주문의 15%로 성장했는데, 이는 마켓플레이스를 론칭했던 2000년 11월 당시 우리가 설정했던 기대치를 훨씬 넘어선 수치입니다. 또한 2000년에 12였던 재고회전율은 2001년에 16으로 증가했습니다.

가장 중요한 것은 우리가 항상 고객에게 집중하고 있다는 점입니다. 이는 미시건 대학이 내놓는 미국고객만족지표에서 아마존이 84점을 기록하며 2년 연속 정상을 차지하고 있다는 데서도 알 수 있죠. 84점은 소매업체뿐 아니라 서비스기업 전체에서 기록된 사상 최고점입니다.

고객에 대한 집착 : 우리의 헌신은 계속됩니다

———

7월까지 아마존닷컴은 고객경험 향상을 위해 선택의 폭과 편의라는 두 기둥을 주된 기반으로 삼았습니다. 그리고 앞서 언급했듯 7월에는 끈질긴 가격인하라는 세 번째 기둥을 추가했습니다. 물론 이전의 두 기둥을 위한 우리의 헌신이 여전히 변함없다는 점도 알아주셨으면 합니다.

현재 아마존닷컴은 가전제품 카테고리에 4만 5000개 이상의 품목을 보유 중이고(제품 선택의 폭이 대형 전자제품 할인점보다 약 일곱 배 넓습니다) 주방 카테고리의 품목도 세 배 늘렸으며(유명 브랜드를 모두를 만나보실 수 있죠), 컴퓨터와 잡지 구독 카테고리를 론칭했고, 타깃 및 서킷 시티(Circuit City) 같은 전략적 파트너들을 통해서도 취급품목을 늘렸습니다.

또한 같은 품목을 중복 구매하려 한다는 사실을 고객에게 경고해주는 인스턴트 오더 업데이트(Instant Order Update) 등의 기능들로 고객 편의성을 높였습니다(바쁘게 살다 보니 사람들은 이미 해당 물품을 샀다는 사실도 잊어버리곤 합니다!).

우리는 고객의 셀프서비스 기능을 극적으로 개선시켰습니다. 이제 고객들은 자신의 주문을 쉽게 확인하고, 취소하고, 수정할 수 있습니다. 주문을 확인하려면 로그인을 하고 사이트에서 인증을 받은 다음, 주문에 있는 어떤 제품이든 검색하면 됩니다. 제품 상세페이지로 들어가면 상단에 자신의 주문으로 가는 링크가 나타납니다.

또한 우리는 도서 카테고리에 미리보기(Look Inside the Book)라는 새로운 기능을 추가했습니다. 고객들은 책의 앞표지뿐 아니라 뒤표지와 색인, 목차, 적당한 내부 페이지 샘플을 고해상도 이미지로 크게 볼 수 있습니다. 구매 결정을 내리기 전 책을 펼쳐 볼 수 있는 것이죠. 아마존이 보유한 수백만 종의 도서 중 20만 종에서 이러한 미리보기가 가능합니다(비교를 위해 지적하자면 보통의 대형 서점들은 10만 종의 도서를 보유하고 있습니다).

마지막 예로 말씀드리고자 하는 것이 있습니다. 고객의 편의와 경험을 증진하기 위해 우리가 한 가장 중요한 일은 근본적인 실수 및 오류를 제거하는 일이었다는 점이죠. 이는 여러 곳에서 비용 생산성을 높이는 강력한 도구가 되었습니다. 오류를 없애려는 우리의 노력은 아마존 설립 이후 해가 거듭될수록 점점 더 좋은 성과를 내왔는데 그중에서도 지난해는 가히 최고 수준이었습니다. 오류의 근본 원인을 제거하면 우리는 돈을, 고객은 시간을 절약할 수 있죠.

고객 장악력은 우리의 가장 귀중한 자산입니다. 앞으로도 우리는 혁신과 노력으로 그 자산을 소중히 키워나갈 것입니다.

투자의 틀

매년 보내는 연례 주주서한(이번 것을 포함한)에 우리는 1997년의 첫 주주서한을 첨부합니다. 아마존닷컴이 적절한 투자처인지 판단하고 우리가 원래의 목표와 가치를 지켜왔는지를 주주 여러분이 평가하는 데 도움을 드리기 위해서입니다. 저는 우리가 그것들을 잘 지켜오고 있다고 생각합니다.

1997년 첫 주주서한에서 저는 "GAAP 회계처리로 장부의 외관을 그럴듯하게 만드는 일과 미래현금흐름의 현재가치를 극대화하는 일 중 하나를 선택해야 한다면 우리는 후자를 선택할 것입니다"라고 적었습니다. 우리가 현금흐름에 초점을 맞추는 이유는 무엇일까요? 주식은 회사의 미래현금흐름을 나타내는 징표이고, 현금흐름은 다른 어떤 변수보다 회사의 장기적인 주가를 가장 잘 설명하기 때문입니다.

두 가지, 즉 회사의 미래현금흐름과 미래 발행주식 수를 확실하게 알고 있다면 회사 주식의 현재 적정가치도 정확히 알 수 있을 것입니다(적절한 할인율도 알아야 하겠지만 미래현금흐름을 '정확히' 알고 있다면 어떤 할인율을 적용해야 할지도 쉽게 파악할 수 있겠죠). 쉬운 일은 결코 아니지만 회사의 과거 성과를 살피고 과거 비즈니스 모델에서 레버리지 포인트와 확장성 같은 요소를 본다면 미래현금흐름에 대한 예측도 가능할 겁니다. 미래 발행주식 수를 추적하려면 직원들에게 부여하는 스톡옵션 및 기타 잠재적 자본거래 등과 같은 항목들을 예측할 수 있어야 합니다. 궁극적으로, 주당 현금흐름에 대한 판단은 어떤 회사의 소유권을 위해 기꺼이 지불할 가격을 정하는 강력한 지표가 될 것입니다.

매출량의 상당한 증가에도 우리의 고정비용은 큰 변화 없이 유지될 것이고, 그에 힘입어 아마존닷컴은 앞으로 수년간 의미 있고 지속적인 잉여현금흐름을 창출할 것입니다. 2002년의 우리 목표에도 이 점이 반영되어 있죠. 1월에 4분기 결과를 보고하며 밝힌 바 있듯, 올해 우리는 영업현금흐름을 플러스로 전환하여 잉여현금흐름으로 이어지게 할 계획입니다(영업현금흐름과 잉여현금흐름의 차이는 자본지출로 계획하고 있으며 그 액수는 최대 7500만 달러가 될 것입니다). 정확하진 않지만 대략적으로 보건대 우리의 12개월 후 예상 순수익은 12개월 간의 현금흐름과 같은 추세를 보일 것입니다.

주식 수를 제한한다는 것은 곧 주당 현금흐름이 늘어나고 주주의 장기적 가치가 커진다는 의미입니다. 우리는 직원 스톡옵션을 통한 지분희석을 향후 5년간 연평균 3% 수준에 두는 것을 목표로 합니다. 다만 특정 연도의 희석률은 3%보다 높거나 낮을 수 있습니다.

장기적 주주가치를 위한 끈질긴 헌신

이전에 여러 번 이야기했듯 우리는 주주 여러분의 장기적인 이해관계가 우리 고객들의 이해관계와 밀접히 연관된다고 굳게 믿습니다. 우리가 맡은 일을 잘 해낸다면 오늘의 고객들은 내일 더 많은 물품을 살 것이고, 그 과정에서 우리는 더 많은 고객들을 모을 것이며, 이로써 현금흐름이 늘어남은 물론 우리 주주의 장기적 가치 역시 상승할 것입니다. 그 목표를 향해 우리는 전자상거래에서 우리가 오른 주도적 입지를 확고히 하는 데 전념하고 있습니다. 고객에게, 그리고 본질적으로는 투자자에게 혜택을 드리는 방식(이 둘은 어느 한쪽 없이 존재할 수 없습니다)으로 말이죠.

2002년을 시작하는 지금, 저는 우리 사업에 대해 그 어느 때보다 큰 열의를 느낀다고 말씀드릴 수 있어 대단히 기쁩니다. 아마존의 미래에는 그간 해왔던 것보다 더 많은 혁신이 있을 것입니다. 우리는 우리 비즈니스 모델의 영업 레버리지(operating leverage, 영업비용에서 영업 고정비가 차지하는 비율)를 곧 입증해 보일 것이고, 저는 전 세계의 뛰어난 아마존 직원들과 일하게 될 테니까요. 저는 행운아입니다. 회사의 주인이신 여러분이 우리를 지지하고 격려해주시는 데, 또 이 모험에 함께 해주신 데 감사드립니다. 고객이기도 하시다면 다시 한 번 감사드립니다!

고객에게 좋은 것은 주주에게도 좋습니다 (2002)

아마존닷컴은 여러 면에서 평범한 상점이 아닙니다. 우리는 매대라는 물리적 공간에 제한받지 않는 엄청난 선택권을 고객에게 드리고, 우리의 재고는 1년에 열아홉 차례 회전하며, 우리는 고객 한 분 한 분에게 맞춤형 온라인 매장을 제공합니다. 또한 우리는 물적 재산을 지불하고 기술을 얻습니다(기술비용은 매년 점점 낮아지고 구매력은 점점 커지고 있습니다). 우리는 제품에 비판적인 고객 리뷰를 내보입니다. 우리 고객은 한 번의 클릭으로 단 몇 초 만에 상품을 구매할 수 있습니다. 우리는 새 제품 옆에 중고 제품을 함께 제시하여 고객에게 선택의 기회를 드릴 뿐 아니라 가장 중요한 재산, 즉 제품 상세페이지를 외부판매자와 공유합니다. 외부판매자들이 우리보다 더 나은 가치를 제안한다면 우리는 기꺼이 우리의 재산을 그들과 공유할 것입니다.

세상은 아직 우리의 가장 흥미로운 특징을 제대로 이해하지 못하고 있습니다. 우리는 세계 수준의 고객경험 및 가능한 최저 가격이라는 두 가지 목표를 추구하죠. 그런데 이런 이중의 목표가 완전히 비현실적이지는 않더라도 모순적이라 여기는 사람들이 있습니다. 전형적인 상점들은 두 가지 일을 별개로 생각하고 시간의 시험을 거쳐 유효성이 입증된 균형점이 어디인지를 찾는 데 반해 아마존닷컴은 이 두 가지를 동시에 추구합니다. 어떻게 이런 일이 가능할까요?

그 답은 우리가 타의 추종을 불허하는 선택의 폭, 광범위한 제품 정보, 맞춤형 추천, 기타 새로운 소프트웨어 기능 등 고객경험의 대부분을 고정비용으로 돌린다는 데 있습니다. 아마존의 고객경험비용은 대부분이 고정적이기 때문에(이런 면에서 보자면 아마존은 소매 모델보다는 출판 모델과 유사합니다) 사업이 성장하면 그 비용이 매출에서 차지하는 비율도 빠르게 감소합니다. 게다가 우리가 결함을 줄일수록 우리 모델에서의 가변적 요소인 고객경험비용[풀필먼트(fulfillment, 물류센터에 입고되어 있던 상품들 중 고객이 주문한 것을 선별·포장·출고하여 배송하는 전 과정)비용의 가변적인 부분 등]도 개선되죠. 결함의 제거는 비용절감 및 더 나은 고객경험으로 이어집니다.

우리는 우리가 가격을 낮추는 동시에 고객경험을 창출하는 면에서 대단한 능력이 있다고 믿습니다. 지난해는 그 전략이 효과적이란 증거를 보여줍니다.

첫째, 우리는 계속해서 고객경험을 개선하기 위해 노력하고 있습니다. 올 연말이 그 한 예죠. 우리는 기록적인 수의 물건을 배송하는 중에도 고객들에게 역대 최고의 경험을 전달했습니다. 사이클 타임(cycle time), 즉 물류센터가 주문을 처리하는 데 걸리는 시간은 지난해에 비해 17% 단축되었고 고객만족도의 가장 민감한 척도인 CPO 역시 13% 개선되었습니다.

우리는 기존 카테고리 내에서 제품 항목을 늘리기 위해 노력했습니다. 전자제품 카테고리에서 아마존이 제공하는 제품 항목은 지난해 미국에서만 40% 이상 증가했고, 현재는 일반 대형 전자제품 할인매장이 제공하는 것의 열 배에 달하죠. 8년간 운영해온 미국 도서 카테고리에서도 고객 선택의 폭을 15% 늘렸는데 대부분은 찾기 힘들거나 절판된 도서들이었습니다. 물론 새로운 쇼핑 카테고리도 추가했습니다. 500개 이상의 의류 브랜드가 입점해 있는 어패럴(Apparel)과 액세서리(Accessories) 카테고리에서 고객들은 첫 두 달 동안 15만 3000벌의 셔츠와 10만 6000벌의 바지, 3만 1000벌의 속옷을 구매했습니다.

고객만족도에 대한 가장 권위 있는 연구인 미국고객만족지표에서 올해 아마존닷컴은 88점을 기록했습니다. 온라인이나 소매업뿐 아니라 모든 서비스 업계 역사상 최고점이죠. 이에 대해 미국고객만족지표 연구에선 다음과 같이 말했습니다. "아마존닷컴은 눈에 띄게 높은 수준의 소비자 만족도를 꾸준히 보여주고 있다. 과거 대비 5% 상승한 88점으로 서비스 업계에서 전례 없는 수준의 만족도를 만들어내고 있는 것이다. (…) 아마존의 소비자만족도는 더 높아질 수 있을까? 최근의 미국고객만족지표 자료는 그것이 실제로 가능할 것임을 보여준다. 아마존이 제공하는 서비스와 가치 제안은 가파르게 향상되고 있다."

둘째, 우리는 고객경험에 집중하면서 가격도 상당히 낮췄습니다. 도서부터 시작해 전자까지 이르는 제품군 전체에서 말입니다. 우리는 25달러 이상의 주문 건에 대해선 배송비를 받지 않는 프리 슈퍼세이버 배송(Free Super Saver Shipping) 제도를 1년 365일 내내 시행하고, 우리가 사업을 영위하는 모든 국가에서도 비슷한 조치를 취하고 있습니다.

가격 설정과 관련하여 우리가 세운 목표는 제한된 기간 동안 소수의 제품에 대한 할인을 제공하는 것이 아니라 매일 낮은 가격을 제시하고 그 가격을 제품 카테고리 전체에 걸쳐 광범위하게 적용하는 것입니다. 이 점을 분명히 보여주기 위해 최근 우리는 잘 알려진 주요 도서 체인과의 가격 비교를 시행했습니다. 우리가 직접 고른 도서들이 아닌 2002년 100대 베스트셀러 목록을 비교에 이용했죠. 사람들이 가장 많이 구매하는 종류의 책을 보여주는 적절한 표본인 이 목록은 문학, 로맨스, 미스터리와 스릴러, 비소설, 어린이, 자기계발 등 매우 다양한 카테고리의 하드커버 도서 45종과 페이퍼백 도서 55종으로 이루어져 있습니다.

우리는 시애틀과 뉴욕의 대형 서점들을 방문해 100개 도서의 가격을 확인했습니다. 네 곳의 다른 대형 서점에서 베스트셀러 목록에 있는 100개의 책 모두를 찾는 데 6시간이 걸렸죠. 우리는 사용한 돈을 모두 더해보고 다음의 사실을 알게 되었습니다.

2002년 베스트셀러 100종의 총판매가는 대형 서점의 경우 1561달러였는데 아마존닷컴에서는 그보다 23%, 즉 366달러가 낮은 1195달러였습니다. 100종 중 아마존에서의 가격이 더 낮은 것은 72종, 아마존과 대형 서점에서의 가격이 동일한 것은 25종이었고 3종의 경우엔 대형 서점의 판매가가 더 저렴했습니다(이후 우리는 이 3종의 가격을 낮췄습니다).

실제 대형 서점에서는 100종의 책 중 15종만이 할인가에, 85종은 정가표에 적힌 가격 그대로 판매되고 있었습니다. 아마존닷컴에선 100종의 책 중 66종이 할인가에, 24종이 정가대로 팔리고 있었죠.

오프라인 서점에서 쇼핑을 하는 데는 여러 이유가 있을 겁니다. 필요한 책을 즉시 구매해야 한다는 등의 이유 말입니다. 하지만 이런 경우엔 아마존닷컴에서 할증료를 내고 배송시키면 됩니다. 돈과 시간을 절약하고 싶다면 아마존닷컴에서 쇼핑하는 편이 나을 것입니다.

셋째, 더 낮은 가격과 더 나은 고객경험을 제공하겠다는 우리의 결정은 재정적 측면에서도 성과를 나타내고 있습니다. 올해 우리는 순매출의 경우 작년보다 26% 증가한 39억 달러라는 사상 최고치를 기록했으며 단위매출은 더 빠르게 성장해 34%의 성장률을 보였습니다. 우리가 가장 중시하는 재정적 척도인 잉여현금흐름은 1억 3500만 달러로 지난해에 비해 3억 500만 달러가 증가했습니다.*

---

* 2002년의 잉여현금흐름 1억 3500만 달러는 영업활동으로 창출된 1억 7400만 달러에서 고정자산 구매비 3900만 달러를 제한 순현금입니다. 2001년의 잉여현금흐름은 1억 7000만 달러 적자로서 1억 2000만 달러는 영업활동에, 5000만 달러는 고정자산 구매에 사용되었습니다.

간단히 말해, 고객에게 좋은 것은 주주에게도 좋습니다.

올해도 저는 기존 및 미래의 주주들이 읽어보실 수 있도록 1997년의 첫 주주서한을 첨부하려 합니다. 아마존이 크게 성장했고 인터넷이 대단히 진화했음을 고려하면, 우리가 사업을 하는 근본적 방식은 여전히 동일하다는 점이 더욱 눈에 띌 것입니다.

장기적 사고 (2003)

장기적 사고는 진정한 주인의식의 필요조건이자 결과입니다. 주인은 세입자와 다릅니다. 제 지인인 어느 부부가 집에 세입자를 들였는데, 그 세입자 가족은 크리스마스트리를 세우면서 별도의 장치를 사용하지 않고 못으로 바닥에 고정해버렸다더군요. 당장의 편의만을 생각하는 질 나쁜 세입자였던 것이죠. 주인이었다면 그런 근시안적 행동은 하지 않았을 겁니다. 그런데 이 단기 세입자와 비슷한 행동을 하는 투자자들이 많습니다. 포트폴리오를 지나치게 빨리 전환시켜 주식을 일시적으로 '소유'하는 것은 사실상 주식을 임대하는 것과 다를 바 없습니다.

공개기업으로서 처음 내놓은 1997년의 주주서한에서 우리는 장기적 시각을 강조했습니다. 그런 접근법은 실제로 구체적이고 비추상적인 결정을 내리게 해주기 때문이죠. 여기에서 저는 고객경험을 배경으로 이런 비추상적인 결정들 몇몇에 대해 이야기해볼까 합니다. 우리 아마존닷컴은 고객경험이라는 용어를 광범위하게 사용합니다. 고객이 마주하는 우리 사업의 모든 측면, 즉 우리의 상품가격에서부터 상품 선택의 폭, 웹사이트의 사용자 인터페이스, 우리가 상품을 포장하고 배송하는 방법에 이르는 모든 측면에서 말입니다. 우리가 만드는 고객경험은 지금까지 우리 사업에서 가장 중요한 추진 요인이었습니다.

고객경험을 설계할 때 우리는 항상 장기 주주들을 마음에 두고, 고객경험과 관련된 모든 크고 작은 결정을 그 틀 안에서 내리기 위해 노력합니다.

1995년 아마존닷컴을 론칭한 직후 고객들에게 제품 리뷰 권한을 부여한 것이 그 한 예입니다. 이제 이것은 아마존닷컴의 일반적인 관행이 되었지만 당시에는 몇몇 판매업체로부터 항의를 받아야 했죠. 기본적으로 우리가 사업에 대해 이해하고 있느냐는 질문이었습니다. "당신들은 물건을 팔아야 돈을 법니다. 그런데 고객들이 웹사이트에 부정적 리뷰를 올리는 걸 허용하는 이유가 뭡니까?" 포커스 그룹의 입장에서 말하자면 저 자신도 아마존닷컴에서 상품을 구매하기 전에 그것에 대한 부정적 혹은 미온적인 고객 리뷰를 보고 마음을 바꾼 적이 있습니다. 부정적 리뷰는 단기적으로 일부 매출 기회를 놓치게 만들지만, 고객들이 더 나은 구매 결정을 하는 데 도움을 주면서 궁극적으로는 회사에 이익을 가져다줍니다.

또 다른 사례는 우리의 인스턴트 오더 업데이트 기능입니다. 특정 품목을 당신이 이미 구매했다고 알려주는 기능이죠. 고객들은 바쁜 삶을 살고 있기에 자신이 특정 품목을 예전에 구입했다는 사실을 항상 기억하기가 어렵습니다. DVD나 CD를 1년 전에 사두고선 그 사실을 잊어버리는 식이죠. 인스턴트 오더 업데이트를 도입한 우리는 이 기능으로 인한 매출 감소가 통계적으로 유의미한 정도임을 파악했습니다. 그렇다면 고객에게는 좋은 기능일까요? 분명히 그렇습니다. 주주에게는 어떨까요? 장기적으로는 주주에게도 이득이 됩니다.

우리가 집중하고 있는 고객경험 향상의 측면에서 가장 많은 비용이 드는 부분은 무료배송 제안과 지속적인 상품가격 인하입니다. 결함을 없애고, 생산성을 높이고, 그로써 절감한 비용을 낮은 가격의 형태로 고객에게 되돌려주자는 결정은 장기적 시각에서 내려진 것입니다. 매출 증가는 실현되기까지 시간이 필요하며 가격인하는 거의 언제나 당장의 결과에 부정적인 영향을 줍니다. 그렇지만 장기적으로 보면 '가격-비용의 순환 구조'를 끈질기게 만들어가는 것이야말로 더욱 탄탄하고 가치 높은 기업을 만드는 방법입니다. 우리의 비용 중 소프트웨어 엔지니어링을 위한 것과 같은 대부분은 비교적 고정적이고, 가변비용의 대부분은 규모가 클수록 관리가 잘됩니다. 그렇기에 아마존과 같은 비용 구조에서는 매출을 더욱 늘리는 것이 매출당 비용을 낮추는 길이 되죠. 일례로 인스턴트 오더 업데이트 같은 기능을 4000만 고객이 사용하도록 만드는 비용은 100만 고객이 사용하게끔 만드는 비용의 40배가 아닙니다.

가격설정 전략에서 우리가 세운 목표는 이윤 *비율*의 극대화가 아니라 고객에게 전달하는 가치를 극대화시킴으로써 장기적으로 수익을 훨씬 크게 만드는 데 있습니다. 가령 우리는 귀금속 판매로 얻을 총수익 목표를 업계 표준보다 상당히 낮은 수준으로 잡고 있습니다. 시간이 흐르면서 고객들은 이 점을 알게 될 것이고, 따라서 이 접근법이 주주들에게 더 큰 가치를 창출할 것이라 믿기 때문입니다.

우리에겐 혁신적인 사고로 열심히 일하면서 아마존닷컴을 만들어 나가는 강력한 팀이 있습니다. 그들은 고객에, 또 장기적 시각에 초점을 맞춥니다. 장기적 시각에서 보면 주주의 이해관계는 고객의 이해관계와 일치합니다.

— 추신

높은 권위를 자랑하는 미국고객만족지표는 올해도 역시 아마존닷컴의 고객만족도가 88점이라고 평가했습니다. 온·오프라인을 모두 아우른 서비스 업계 전체 역사상 최고점이죠. 미국고객만족지표의 대변인은 "이 점수를 뛰어넘으려면 코피를 쏟아야 할 것입니다"라 하더군요. 그 기록 갱신을 위해 우리는 오늘도 노력하고 있습니다.

재무에 대한 생각 (2004)

주당 잉여현금흐름은 우리의 궁극적인 재무 척도로, 우리는 이를 장기에 걸쳐 높이고자 합니다.

왜 아마존은 다른 기업처럼 수익, 주당 순수익, 수익 증가를 가장 우선시하지 않는 것일까요? 간단히 대답하자면 이렇습니다. 수익은 현금흐름으로 바로 전환되지 않으며, 주식의 가치는 미래수익의 현재가치가 아닌 미래현금흐름의 현재가치이기 때문입니다. 미래수익도 주당 미래현금흐름의 구성 요소입니다(그러나 유일한 중요 구성 요소는 아니죠). 미래의 주식회석과 운전자본, 자본지출 역시 중요한 요소고요.

직관에 어긋난다고 여기는 사람도 있을 수 있지만, 특정 환경에서는 회사가 수익 증가로 주주 가치를 손상시키는 일도 가능합니다. 성장에 필요한 자본투자가 그 투자에서 나올 현금흐름의 현재가치를 넘어서는 경우에 이런 일이 벌어지죠.

아주 단순화된 가상의 사례로 설명해보겠습니다. 한 기업가가 사람들을 어느 한 장소에서 다른 장소로 빠르게 이동시키는 기계를 발명했다고 가정해봅시다. 연간 10만 명의 승객을 이동시킬 수 있고 사용 연한이 4년인 이 기계는 가격이 1억 6000만 달러로 대단히 비쌉니다. 1회 이용료는 1000달러이며 에너지 및 자재비용으로 450달러, 인건비 및 기타 비용으로 50달러가 듭니다.

사업이 호황이라 그 기업가는 이 기계를 1년간 10만 번 운행하며 그 역량을 완벽히 이용해왔다고 상상해보겠습니다. 감가상각비(순수익의 10%)를 비롯한 영업비용을 제하면 1000만 달러의 순이익이 남습니다. 회사가 가장 집중하는 부분은 수익이죠. 따라서 초기의 결과를 기반으로 이 기업가는 매출 및 수익 촉진을 위해 더 많은 자본을 투자하기로 결정합니다. 두 번째 해부터 네 번째 해까지 기계를 추가하기로 한 것입니다.

다음은 이 사업의 첫 4개년에 걸친 손익계산서입니다.

	수익(단위: 천 달러)			
	1차년	2차년	3차년	4차년
매출	100,000	200,000	400,000	800,000
판매단위	100	200	400	800
성장률	N/A	100%	100%	100%
총수익	55,000	110,000	220,000	440,000
총수익률	55%	55%	55%	55%
감가상각	40,000	80,000	160,000	320,000
인건비 기타	5,000	10,000	20,000	40,000
수익	10,000	20,000	40,000	80,000
수익률	10%	10%	10%	10%
성장률	N/A	100%	100%	100%

인상적인 결과입니다. 수익성장률이 매해 100%이며 누적수익은 1억 5000만 달러네요. 이 손익계산서만을 살펴본 투자자들은 매우 기분이 좋을 겁니다.

그러나 현금흐름을 살펴보면 이야기가 달라집니다. 4년 동안 이 운송 사업이 만든 총잉여현금흐름은 -5억 3000만 달러입니다.

	현금흐름(단위: 천 달러)			
	1차년	2차년	3차년	4차년
수익	10,000	20,000	40,000	80,000
감가상각	40,000	80,000	160,000	320,000
운전자본	–	–	–	–
영업현금흐름	50,000	100,000	200,000	400,000
자본지출	160,000	160,000	320,000	640,000
잉여현금흐름	(110,000)	(60,000)	(120,000)	(240,000)

물론 수익이 현금흐름과 거의 비슷한 다른 비즈니스 모델도 있습니다. 하지만 이 운송 사업의 예가 보여주듯 손익계산서만 살펴보는 것으로는 주주의 가치가 창출되었는지 파괴되었는지를 확실히 가늠할 수 없습니다.

EBITDA(Earnings Before Interest, Taxes, Depreciation and Amortization, 법인세, 이자, 감가상각비 차감 전 영업이익)에 초점을 맞추는 것 역시 기업 건전성을 볼 때 앞의 예와 비슷하게 잘못된 결론으로 이어질 수 있음을 알아두셔야 합니다. 예로 든 기업의 경우 4년 동안 EBITDA는 각각 5000만 달러, 1억 달러, 2억 달러, 4억 달러로 3년 연속 100% 성장을 보였습니다. 하지만 이런 '현금흐름'을 창출하는 데 필요한 12억 8000만 달러의 자본지출을 고려하지 않으면 그림 전체를 보지 못하게 됩니다. EBITDA는 현금흐름이 아닙니다.

그럼 성장률을 수정하고 그에 따라 기계의 자본비용을 수정할 경우 이 기업의 현금흐름은 악화될까요, 아니면 개선될까요?

2차년, 3차년, 4차년의 매출 및 수익 성장률	4차년의 기계 수	1차~4차년의 총수익	1차~4차년의 총잉여현금흐름
		(단위: 천 달러)	
0%, 0%, 0%	1	40,000	40,000
100%, 50%, 33%	4	100,000	(140,000)
100%, 100%, 100%	8	150,000	(530,000)

모순적이게도 현금흐름의 관점에서 보면 이 사업은 성장 속도가 느릴수록 성과가 좋아집니다. 첫 번째 기계에 대한 초기 자본지출이 이루어졌다면, 이상적인 성장 궤적은 재빨리 역량의 100%까지 확장한 후 성장을 멈추는 것입니다. 그렇지만 기계가 단 한 대뿐이더라도 총현금흐름은 넷째 해까지 첫 번째 기계 원가를 넘어서지 못하며 이런 현금흐름의 순현재가치(12%의 자본 비용을 이용한)는 여전히 마이너스입니다.

불행히도 이 상상의 운송 사업에는 근본적 결함이 있습니다. 사업을 영위하기 위한 초기와 후속 자본 투자를 정당화할 정도의 성장이 없다는 점이 그것이죠. 사실 우리가 만든 이 사례는 너무 빤할 정도로 단순하고 명확합니다. 투자자들은 경제에 대한 순현재가치를 분석하고선 바람직한 결과가 나오지 않으리라고 바로 판단할 것입니다. 현실 세계에선 좀 더 미묘하고 복잡하긴 하지만 어쨌든 이런 문제, 즉 수익과 현금흐름 사이의 이중성 문제는 항상 발생합니다.

현금흐름표는 마땅히 받아야 할 정도의 관심을 받지 못하는 경우가 많지만, 통찰력 있는 투자자는 손익계산서로 만족하지 않습니다.

우리의 가장 중요한 재무 척도: 주당 잉여현금흐름

재무 측면에서 아마존닷컴이 초점을 맞추는 부분은 주당 잉여현금흐름의 장기적 증가입니다. 아마존닷컴의 잉여현금흐름은 주로 영업이익의 증가와 운전자본, 자본지출을 효율적으로 관리하는 데서 나옵니다. 우리는 고객경험의 모든 측면을 개선해 매출을 늘리는 데 집중하고, 비용 구조를 간소하게 유지함으로써 영업이익을 높이기 위해 노력합니다.

우리의 영업주기*는 현금 생성적인 성격을 띠고 있습니다. 재고를 빨리 회전시키면서 공급업체에 대금을 지불해야 하는 시점 이전에 고객으로부터 대금을 회수하기 때문이죠. 우리의 재고회전율이 높다는 것은 재고에 대한 우리의 투자 수준이 비교적 낮다는 의미입니다 (연말 기준으로 보면 70억 달러에 가까운 매출 대비 4억 8000만 달러 수준이죠).

우리 비즈니스 모델이 효율적이라는 사실은 고정자산에 대한 투

---

* 영업주기(operating cycle)는 재고자산 회전일수 + 매출채권 회전일수 - 매입채무 회전일수입니다.

자가 크지 않다는 데서 드러납니다. 2004년 말의 고정자산 투자액은 2억 4600만 달러였는데 이는 매출의 4%였습니다. 또 잉여현금흐름*은 지난해보다 1억 3100만 달러, 즉 38%가 늘어난 4억 7700만 달러였죠. 우리는 고객경험의 지속적인 개선(상품 선택의 폭을 넓히고 가격을 낮추는 등)과 효율적 경영을 통해 잉여현금흐름은 물론 우리의 가치 제안도 한층 더 확장될 것이라 확신하고 있습니다.

희석(총발행주식 수+주식 기반 보상)에 있어서는 2004년 말 현재 2003년 대비 큰 변화가 없었고 희석률은 지난 3년에 비해 1% 떨어졌습니다. 같은 기간 우리는 2009년과 2010년이 만기인 전환채권 6억 달러 이상을 상환해 600만 주에 이르는 미래의 희석 가능성을 없앴습니다. 주식 수의 효율적 관리는 곧 주당현금흐름이 늘어나고 주주의 장기적 가치도 높아진다는 것을 의미합니다.

잉여현금흐름에 대한 이런 집중은 아마존닷컴에게 생소한 일이 아닙니다. 1997년에 공개기업으로서 처음 발행한 주주서한에서 이미 우리는 "GAAP 회계처리로 장부의 외관을 그럴듯하게 만드는 일과 미래현금흐름의 현재가치를 극대화하는 일 중 하나를 선택해야 한다면 우리는 후자를 택할 것"이라 밝혔으니까요.

---

* 잉여현금흐름은 영업활동에서 나오는 순현금에서 고정자산의 구매비용을 뺀 것으로 정의됩니다. 내부 이용 소프트웨어와 웹사이트 개발 등이 고정자산 구매비용 항목에 해당하는데, 우리의 현금흐름표에는 이 두 가지 모두가 나타나 있습니다. 2004년의 잉여현금흐름 4억 7700만 달러는 영업활동을 통한 순현금 5억 6700만 달러에서 내부 이용 소프트웨어 및 웹사이트 개발을 비롯한 고정자산 구매비용 8900만 달러를 뺀 액수입니다. 2003년의 잉여현금흐름 3억 4600만 달러는 영업활동을 통한 순현금 3억 9200만 달러에서 내부 이용 소프트웨어와 웹사이트 개발을 비롯한 고정자산 구매비용 4600만 달러를 뺀 액수입니다.

의사결정 (2005)

아마존닷컴에서의 중요 의사결정은 자료를 기반으로 이루어집니다. 옳은 답과 그른 답, 더 나은 답과 그렇지 못한 답이 있는 상황에서 수학은 어떤 것이 옳은 답이고 더 나은 답인지를 알려줍니다. 이런 것이 우리가 가장 선호하는 종류의 의사결정입니다.

새로운 물류센터를 세우는 것이 그 한 예입니다. 우리는 기존 풀필먼트 네트워크의 이력을 통해 성수기를 예측하고 수용량을 늘릴 대안적 모델을 만듭니다. 또 제품 치수와 무게를 비롯한 예상 제품 조합을 살펴 우리가 필요로 하는 공간이 어느 정도일지를 결정하죠. '선별 가능한' 작은 제품을 위한 시설이 필요한지, 아니면 보통 단독으로 배송되는 큰 제품을 위한 시설이 필요한지를 판단하는 것입니다. 배송 시간을 단축하고 출고 운송비를 줄이기 위해 우리는 고객, 교통 요지, 기존 시설과의 근접성을 기반으로 물류센터의 유망 위치를 분석합니다. 정량적 분석은 고객의 경험과 비용 구조를 개선시킵니다.

　마찬가지로 재고구매 결정의 대부분 역시 숫자로 분석하고 모델링할 수 있습니다. 우리는 제품 재고가 있어서 고객이 바로 물건을 구할 수 있기를 바라는 한편, 총재고를 최소한으로 만들어 관련 유지비용을 낮춤으로써 상품가격도 낮출 수 있기를 원합니다. 이 두 가지 바람을 함께 충족시키려면 재고가 적정 수준으로 유지되어야 하죠. 우리는 과거의 구매 자료를 이용하여 제품에 대한 고객의 수요 및 그 수요에서 예상되는 변동성을 예측하고, 공급업체의 과거 실적 자료를 이용하여 보급 시간을 추정합니다. 또한 풀필먼트 네트워크 내에서의 제품 적재 위치에 대해선 입고 및 출고 운송비, 보관비용, 고객의 예상 위치를 기반으로 하여 결정을 내리죠. 이런 접근법을 통해 우리는 100만 개의 특수 제품들을 우리 물류센터에 입고시켜둠으로써 고객이 그 제품들을 즉시 구할 수 있게 하는 한편 재고를 연간 14회 이상 회전시키고 있습니다.

　이런 결정들에는 가정과 판단이 요구되지만 사실 판단과 의견은 부수적 역할만을 담당합니다. 중요한 부분에선 수학이 관여하죠.

　그러나 여러분도 짐작하시듯 모든 중요한 결정이 수학 기반의 방식으로 이렇게 깔끔히 해결되는 것은 아닙니다. 우리를 인도할 만한 과거의 자료가 극히 적거나 전혀 없는 경우, 또 사전 실험이 불가능하거나 비현실적이거나 혹은 결정 자체와 다름이 없는 경우가 종종 있으니까요. 자료, 분석, 수학이 이런 결정에서도 어느 정도 역할을 하긴 하지만 가장 중요한 요소가 되는 것은 판단입니다.*

주주 여러분이 알고 계시는 바와 마찬가지로 우리는 우리의 효율과 규모가 허락하는 한 매년 고객들을 위해 상품가격을 지속적으로, 또 현저히 더 낮추는 것을 목표로 의사결정을 해왔습니다. 이것은 숫자 계산을 기반으로는 할 수 없는 대단히 중요한 결정의 한 예입니다. 사실 가격을 낮출 때마다 우리는 수학이 말하는 것과는 반대되는 방향으로 나아갑니다. 수학은 늘 가격을 올리는 것이 현명한 조치라고 말합니다. 그러나 우리는 가격탄력성과 관련된 중요 데이터를 가지고 있습니다. 일정 비율의 가격인하는 일정 비율의 판매단위를 증가시킬 것이라는 데 대한 상당히 정확한 추정치가 그것이죠. 판매량의 단기적 증가만으로는 가격인하를 상쇄하기가 대단히 힘듭니다. 예외가 거의 없을 정도로 말이죠. 그러나 탄력성에 대한 이런 정량적 이해는 단기적 시각을 바탕으로 하여 나온 것입니다. 가격인하로 이번 주와 이번 분기에 일어날 수 있는 일은 숫자로 예측할 수 있겠지

---

* 《'비구조적' 의사결정 과정의 구조(The Structure of 'Unstructured' Decision Processes)》는 헨리 민츠버그(Henry Mintzberg), 두루 라이징가니(Duru Raisinghani), 안드레 티오레(Andre Theoret)가 1976년 발표한 뛰어난 논문입니다. 그들은 기업이 보다 정량적인 '운영' 결정이 아닌, 전략적이고 '비구조적'인 결정을 내리는 방법을 살폈죠. 이 주옥같은 논문에는 이런 문구가 들어 있습니다. "과학경영(경영에서 수리적 모형이나 시뮬레이션 등의 통계적 방법을 사용하여 대안들을 분석·평가하고 조직의 문제를 해결하는 일)자들이 운영 결정에 과하게 개입하는 것은 조직이 부적절한 행동 방침을 보다 효율적으로 추진하는 상황을 야기할 수 있다." 방향이 부적절한 상태에서 효율만 추구한다면 무슨 소용이겠습니까? 민츠버그와 라이징가니는 철저한 정량적 분석의 중요성에 이의를 제기한 것이 아닙니다. 그보다는 보다 정량적이라는 바로 그 사실 때문에 연구와 관심이 편파적이 될 수도 있음을 지적한 것이죠. 전체 논문은 www.amazon.com/ir/mintzberg에서 보실 수 있습니다.

만 일관된 가격인하가 5년이나 10년, 또는 그 이상에 걸쳐 우리 사업에 미칠 영향에 대해선 그렇게 할 수 없습니다. 효율성의 개선과 규모의 경제를 지속적으로 추구하고 그 효과를 낮은 가격이라는 형태로 고객에게 꾸준히 돌려주는 일이 장기적으로는 훨씬 많은 잉여현금흐름, 그리고 훨씬 더 가치가 높은 아마존닷컴이라는 결과에 이르는 선순환을 낳는다는 것이 우리의 *판단*입니다. 우리는 프리 슈퍼 세이버 배송 및 아마존 프라임을 중심으로 이와 비슷한 판단을 해왔습니다. 두 가지 모두 단기적으로는 많은 비용이 많이 들지만 장기적으로는 중요하며 가치 있는 조치라고 우리는 믿습니다.

또 다른 예로, 2000년 우리는 우리에게 '주요 소매 시장'이라 할 수 있는 상품 상세페이지에 우리와 직접 경쟁하는 외부판매자들을 끌어들였습니다. 아마존 상품과 외부판매자의 상품을 같은 페이지에서 동시에 보여주는 일은 상당히 위험해 보였죠. 때문에 아마존 내·외부의 많은 이들은 그 결정이 아마존의 소매 사업 매출을 감소시킬 것이라는 우려를 표했습니다만, 소비자 중심의 혁신에서 흔히 그렇듯 우리에겐 그 효과를 미리 입증할 방법이 없었습니다. 바이어들은 우리에게 지적했죠. 외부판매자들을 아마존닷컴에 불러들이면 재고 예측이 더 어려워질 테고, 그들 중 하나에게 '상세페이지를 빼앗길' 경우엔 우리가 과도한 재고에 발목을 잡힐 것이라고 말입니다. 그러나 우리의 판단은 단순했습니다. 특정 상품을 외부판매자에 비해 보다 쉽게 구할 수 있다거나 보다 싼 가격에 구할 수 있는 기회를 고객에게 줄 수 있다면 그것을 고객이 쉽게 접하게끔 만드는 것 또한 우리가 해야 할 일이라고 생각한 것입니다. 시간이 흐르면서 외부판매자의 아마존 내 판매 활동은 큰 성공으로 이어져 우리 사업의 중요한 부분이 되었습니다. 2000년에 총단위판매량에서 6% 정도를 차지했던 외부판매자의 비중은 2005년에 28%로 증가했습니다. 같은 기간 동안 소매 매출은 세 배가 증가했는데 말이죠.

수학 기반의 결정은 광범위한 합의를 이끌어냅니다. 그에 반해 판단 기반의 결정은 반대에 부딪히거나 논란을 일으키곤 하며, 실제로 실행되어 효과가 입증되기 전까지는 그런 반대와 논란을 피하기 힘듭니다. 논란을 견디고 싶지 않은 조직이라면 자신들의 의사결정을 첫 번째 유형의 것으로만 제한하면 됩니다. 다만 그렇게 할 경우엔 논란뿐 아니라 혁신과 장기적 가치창출도 크게 제한될 것이라는 게 우리의 시각입니다.

우리 의사결정 철학의 토대는 1997년의 주주서한에 설명되어 있습니다(1997년의 서한은 이 서한 뒤에 첨부되어 있습니다). 우리는 어떤 일이 있어도 항상 고객에게 초점을 맞출 것이고, 단기적 이윤이나 월스트리트의 반응에 좌우되지 않고 항상 장기적 시장주도자의 시각에서 투자 결정을 내릴 것입니다. 또한 우리 프로그램과 투자의 효과를 분석적으로 끊임없이 측정, 최소 허용 수익을 내지 못하는 프로그램들은 폐기하고 최고의 효과를 거두는 프로그램에 대한 투자는 강화할 것입니다. 우리의 성공과 실패를 바탕으로 계속 배워나갈 것을 약속드립니다.

시장주도자로서 우위를 점할 가능성이 충분한 분야에선 소심한 투자가 아닌 대담한 투자를 결정할 것입니다. 성공하는 투자도 있고 실패하는 투자도 있겠지만, 어떤 경우에든 우리는 또 다른 귀중한 교훈을 얻게 될 것입니다.

정량적·분석적인 문화와 대담한 결정을 기꺼이 내리는 문화를 결합시키겠다는 우리의 의지를 믿어주십시오. 그 과정에서 우리는 항상 고객을 우선시할 것입니다. 그것이 주주 가치를 창출하는 가장 좋은 길이라 판단하기 때문입니다.

새로운 사업의 성장 (2006)

현재 규모의 아마존에서 의미 있는 새로운 사업으로 자라날 씨앗을 심으려면 규율과 인내, 육성의 문화가 조성되어야 합니다.

우리의 기존 사업들은 뿌리를 잘 내린 어린 나무와도 같습니다. 성장세에 있고, 높은 자본이익률을 기록 중이며, 대단히 큰 시장에서 운영되고 있으니까요. 이런 특징들 때문에 우리가 시작하는 신생 사업에는 높은 기준이 적용됩니다. 우리는 '이 새로운 기회를 통해 투자자들이 아마존에 투자하면서 기대했던 자본수익률을 달성할 수 있을 것'이란 확신이 드는 사업에만 비로소 주주 여러분의 돈을 투자하죠. 전체 회사라는 배경에서 중요 부분을 차지하는 규모로 성장할 사업이라고 확신할 수 있을 때에만 투자를 하는 것입니다.

또한 아직까지 충분히 개발되지 않은 사업이라는 확신, 그리고 우리에겐 강력히 차별화된 서비스 제공에 필요한 역량이 있다는 확신이 드는 경우에만 투자를 결정합니다. 이런 확신이 없다면 그 사업을 발전시킬 수 없을 겁니다.

종종 저는 "오프라인 매장을 언제 열 생각이신가요?"란 질문을 받습니다. 우리는 그런 확장 기회를 반대합니다. 앞서 기술한 모든 조건 중 '오프라인 매장 개설'이 충족시키는 것은 단 하나뿐입니다. 오프라인 상점 네트워크의 규모가 가지는 잠재력은 확실히 매력적이죠. 하지만 저자본 고수익으로 오프라인 상점을 운영하는 방법을 우리는 모릅니다. 현실에서의 소매는 이미 많이 개발된 데다 긴 역사를 가진 빈틈없는 사업 분야인데 어떻게 해야 오프라인 매장에서 고객들에게 차별화된 경험을 제공할 수 있는지에 대해 우리가 아는 바는 전혀 없죠.

우리가 새로운 사업에 진입하는 것은 그 사업이 앞서 언급한 모든 조건에 부합된다는 믿음을 갖고 있기 때문입니다. 아마존의 조요닷컴(Joyo.com) 인수는 세계에서 가장 인구가 많은 나라를 공략하기 위한 첫걸음입니다. 중국의 전자상거래는 아직 초기 단계에 있으므로 우리는 이것이 대단히 좋은 사업 기회라 생각합니다. 신발, 의류, 식료품 분야는 우리가 고객경험을 개선하는 기술, 그리고 대규모의 고수익 사업을 발명하고 성장시키는 기술을 보유하고 있는 대형 사업 부문입니다.

아마존의 풀필먼트는 1200만 제곱피트(약 111만 4836제곱킬로미터)의 물류센터 네트워크를 거대하고 정교한 컴퓨터 주변 장치로 변모시키는 일련의 웹서비스 API입니다. 물류센터 공간 1세제곱피트당 한 달에 45센트를 지급하면 여러분은 여러분의 제품을 우리 네트워크에 집어넣을 수 있습니다. 우리에게 알릴 필요 없이 그저 웹서비스에 접속해서 입고 상품들이 도착하니 대기하라고, 배송될 물건을 골라서 포장하라고, 그 물건을 어디로 배송하라고 지시하면 되죠. 이 사업은 대규모 성장이 가능하며 차별성이 있고 우리의 수익 기준을 통과했습니다.

아마존 웹서비스도 또 다른 사례가 되겠군요. 이 서비스를 바탕으로 우리는 새로운 고객들, 즉 소프트웨어 개발자들에게 집중하는 신사업을 구축하고 있습니다. 현재 열 개의 다른 웹서비스를 제공 중이고 24만 명이 넘는 개발자들이 속한 커뮤니티를 만들었죠. 우리가 목표로 하는 사업 분야는 저장이나 연산력 등 개발자들이 보편적으로 갖는 다양한 니즈의(다시 말해 도움을 요청하는) 분야, 지난 12년간 아마존닷컴의 규모를 확장하면서 얻은 깊이 있는 전문지식 분야입니다. 우리는 이 일을 하기에 좋은 위치에 있습니다. 또한 그 사업은 매우 차별화되어 있고, 장기적으로 중요하며, 재정적으로도 매력 있는 사업이 될 테고요.

작은 씨앗에서 새로운 사업을 키워내는 일이 대기업에선 어려울 수 있습니다. 인내하고 육성하는 문화가 필요하니까요. 저는 잠재력이 큰 소규모 사업을 전폭적으로 지원하는 아마존의 문화가 경쟁우위의 원천이라고 믿습니다.

어떤 기업이나 그렇듯 우리가 가진 기업 문화는 우리 의도만으로 이루어진 것이 아닌 역사의 결과이기도 합니다. 아마존의 경우 역사는 상당히 짧지만 다행히도 작은 씨앗이 큰 나무들로 성장 중인 여러 사례가 있죠. 우리 회사의 많은 직원들은 1000만 달러짜리 씨앗이 수십억 달러의 사업으로 변모하는 모습을 지켜봤습니다. 저는 이런 직접적 경험 및 성공들을 중심으로 성장한 문화가 0의 상태에서 사업을 일구는 데 큰 몫을 했다고 생각합니다. 이런 문화는 잠재력이 크고, 혁신적이며, 차별화된 새로운 사업들을 원합니다. 시작부터 큰 규모의 사업일 필요는 없습니다.

도서 판매 매출이 1000만 달러를 돌파했던 1996년 당시 우리가 얼마나 흥분했는지가 기억납니다. 그럴 만도 했죠. 0달러였던 매출이 1000만 달러까지 늘어났으니까요. 이젠 내부의 신규 사업이 1000만 달러 규모로 성장했다 해도 아마존 전체로서는 100억 달러에서 100억 1000만 달러로 성장한 것에 불과합니다. 수십억 달러짜리의 기존 사업을 책임지고 있는 임원 입장에선 코웃음 칠 수도 있는 규모겠으나 그들은 그렇게 행동하지 않습니다. 대신 신생 사업의 성장률을 눈여겨보고 축하 이메일을 보내죠. 멋지지 않습니까? 우리는 이런 문화를 갖고 있는 우리 스스로에게 큰 자부심을 느낍니다.

제 경험에 따르면, 새로운 사업이 성공가도를 내달린다 해도 그로부터 3~7년 정도의 시간이 흘러야 회사 경제 전체에 의미 있는 기여를 *시작*할 수 있습니다. 해외 사업, 초기의 비매체 사업, 외부판매자 판매 사업에서 그런 시기를 이미 거친 바 있죠. 현재 해외 매출은 전체 매출의 45%, 비매체 사업의 매출은 전체 매출의 34%, 외부판매자 판매 사업의 매출은 전체 단위매출의 28%를 차지합니다. 우리가 뿌린 새로운 씨앗들 중 몇몇만 이와 비슷한 성공을 거두어도 엄청난 성과가 될 겁니다.

1000만 달러 매출을 축하한 것도 벌써 오래전 일이 되었군요. 우리는 성장해나가는 동안에도 새로운 사업을 포용하는 문화를 지키기 위해 노력할 것입니다. 수익과 잠재적 규모, 고객이 주목하는 차별성 창출 능력에 중점을 둔 체계적 방식을 통해서 말입니다. 언제나 옳은 선택을 하거나 언제나 성공할 수는 없겠지만, 우리는 까다로운 기준을 놓지 않으며 항상 열심히 끈기 있게 일하겠습니다.

선교사로 이루어진 팀 (2007)

2007년 11월 19일은 특별한 날이었습니다. 3년에 걸친 작업 끝에 고객들에게 아마존 킨들(Amazon Kindle)을 선보인 날이기 때문이죠.

　감사하게도 그간 킨들에 대한 이야기가 널리 퍼진 덕에 여러분 대부분은 킨들에 대해 알고 계실 것입니다. 간단히 말해 킨들은 11만 권 이상의 책, 블로그, 잡지, 신문에 무선으로 접속할 수 있는 독서 전용 디바이스입니다. 이때의 무선 연결은 와이파이가 아닙니다. 킨들은 최신 휴대전화와 동일한 무선 네트워크를 사용하죠. 이는 여러분이 침대 속에 있든 집 밖을 돌아다니고 있든 킨들은 구동된다는 것을 의미합니다. 이 기기에서 여러분은 즉시 책을 구입할 수 있고 60초 안에 책 전체를 무선으로 다운로드해 바로 읽을 수 있습니다. 의무적으로 가입해야 하는 연간 '무선 약정'이나 월정액 요금도 없이 말입니다. 킨들은 종이 같은 느낌의 전자잉크 디스플레이를 사용하기에

환한 햇빛 밑에서도 가독성이 높습니다. 그렇다 보니 이 디스플레이를 처음 접하는 사람들은 흠칫하는 반응을 보입니다. 또한 킨들은 페이퍼백 도서보다 얇고 가벼운데도 200권의 책을 담을 수 있죠. 아마존닷컴의 킨들 상세페이지에는 이미 2000개 이상의 리뷰가 있으니 고객들의 생각이 어떤지 확인해보시길 바랍니다.

'3년에 걸친 작업'이라는 말에서 예상하실 수 있었겠지만 우리는 킨들에 대한 호응이 크기를 진심으로 바랐습니다. 그럼에도 현실에서의 수요가 그 정도일 줄은 상상하지 못했습니다. 세상에 선보인 지 5시간 30분 만에 킨들이 매진된 덕분에 공급망과 제조팀은 생산 능력을 높이기 위해 허둥대야 했죠.

우리는 물리적인 책에 개선을 가한다는 목표로 일을 시작했습니다. 분명 대담한 목표였죠. 가벼운 마음으로 선택한 목표가 아니었습니다. 500년 동안 거의 동일한 형태를 유지하며 변화에 저항해온 무언가를 개선하는 일이 쉬울 리 없으니까요. 디자인 과정을 시작하면서 우리는 우리가 무엇을 책의 가장 중요한 특징이라 여기는지 확인했습니다. 그런데 대개가 가장 중요한 특징이라 여기는 것들은 *사라지더군요*. 한번 생각해보십시오. 여러분은 책을 읽을 때 종이와 잉크, 접착제와 바늘땀을 인식하시나요? 책을 읽을 때 우리는 그런 특징들을 인식하지 않습니다. 그 모든 것이 사라지고 작가의 세상만이 남죠.

우리는 킨들이 물리적인 책과 마찬가지로 독서에 *방해가 되지 않아야* 한다고, 그래서 독자들이 글에 몰두하고 기기를 통해 책을 읽고 있다는 사실을 잊을 수 있어야 한다고 생각했습니다. 또한 책의 모든 기능을 모방할 필요는 없다는 생각도 했죠. 킨들은 책과 똑같을 수 없으니 *새로운* 기능을 부가해야 했습니다. 전형적인 책에서는 결코 가능하지 않은 기능을 말입니다.

초기 아마존닷컴은 독자들에게 물리적 책과 유사한 경험을 제공하는 데 집중했습니다. 당시에는 온라인 서점이 오프라인 서점의 모든 기능을 갖고 있어야 한다고 생각하기가 쉬웠습니다. "저자 사인회는 어떻게 열죠?"처럼 특정 기능에 대한 질문을 저는 수도 없이 받았는데, 우리는 그 문제를 해결할 수 없었습니다. 13년이 지난 지금도 말입니다! 우리는 오프라인 서점을 모방하는 것 대신 그것에서 영감을 얻고 과거의 매체에서는 할 수 없었던 일, 지금의 우리가 새로운 매체에서 구현할 수 있는 일들을 찾기 위해 노력해왔습니다. 온라인 서점은 사인회를 열 수 없고, 커피를 마시며 긴장을 풀 편안한 장소를 제공하지도 못합니다. 그렇지만 우리는 말 그대로 *수백만 종*의 책을 제공할 수 있고, 고객 리뷰를 통해 구매 결정을 도울 수 있으며, '이 제품의 구매 고객이 구매한 다른 제품'과 같은 검색 기능도 서비스할 수 있습니다. 새로운 매체에서만 가능한 유용한 기능은 이외에도 대단히 많습니다.

킨들에는 물리적인 책으론 할 수 없는 몇 가지 유용한 기능이 탑재되어 있습니다. 의미를 잘 모르겠는 단어와 마주치면 그 뜻을 쉽게 찾아볼 수 있고, 책 안의 내용을 검색할 수도 있죠. 여백에 메모를 하거나 밑줄을 긋고 '클라우드'의 서버에 저장하면 분실의 위험이 영원히 사라집니다. 또 킨들은 각각의 책에서 당신이 읽고 있던 부분을 자동으로 찾아갑니다. 눈이 피로하면 글꼴의 크기를 바꿀 수도 있죠. 가장 중요한 기능은 구매하고 싶은 책을 찾아 60초 내에 내 손 안에 들어오게 끔 해주는 것입니다. 저는 사람들이 생전 처음으로 이 일을 하는 모습을 지켜보았는데, 그 기능은 그들에게 몹시 큰 영향을 주는 것이 분명했습니다. 킨들에 대한 우리의 비전은 모든 언어로 출판된 모든 책을 60초 안에 손에 넣을 수 있게끔 하는 것입니다. 주요 출판사를 비롯한 출판업자들까지 킨들을 수용해주었다는 데 우리는 크게 감사하고 있습니다. 출판업자의 관점에서 볼 때에도 킨들은 많은 장점을 가진 기기입니다. 책이 절판되거나 재고가 부족해질 일이 없고, 지나치게 많은 책을 인쇄하는 낭비도 막을 수 있으니까요. 가장 중요한 사실은 킨들을 통해 독자들이 더 많은 책을 더욱 편리하게 구입한다는 것입니다. 어떤 일의 실행 방법이 보다 단순하고 매끄러워지면 사람들은 그 일을 더 많이 하게 되기 마련입니다.

인간은 도구와 함께 진화합니다. 우리가 도구를 변화시키면 그다음엔 도구가 우리를 변화시키죠. 수천 년 전에 발명된 글쓰기는 엄청난 도구이고, 저는 글쓰기가 우리를 극적으로 변화시켰다고 확신합니다. 500년 전 구텐베르크(Gutenberg)의 금속활자 발명은 책의 가격에 상당히 큰 변화를 가져왔고, 물리적인 책은 우리를 새로운 방식의 협력과 학습으로 이끌었습니다. 데스크톱 컴퓨터, 노트북, 휴대전화, PDA 등 최근의 네트워크 도구들 역시 우릴 변화시켰죠. 그 도구들 덕에 우리는 *인포스내킹*(information snacking, 웹 검색을 통해 짧은 시간에 단편적인 정보를 수집하는 것)에 더 가까워졌으니까요. 제가 주장하고 싶은 점은 우리가 주의를 지속하는 시간이 더 짧아졌다는 것입니다. 저는 제 블랙베리(BlackBerry) 휴대전화가 대단히 소중한 도구라고 생각합니다. 제 생산성을 확실히 높여주니까요. 하지만 300페이지에 이르는 서류를 블랙베리에서 보고 싶진 않습니다. 수백 페이지 분량에 달하는 것들은 데스크톱 컴퓨터나 노트북에서조차도 읽고 싶지 않죠. 앞서 이미 언급했듯 사람들은 편리하고 매끄럽게 할 수 있는 일을 더 많이 하는 경향이 있습니다. 우리의 도구들이 인포스내킹을 보다 수월한 일로 만든다면 우리는 인포스내킹에 더욱 가까워지고 장시간의 독서와는 멀어질 것입니다. 킨들은 장시간 독서를 위한 전용 기기입니다. 우리는 시간이 흐르면서 킨들과 그 후속작이 최근 만연하는 인포스내킹 도구들과의 균형을 이루기를 희망합니다. 주의 지속 시간이 긴 세상으로 우리를 서서히 그리고 점진적으로 데려감으로써 말이죠. 제 말투가 선교사의 말투와 점점 닮아가는 것 같지 않나요? 어쨌든 확실하게 말씀드릴 수 있는 것은 제 이야기가 진심에서 우러나왔다는 점입니다. 또한 이 바람은 저 혼자만의 것이 아니라 아마존의 많은 직원들이 공유하는 것이죠. 아마존의 선교사들이 더 나은 제품을 만들어내고 있어서 기쁩니다.

여기서 한 가지 얘기해둘 것이 있습니다. 저는 지금의 책들이 개선되어야 할 시점에 있다고 확신하지만 우리에게 그 일은 결코 쉽지 않다는 점이 그것이죠. 오랜 역사를 가진 매체에 변화를 준다는 것은 쉬운 일이 아닙니다. 그러나 결국 변화는 찾아올 것이고 우리가 그 일을 잘 해내지 못한다면 다른 이들이 하게 될 것입니다.

아마존의 선교사들은 주당 잉여현금흐름과 자본이익률을 높이는 데 매달리지 않습니다. 우리는 고객을 가장 우선순위에 놓는 것이 잉여현금흐름과 자본이익률을 늘리는 궁극적 방법임을 알고 있습니다. 저는 단언합니다. 우리 앞에는 지금까지보다 더 많은 혁신이 있을 테지만, 우리는 그에 이르는 길이 쉬울 것이라 기대하지 않는다고 말입니다. 우리는 킨들(kindle, '타기 시작하다', '불붙다'의 뜻)이 그 이름에 걸맞게끔 읽기의 세상에 '불을 지피고' 독서라는 세상을 개선시키길 바랍니다. 심지어 저는 그 점에 대해 감히 낙관한다는 말씀도 드릴 수 있습니다.

킨들은 1997년의 첫 주주서한에서 이야기했던 우리의 철학, 그리고 장기적인 투자에 접근하는 우리의 방식을 그대로 보여주는 예입니다.

고객에서부터 거꾸로 생각하기 (2008)

세계 경제가 요동치는 가운데에서도 우리의 기본적 접근법은 변하지 않습니다. 주변 상황에 휘둘리지 않고 장기적으로 바라보며 고객에게 집착하는 접근법이죠. 장기적 사고는 기존의 역량들을 지렛대로 사용하여 우리가 그것 없이는 생각조차 할 수 없었던 새로운 일들을 하게 해줍니다. 또한 장기적 사고는 발명에 필요한 실패와 반복을 뒷받침하고, 우리가 미지의 공간을 자유로이 개척하는 것을 가능케 하죠. 여러분은 즉각적인 만족감(혹은 실행 불가능한 약속)과 기회를 추구하시나요? 그렇다면 같은 생각을 가진 많은 이들을 주변에서 쉽게 발견하실 수 있을 것입니다. 그러나 우리는 그들과 다릅니다. 장기 지향성은 고객에 대한 집착과 서로 교감합니다. 고객의 니즈를 파악하고 그 니즈가 유의미하며 지속적이란 확신을 더욱 키울 수 있다면, 우리는 그러한 접근 방식을 바탕으로 솔루션 제공을 위해 다년간 끈기 있게 일할 수 있을 것입니다. 고객의 니즈를 출발점 삼아 '거꾸로 생각'하는 것은 기존의 기술과 역량을 활용해 사업 기회를 추진하는 '기술 우선' 접근법과 대비되는 방법입니다. 기술 우선 접근법에서는 이렇게 이야기합니다. "우리는 ○○를 정말 잘해. ○○로 또 뭘 더 할 수 있을까?" 유용하고 수익성 있는 비즈니스 접근법이죠. 하지만 이런 접근법만을 사용하는 회사는 새로운 기술을 개발하지 않게 될 겁니다. 시간이 흐르면 기존 기술은 시대에 뒤떨어지기 마련입니다. 고객의 니즈에서부터 거꾸로 생각할 수 있으려면 새로운 역량을 키우고 새로운 근육을 단련해야 합니다. 그 첫 단계가 얼마나 어색하고 불편할지는 개의치 않고서 말이죠.

킨들은 우리의 기본적인 접근법을 잘 보여주는 예입니다. 4년 전 우리는 '지금까지 모든 언어로 출판된 모든 책을 60초 내에 구할 수 있게 하겠다'는 장기적 비전을 갖고 출발했습니다. 우리가 구상한 고객경험은 킨들 디바이스와 킨들 서비스 사이의 경계가 확고하지 않아 두 가지가 매끄럽게 한데 어울리는 것이었습니다. 아마존은 하드웨어 장치를 설계하거나 만든 경험이 전혀 없었습니다. 하지만 우리는 우리가 당시 가지고 있던 기술에 비전을 맞추는 대신, 미래의 독자들에게 더 나은 서비스를 제공하는 데 필요한 많은 인재(선교사!)를 고용하고 새로운 조직 기술을 배우기 시작했습니다.

우리는 킨들 판매량이 우리의 가장 낙관적인 기대까지 넘어선 데 몹시 흥분하며 감사해하고 있습니다. 2월 23일 우리는 킨들 2의 배송을 시작했습니다. 아직 보지 못하신 분들을 위해 설명하자면 킨들 2는 1세대 킨들에서 고객들이 만족한 모든 부분을 갖추고 있으면서도 더욱 얇고, 더욱 빠르며, 더욱 깔끔한 디스플레이 및 더욱 긴 배터리 수명을 가졌을 뿐 아니라 1500권의 책을 담을 수 있습니다. 여러분은 25만 권 이상의 인기 도서와 잡지, 신문 중 원하는 상품을 선택할 수 있으며 무료 무선 배송으로 그것들을 60초 내에 다운로드할 수 있죠. 킨들에 대해 고객들이 보내준 수천 개의 이메일 피드백 중 26%에는 '매우 좋다(love)'라는 말이 들어 있었습니다.

고객경험의 기둥들

소매 사업의 경우 고객이 가치를 두는 요소는 낮은 가격, 방대한 선택의 폭, 빠르고 편리한 배송이며 이런 니즈는 시간이 지나도 변하지 않는다는 것이 우리의 강한 믿음입니다. 지금부터 10년 후의 고객들은 높은 가격, 좁은 선택의 폭, 느린 배송을 원할까요? 그렇진 않을 겁니다. 이런 기둥들이 갖는 지속성에 대한 믿음 덕분에 우리는 이것들의 강화를 위한 투자에 자신감을 가질 수 있었습니다. 우리는 지금 쏟아붓는 에너지가 먼 미래에도 계속해서 큰 이익을 가져다줄 것이라 믿습니다.

가격 설정 측면에서 우리가 수립한 목표는 단기적으로 금전적 이익을 최적화하는 것이 아니라 고객의 신뢰를 얻는 것입니다. 우리는 이런 방식의 가격 설정이 장기적으로 금전적 이익의 총액을 늘리는 최선의 방법이라는 신조를 갖고 있습니다. 상품당 수익은 낮아질지 몰라도 꾸준히 신뢰를 얻으면 더 많은 상품을 판매할 수 있겠죠. 그래서 우리는 전 카테고리에 걸쳐 고객에게 낮은 가격을 제안합니다. 우리가 계속해서 아마존 프라임을 비롯한 무료 배송 프로그램에 투자하는 이유도 그것입니다. 고객들은 현명하고 똑똑하기에 구매 결정 시엔 배송비를 비롯한 총비용을 평가합니다. 지난 12개월 동안 전 세계의 아마존 고객들은 우리의 무료 쇼핑 제안을 이용해 8억 달러 이상을 절약했습니다.

우리는 기존 카테고리 내에서 제품의 종류를 늘리는 동시에 새로운 카테고리도 추가하면서 상품 선택의 폭을 넓히는 일에 끈질기게 매달립니다. 아마존은 2007년부터 28개의 새로운 상품 카테고리를 추가했습니다. 급속한 성장세로 계속해서 저를 놀라게 하는 사업은 2007년 론칭한 우리의 신발 매장, 엔들리스닷컴(Endless.com)입니다. 고객들에게는 빠르고 신뢰할 수 있는 배송이 중요합니다. 2005년 우리는 아마존 프라임을 론칭했습니다. 연간 79달러를 지불하는* 프라임 회원들은 무제한 2일 배송 서비스를 무료로 받을 수 있을 뿐 아니라 3.99달러만 더 내면 하루 배송으로 업그레이드된 서비스를 받을 수 있습니다. 2007년 우리는 외부판매자를 위한 신규 서비스인 FBA, 즉 풀필먼트 바이 아마존을 론칭했습니다. 판매자가 자신의 상품들을 우리의 전 세계 물류센터 네트워크 내에 보관하면 우리는 고객이

---

* 아마존 프라임은 전 세계적인 제도입니다. 연간 회원비는 일본의 경우 3900엔, 영국에선 48파운드, 독일과 프랑스에서는 각각 29유로와 49유로입니다.

주문한 상품을 판매자 대신 고르고 포장해서 최종 고객에게 배송하는 서비스죠. 아마존 자체의 상품들뿐 아니라 FBA 상품에도 아마존 프라임과 슈퍼 세이버 배송이 적용되고, 그 결과 FBA 서비스는 고객 경험을 개선함은 물론 판매자의 매출까지 높여줍니다. 2008년 4분기에 우리가 이 서비스를 이용하는 판매자를 대신하여 배송한 상품은 300만 개가 넘습니다. 고객과 판매자 모두에게 이득을 주는 서비스인 것입니다.

신중한 소비

고객경험 면에서 우리가 선택한 길을 가려면 효율적인 비용 구조가 필요합니다. 주주 여러분에게 한 가지 좋은 소식이 있습니다. 우리는 이 측면에서 다양한 개선 가능성을 찾고 있다는 것이죠. 경험이 풍부한 일본 제조업체들은 낭비를 일컬어 무다(muda)라 하는데,* 우리는 여러 곳에서 이런 무다를 찾아냅니다. 저는 이런 무다가 곧 우리의 기회라고 생각합니다. 다양하면서도 지속적인 생산성 향상의 기회, 보다 효율적이고 보다 빠르고 보다 유연한 자본 지출의 기회인 것입

---

* 최근 한 물류센터에서 우리의 카이젠[Kaizen, 개선(改善)의 일본식 표현. 여기에서는 생산 설비의 개조, 공구의 개량 등 업무 효율의 향상과 작업 안전의 확보, 품질 불량의 방지 등 생산과 관련된 개선 활동 전반을 의미함] 전문가 한 명이 제게 이렇게 물었습니다. "저는 깨끗한 물류센터를 만들고 싶습니다. 그런데 왜 청소를 해야 하는 걸까요? 더러워지는 원인을 제거하면 되는데 말이죠." 그 말을 듣는 순간 저는 영화〈베스트 키드(Karate Kid)〉의 주인공처럼 가라테 고수의 제자가 된 기분이었습니다.

니다.

　재무적 측면에서 우리가 갖는 가장 큰 목표는 여전히 투자자본수익률을 높임으로써 잉여현금흐름을 장기적으로 극대화하는 것입니다. 우리는 아마존 웹서비스, 외부판매자를 위한 도구들, 디지털 미디어, 중국, 새로운 제품군에 대규모 투자를 하고 있습니다. 이들이 의미 있는 규모에 이르고 수익에 대한 우리의 높은 기준을 통과할 수 있다는 믿음 덕분이죠.

　창의적이고 성실하고 놀라운 아마존 가족들은 전 세계에서 고객을 최우선순위에 두고서 열심히 일하고 있습니다. 저는 그런 팀의 일원임을 대단히 자랑스럽게 생각합니다. 회사의 주인이신 주주 여러분, 우리 아마존은 여러분이 보내주시는 지지와 격려에, 또 우리의 계속되는 모험에 여러분이 동참해주심에 대해 진심으로 감사드립니다.

목표 설정 (2009)

2009년에 아마존이 거둔 재무 실적은 15년에 걸친 고객경험 개선이 누적된 결과입니다. 상품 선택의 폭을 넓히고, 배송 속도를 높이고, 비용을 낮춰 고객을 비롯한 사람들에게 사상 최저가를 제공할 수 있게 만드는 등의 일들을 통해서였죠. 이 일은 명석하고, 끈기 있고, 고객에게 헌신하는 이 회사 모든 분야의 직원들이 해낸 것입니다. 우리는 낮은 가격, 신뢰할 수 있는 배송은 물론 잘 알려지지 않아 찾기 힘든 상품까지도 보유하고 있음을 자랑스럽게 여깁니다. 또한 우리가 앞으로 훨씬 더 나아질 것이란 점도 알고 있으며, 한층 더 나은 미래를 위해 헌신하고 있습니다.

다음은 2009년과 관련해 특히 눈여겨봐야 할 내용들입니다.

2009년의 순매출은 2008년보다 28% 증가한 245억 1000만 달러였습니다. 이는 10년 전인 1999년에 기록한 순매출 16억 4000만 달러보다 15배가 늘어난 수치죠. 또 2009년의 잉여현금흐름은 지난해보다 114% 증가한 29억 2000만 달러였습니다.

또한 2009년에는 전 세계 아마존 프라임 회원 수가 눈에 띄게 늘어났고, 즉시 배송이 가능한 항목의 수 역시 50% 이상 증가했습니다. 더불어 일본에선 자동차, 프랑스에선 아기용품, 중국에선 신발과 의류 등 전 세계적으로 21개의 신규 카테고리를 추가했습니다.

2009년은 신발 사업이 매우 바쁜 해였습니다. 고객들에게 가능한 한 최고의 서비스와 가장 많은 선택지를 드리기 위한 노력의 일환으로 우리는 11월에 온라인 의류·신발 판매의 선도업체인 자포스(Zappos)를 인수했습니다. 자포스 인수는 엔들리스, 자바리(Javari), 아마존, 숍밥(Shopbop)으로 이루어진 기존 상품 진영의 질을 한층 더 높여줄 것입니다. 더불어 아마존 의류팀은 조스진(Joe's Jeans), 럭키 브랜드(Lucky Brand), 세븐 포 올 맨카인드(7 For All Mankind), 리바이스(Levi's)를 비롯한 100개 브랜드를 갖추고 있는 데님 숍(Denim Shop)의 론칭을 통해 계속해서 고객경험을 강화해나가는 중입니다. 신발팀과 의류팀은 12만 1000개의 상품 상세페이지를 만들고 웹사이트에 220만 개의 이미지를 업로드해서 고객에게 생생한 쇼핑 경험을 전달하고 있습니다.

올해 전 세계 아마존 웹사이트에는 약 700만의 고객 리뷰가 추가되었습니다. 또한 웹사이트 내에서의 외부판매자 판매를 통한 매출은 2009년 단위매출의 30%를 차지했고, 활성 판매자 계정은 한 해 동안 24% 증가한 190만 개가 되었습니다. 풀필먼트 바이 아마존을 이용하는 전 세계 판매자들은 우리의 물류센터 네트워크에 100만 종이 넘는 특유의 상품을 등록했고 이로써 이들 상품에는 프리 슈퍼 세이버 배송 및 아마존 프라임 서비스가 적용되었습니다.

아마존 웹서비스는 아마존 관계형 데이터베이스 서비스(Amazon Relational Database Service), 가상 격리 클라우드(Virtual Private Cloud), 엘라스틱 맵리듀스(Elastic MapReduce, 대용량 데이터 분석을 지원하는 관리 플랫폼), 대용량 메모리 EC2 인스턴스(High-Memory EC2 Instances, 대용량 메모리 데이터베이스의 처리를 위한 EC2 서비스), 리저브드 앤드 스폿 인스턴스(Reserved and Spot Instances, EC2 서비스 비용 감소를 위해 제공하는 인스턴스 유형), 스트리밍 포 아마존 클라우드프론트(Streaming for Amazon CloudFront, 서버에 데이터를 저장해 전송하는 서비스의 일종), 버저닝 포 아마존 S3(Versioning for Amazon S3, 아마존의 클라우드 스토리지 S3에 저장된 객체들의 보존, 검색 및 복원을 위한 버전 관리 서비스)와 같은 여러 신규 서비스 및 기능을 론칭해 빠른 속도의 혁신을 계속해나가고 있습니다. 아마존 웹서비스는 세계로 계속해서 확장해나가는 중입니다. 북부 캘리포니아에 서비스 지역을 추가하고 EU로 서비스를 확대했으며 2010년에는 아시아-태평양 지역으로 진출할 계획이죠. 계속되는 아마존의 혁신 및 운영성과는 2009년 아마존 웹서비스가 여러 대형 기업들을 비롯해 그 어느 때보다 많은 고객을 모으는 데 도움을 주었습니다.

미국 킨들 스토어(US Kindle Store)의 보유 도서는 지난해의 25만 권에서 현재 46만 권 이상으로 늘어났습니다. 〈뉴욕타임스(New York Times)〉 베스트셀러 110종 중 103종, 8900개의 블로그, 미국을 비롯한 전 세계의 유명 신문과 잡지 171종이 포함되어 있죠. 우리는 킨들을 120개 이상의 국가로 배송했고 현재 6개 국어로 콘텐츠를 제공하고 있습니다.

아마존에 새로 영입된 임원들은 재무성과를 논의하거나 재무목표에 대해 토론하는 시간이 대단히 짧다는 데 놀라곤 합니다. 분명히 말씀드리건대 우리 역시 이런 재무성과를 진지하게 생각합니다. 다만 우리 사업에서 통제 가능한 인풋에 에너지를 집중하는 것이야말로 장기적 재무성과를 극대화시키는 가장 효과적인 방법이라 여기는 것이죠. 우리의 연간 목표 설정 과정은 가을에 시작되어 이듬해 우리가 최성수기를 맞는 분기가 끝난 뒤 마무리됩니다. 목표 설정과 관련된 회의는 길고 활기차며 매우 꼼꼼하게 진행됩니다. 우리는 고객이 마땅히 누려야 하는 경험에 대한 높은 기준과 고객경험이 더욱 빨리 개선되어야 한다는 절박감을 갖고 있습니다.

이러한 연례 목표 설정 절차를 우리는 수년 동안 이용해왔습니다. 2010년의 경우를 예로 들자면 진행 주체, 예상 결과, 실행 완료일이 명시된 우리의 세부 목표는 452개입니다. 이 모두는 우리 팀들이 스스로 설정한 목표들이자 가장 중요하게 모니터해야 한다고 느끼는 것들입니다. 이들 목표 중 어느 하나 쉬운 것은 없으며 대개는 창의력과 독창력이 있어야만 달성할 수 있는 것들입니다. 고위 경영진은 매년 수차례에 걸쳐 각각의 목표가 어떤 상태에 있는지 점검하고 진행 과정에서 목표를 추가, 제거, 수정합니다.

우리는 기존 목표를 검토하는 과정에서 몇 가지 흥미로운 통계치를 도출해냈습니다. 452개 목표 중 고객경험에 직접적 영향을 주는 것이 360개더군요. 반면 '매출'이라는 단어는 8회, '잉여현금흐름'이라는 단어는 4회 사용되는 데 그쳤고 '순수익', '총수익', '영업이익'이라는 단어는 한 번도 사용되지 않았습니다.

전체적으로 이 일련의 목표들은 우리의 근본적인 접근법, 즉 고객을 출발점으로 하여 거꾸로 거슬러 올라가는 접근 방식을 여실히 보여줍니다. 고객에게 귀를 기울이되 그에 그치지 않고 고객들을 대신하여 발명을 해내야 합니다. 올해의 모든 목표를 이루겠다고 단언하진 못하겠습니다. 지난해의 목표도 모두 이룬 것은 아니었으니까요. 하지만 계속해서 고객에게 집착하겠다는 말씀만은 확실하게 드릴 수 있습니다. 장기적으로 봤을 때 우리는 그것이 고객에게 그렇듯 주주들에게도 모든 면에서 좋은 접근법이라고 강하게 확신합니다.

오늘도 우리에게는 여전히 첫날입니다.

근원적인 도구 (2010)

랜덤 포레스트(random forest), 베이지언 추정(Bayesian estimator), 레스트풀 서비스(RESTful service), 가십 프로토콜(gossip protocol), 이벤츄얼 컨시스턴시(eventual consistency), 데이터 공유(data sharing), 비잔틴 쿼럼(Byzantine quorum), 이레이저 코딩(erasure coding), 벡터 클락(vector clock)(모두 클라우드 기술과 관련된 용어임). 아마존 회의에서는 컴퓨터공학 수업을 방불케 하는 전문용어가 난무합니다.

소프트웨어 아키텍처에 대해 기존 교과서들이 이야기하는 패턴 중 아마존이 적용하지 않는 패턴은 얼마 없을 것입니다. 우리는 고성능 거래 시스템, 복잡한 렌더링과 개체 캐싱, 작업흐름과 대기 행렬 시스템, 비즈니스 인텔리전스와 데이터 분석, 머신러닝과 패턴 인식, 신경망과 확률론적 의사결정 등 대단히 다양한 기법들을 사용합니다. 우리 시스템의 대부분은 최신 컴퓨터공학 연구에 기반을 두고 있지만 이것만으로는 충분치 않을 때가 많습니다. 우리의 아키텍처와 엔지니어들은 아직 학계에서조차 살펴보지 않은 방향으로 연구를 발전시켜야 했습니다. 우리가 직면한 많은 문제들은 교과서적 해법이 존재하지 않는 것들이었기에 우린 기꺼이 새로운 접근법을 발명했죠.

아마존의 기술은 거의 전부가 서비스 지향적으로 구현됩니다. 운영 데이터를 캡슐화(데이터와 기능을 프로그램 객체 안에 포함시키는 것)하고 강화 인터페이스를 통해서만 기능에 접근하게 하는 방식인 것이죠. 이런 접근법은 부작용을 줄여줌은 물론 서비스가 전체 시스템의 다른 요소에 영향을 주지 않고 나름의 속도대로 진화할 수 있게 해줍니다. 서비스 지향적 아키텍처(Service-oriented architecture, SOA)는 아마존 기술의 근본적인 시스템 구성 개념입니다. 미래를 내다볼 줄 아는 사려 깊은 엔지니어와 설계자들 덕분에 아마존은 SOA가 업계에서 유행하기 훨씬 전부터 이 접근법을 활용해왔습니다. 우리의 전자상거래 플랫폼은 상품 추천에서 주문 이행, 재고 추적에 이르는 기능들의 제공을 위해 함께 작동하는 수백 개의 소프트웨어 서비스로 이루어져 있습니다. 예를 들어 우리 소프트웨어는 아마존닷컴을 방문하는 고객 한 명을 위한 상품 상세페이지를 만들기 위해 200~300가지 서비스를 호출하고, 그를 통해 그 고객에게 대단히 개인화된 경험을 전달합니다.

매우 큰 규모로 성장해야 하는 모든 시스템의 중심에는 상태 관리(state management, 그래픽 사용자 인터페이스에서 제어 상태를 관리하는 것)가 있습니다. 아마존의 시스템 요구 조건은 이미 오래전 어떠한 다른 상업용 솔루션으로도 감당할 수 없는 수준에 이르렀습니다. 우리의 핵심 데이터 서비스는 수 페타바이트(PB, 100만 기가바이트)의 데이터를 저장하고 초당 수백만 개의 요청을 처리하죠. 이렇게 부담이 크고 특이한 요구 조건에 부합하기 위해 우리는 키 밸류 스토어(key-value store)와 싱글 테이블 스토어(single table store) 등 특정 목적을 위한 몇 가지 대안적 솔루션을 개발했습니다. 솔루션 개발의 기반은 분산 시스템과 데이터베이스 연구 커뮤니티에서 비롯된 핵심 원칙들이었습니다. 우리가 개발한 저장 시스템은 성능, 가용성(컴퓨터 시스템이 정상적으로 작동하여 사용될 수 있는 정도), 그리고 비용을 철저히 제어하면서도 최고의 확장성을 가집니다. 엄청나게 큰 규모로의 확장을 위해 우리는 이들 시스템에 데이터 업데이트 관리와 관련된 새로운 접근법의 적용을 시도했습니다. 여러 개의 복제본으로 유포되어야만 하는 업데이트 동기화 조건을 완화시킴으로써 가장 가혹한 조건에서도 성능과 가용성을 확보할 수 있게 한 것이죠. 이런 구현은 궁극적 일관성(eventual consistency, 분산컴퓨팅에 쓰이는 일관성 모델의 하나. 데이터 항목에 새로운 업데이트 내용이 없으면 궁극적으로 해당 항목에 대한 모든 접근들로 하여금 최종 업데이트 값을 반환하게 함으로써 가용성을 확보하는 방식)의 개념을 기초로 합니다. 데이터 관리 측면에서 아마존 엔지니어들이 이룬 진전은 아마존 웹서비스가 제공하는 데이터 관리 서비스와 클라우드 저장을 뒷받침하는 아키텍처의 출발점이 되어주고 있습니다. 우리의 심플 스토리지 서비스, 엘라스틱 블록 스토어(Elastic Block Store), 심플DB(SimpleDB)의 기본 아키텍처들은 모두 아마존 고유의 기술에서 나온 것입니다.

아마존 사업의 다른 영역들도 제품 데이터 수집과 분류, 수요 예측, 재고 할당, 부정 적발 등 비슷하게 복잡한 데이터 처리 및 의사결정 문제에 직면해 있습니다. 규칙 기반 시스템은 효과적으로 사용할 수 있지만 유지가 어려운 면이 있고 시간이 지나면 불안정해질 가능성도 존재합니다. 대개의 경우 첨단 머신러닝 기법은 데이터의 보다 정확한 분류를 가능하게 해주고, 자가치유(self-heal, 문제가 되는 부분을 약점 탐지와 수학적 계산을 통해 스스로 고치는 기능)를 통해 환경 변화에 적응할 수도 있습니다.

예를 들어보죠. 아마존 검색 엔진이 백그라운드에서 실행되는 데이터 마이닝과 머신러닝 알고리즘을 이용하여 토픽 모델(topic model, 문서 집합의 추상적인 주제를 발견하기 위한 통계적 모델의 하나로, 텍스트 본문의 숨겨진 의미 구조를 발견하기 위해 사용되는 텍스트 마이닝 기법 중 하나)을 구축하면, 우리는 정보추출 알고리즘을 적용하여 그 모델의 속성을 식별하고 비구조적 표현에서 실체를 추출함으로써 고객이 검색 범위를 좁히고 원하는 제품을 신속히 찾을 수 있게 합니다. 또한 우리는 고객 관심도를 예측하고 그에 따라 나타나는 결과의 순서를 최적화하기 위해 검색 연관성에 속하는 많은 요소를 고려합니다. 제품 다양성이 큰 상황에서 단시간 내에 수천 가지의 제품 속성을 유연하게 통합시키려면 의사결정트리(decision tree)의 랜덤 포레스트와 같은 현대적 회귀분석 기법을 사용해야 하죠. 무대 뒤에 있는 이런 소프트웨어가 만들어내는 최종 결과는 무엇일까요? 당신이 원하는 것을 찾는 데 도움을 주는 빠르고 정확한 검색 결과입니다.

우리가 기술을 연구·개발 분야의 일이라며 미뤄둔다면 기술에 쏟아붓는 모든 노력은 그렇게 큰 의미를 갖지 않을 것입니다. 하지만 우리는 그런 접근법을 취하지 않습니다. 기술은 아마존의 모든 팀은 물론 모든 절차와 모든 의사결정, 그리고 각 사업의 혁신을 꾀하는 모든 접근법에 스며들어 있습니다. 우리가 하는 모든 일에 깊숙이 통합되어 있는 것이죠.

위스퍼싱크(Whispersync)가 그 한 예입니다. 위스퍼싱크는 당신이 어디에 있든, 또 어떤 기기를 사용하든 킨들 디바이스나 모바일 앱을 통해 당신의 가상 서재에 들어가 당신이 책을 읽으며 해두었던 모든 강조 표시와 메모, 책갈피를 확인할 수 있는 서비스입니다. 전 세계 100여 개국에 살고 있는 사람들이 수백 가지 유형의 기기를 이용해 1년 365일 24시간 높은 신뢰도로 수억 권의 책을 만나보는 일을 현실로 만들어주는 서비스죠. 위스퍼싱크의 핵심에는 일관성 있는 복제 데이터 저장소와 몇 주 이상에 걸친 기기 격리까지 처리할 수 있는 충돌 해결 애플리케이션이 있습니다. 물론 우리는 이 모든 기술이 고객들의 눈에 띄지 않고 작동하게끔 숨겨둡니다. 숨겨둔 이런 동기화 기능 덕에 당신은 킨들을 열면 이전에 읽었던 페이지를 바로 만날 수 있습니다. 아서 C. 클라크(Arthur C. Clarke, 《2001 스페이스 오디세이》 등을 쓴 SF문학계의 거장 중 하나)의 표현을 빌자면, 충분히 발달된 모든 기술은 마법과 구분하기 힘듭니다.

열심히 서한을 읽고 있지만 차츰 지루해지는 주주들도 계실 테니

이즈음에서 분위기를 환기할 겸 말씀드리고 싶은 것이 있습니다. 우리는 아무런 목적 없이 이런 기술들을 추구하고 있는 것이 아니라는 점입니다. 이 기술들은 잉여현금흐름과 직결되니까요.

우리는 이용 가능한 대역폭, 디스크 공간, 처리 능력이 엄청나게 커지고 그것들의 가격은 계속해서 낮아지는 시대를 살고 있습니다. 아마존에는 세계에서 가장 뛰어난 기술자들이 있습니다. 현재 시점에서 가능한 최첨단의 지식과 기술을 필요로 하는 어려운 과제들을 해결하는 데 큰 힘이 되고 있죠. 이전에도 여러 번 언급했다시피, 주주의 장기적 이익이 고객의 이익과 완벽하게 맞아떨어진다는 우리의 확신은 지금도 매우 굳건합니다.

우리는 그런 방식을 좋아합니다. 발명은 우리의 DNA 안에 있으며, 기술은 우리가 고객에게 제공하는 경험의 모든 측면을 발전 및 진화시키기 위해 능숙하게 사용하는 근원적인 도구입니다. 우리는 여전히 배워야 할 것이 많습니다. 저는 우리가 계속해서 즐겁게 배워나가기를 기대하고 희망하며, 이런 팀의 일원이라는 데 자부심을 느낍니다.

오늘도 우리에게는 여전히 첫날입니다.

발명의 힘 (2011)

"우리에게 아마존 웹서비스는 부정할 수 없는 큰 가치를 갖습니다. 20초 내에 서버 용량을 두 배로 만들 수 있으니까요. 고성장 환경에서 소규모 개발팀과 함께하는 우리에겐 전 세계 음악 커뮤니티들에게 최선의 지원을 해줄 수 있다는 믿음이 대단히 중요합니다. 5년 전 우리는 언제 회복할지 모르는 추락을 경험했습니다. 그러나 아마존의 계속적인 혁신 덕분에 이제 우리는 최고의 기술을 제공하며 계속 성장해나갈 수 있습니다." 밴드페이지(BandPage, 음악 밴드 관련 정보를 제공하는 미국 스타트업)의 기술 담당 최고책임자 크리스토퍼 톨런(Christopher Tholen)의 말입니다. 그는 컴퓨팅 용량을 신뢰성 있고 빠르게 늘려야 하는 절실한 니즈에 아마존 웹서비스가 실제로 어떤 도움을 주었는지 이야기했습니다. 밴드페이지는 현재 50만 밴드 및 뮤지션과 1000만 팬의 연계를 돕고 있습니다.

"저는 2011년 4월에 아마존에서 판매를 시작했습니다. 6월에는 아마존 최고의 도시락 용기 판매자가 되었죠. 일평균 주문량은 50~75개였는데 학기가 시작되는 8월과 9월 등 가장 바쁜 시기가 되니 300~500개에 이르더군요. 경이롭다고밖엔 말할 수 없습니다. 저는 주문 처리를 위해 아마존을 이용합니다. 아마존은 제 생활을 훨씬 편하게 만들어줬어요. 프라임 회원으로 가입하면 배송비가 무료라는 점을 고객들이 알게 되면서부터 도시락은 날개 돋친 듯 팔려나갔죠." '주부 기업가'인 켈리 레스터(Kelly Lester)는 자신이 직접 개발한, 포장이 쉽고 환경친화적인 혁신적 도시락 용기 이지런치박스(EasyLunchbox)를 아마존에서 판매중입니다.

"저는 우연히 아마존을 알게 되었습니다. 아마존은 제게 완전히 새로운 세상을 열어주었어요. 집에 1000여 권의 책이 있었던 저는 '한번 시도나 해볼까'라는 가벼운 마음으로 몇 권을 팔며 사업을 시작했습니다. 판매가 계속 늘어나자 이 일이 점점 재미있어졌고, 결국 다시는 다른 직업을 갖지 않겠다는 마음의 결정을 내렸어요. 저는 아내 외에는 상사로 모실 사람이 없습니다. 그보다 좋은 일이 있을까요? 우리 부부는 이 일을 함께 합니다. 같이 책을 구하러 다니고, 팀워크도 환상적이죠. 우리는 한 달에 700권 정도의 책을 판매합니다. 매달 800~900권의 책을 아마존으로 보내면 아마존은 구매자들에게 700권의 책을 배송하죠. 아마존이 배송과 고객서비스를 처리해주지 않는다면 아내와 저는 매일 택배 박스를 들고 우체국으로 달려가야 할 겁니다. 하지만 아마존이 그 일을 맡아주는 덕에 우리 일은 훨썬 간단해졌습니다. (…) 이건 정말 훌륭한 프로그램이고, 저는 이 프로그램이 너무나 마음에 듭니다. 결국 아마존이 고객에게 공급자 역할을 하고 배송까지 맡아주는 것이니 이보다 더 좋은 서비스가 어디 있겠습니까?" 밥 프랭크(Bob Frank)는 불황기에 직장에서 해고당한 뒤 RJF 북스 앤드 모어(RJF Books and More)를 설립했습니다. 프랭크 부부는 피닉스와 미니애폴리스를 오가며 생활하고 있죠. 판매하기 위한 책을 찾는 일을 그는 '매일의 보물찾기'라 표현합니다.

"킨들 다이렉트 퍼블리싱(Kindle Direct Publishing, KDP) 덕분에 제가 매달 받는 인세는 일반 출판사에서 글을 써서 1년간 받았던 액수보다 커졌습니다. '공과금을 낼 수 있을까' 하는 걱정에서 벗어나(예전엔 공과금조차 낼 수 없는 달이 많았거든요) 마침내는 저축을 하고 휴가까지 계획할 수 있게 되었어요. 수년간 해보지 못한 일이었죠. (…) 아마존은 제가 날개를 펼 수 있게 해줬습니다. 전 여러 장르의 글을 쓰고 싶었지만 예전엔 같은 장르의 글만을 써야 했어요. 그러나 이젠 제가 원하는 글을 쓰면서 제 커리어를 스스로 관리합니다. 저는 마침내 동업자를 찾은 것 같습니다. 아마존이라는 파트너를 말이죠. 아마존은 이 사업을 이해하고 작가와 독자들에게 득이 되는 방향으로 출판의 얼굴을 바꾸었습니다. 우리 손에 선택권을 되돌려준 것이죠." 3월에 킨들에서 가장 많이 팔린 100대 도서 중 하나인 《아빠의 집 (Daddy's Home)》의 작가 A. K. 알렉산더(A. K. Alexander)의 이야기입니다.

"2010년 3월, KDP에서 출판하기로 결정한 첫 달이 제 인생의 결정적 순간이 될 줄은 몰랐습니다. 1년이 지나자 직장을 그만두고 집필에 전념해도 될 정도의 월수입이 생기더군요! KDP를 통한 출판을 결정한 것으로 얻은 보상이 제 인생을 바꿔준 것이나 다름없습니다. 수입, 사생활, 정서, 창작의 측면이 모두 달라졌죠. 전업으로 글을 쓰고, 가족과 시간을 보내고, 출판사 마케팅 부서로부터 제 글의 모든 세부사항이 사사건건 간섭받는 일 없이 원하는 글을 쓸 수 있는 능력은 저를 더 단단하고 다작하는 작가로, 더 중요하게는 훨씬 더 행복한 작가로 만들어주었습니다. (…) 아마존과 KDP는 말 그대로 출판계의 창의성을 북돋우고 저 같은 작가들에게 꿈을 향해 나아갈 수 있는 기회를 주고 있습니다. 그 점에 대해 감사하는 제 마음은 영원할 겁니다." 킨들 베스트셀러 《런(Run)》을 비롯한 여러 권의 스릴러 소설을 쓴 작가 블레이크 크라우치(Blake Crouch)가 한 말입니다.

"아마존은 저와 같은 작가들이 자신의 작품을 독자들에게 선보일 수 있게 해줬습니다. 아마존은 제 인생을 바꿔줬어요. 1년이 조금 넘는 기간 동안 저는 킨들을 통해 25만 부의 책을 팔았고, 낡은 꿈을 더 크고 더 나은 것으로 바꿨습니다. 제가 쓴 네 권의 책은 킨들 100대 베스트셀러 목록에 들었죠. 뿐만 아니라 에이전시, 해외의 출판업자, 영화 제작사 두 곳이 제게 연락을 해왔고 〈LA 타임스(LA Times)〉 〈월스트리트저널(Wall Street Journal)〉 〈PC 매거진(PC Magazine)〉이 제 이야기를 다루었으며, 최근에는 〈USA투데이(USA Today)〉와의 인터뷰도 가졌습니다. 이제 모든 작가들이 큰 어려움 없이 자신의 작품을 마음껏 독자들에게 보여줄 수 있게 되었습니다. 정말 기쁘고 신나는 일이죠. 작가들과 독자들 모두 선택지가 더 많아진 것이니까요. 출판계는 빠르게 변화하고 있고, 저는 그 변화의 모든 순간을 즐길 생각입니다.”

《납치(Abducted)》를 비롯해 수많은 킨들 베스트셀러를 집필한 테리사 레이건(Theresa Ragan)의 이야기입니다.

　“나이는 60세가 넘고 경기도 한창 안 좋았을 때, 저와 아내는 우리가 수입을 얻을 수 있는 방법들이 매우 제한적이라는 사실을 알게 됐습니다. 그런 상황에서 KDP는 일생 동안 품어왔던 꿈을 이룰 수 있는 기회이자 재정적 구원을 받을 수 있는 유일무이한 기회였죠. 출판 몇 달 만에 KDP는 제 인생을 바꾸었습니다. 이 나이든 논픽션 작가가 베스트셀러 소설가로 완전히 새로운 커리어를 시작할 수 있게 된 겁니다. 독립 작가들이 이용할 수 있는 아마존의 다양한 도구들에 대해선 잘 설명할 자신이 없네요. 하지만 동료 작가들에게 KDP가 주는 기회에 대해 알아보고 그 기회를 놓치지 말라고 주저 없이 추천할 수는 있습니다. 그 기회는 아무런 부정적 위험이 없고, 잠재력도 사실상 무한하니까요. 정말 행복한 발견이었습니다.” 로버트 비디노토(Robert Bidinotto)는 킨들 베스트셀러 《사냥꾼: 스릴러(Hunter: Thriller)》의 저자입니다.

　“저는 KDP의 기술을 이용해 모든 전통적인 관문을 피했습니다. 독자 한 명 한 명을 얻기 위해 그 길고 힘든 싸움을 거쳤던 제가 KDP에서 어떤 느낌을 받았을지 상상이 가시나요? 이제 참신한 소설을 원하는 독자들, 그렇게도 제가 만나기 힘들었던 독자들은 제가 쓴 《보잘것없는 자(Nobody)》 외 두 권의 소설을 킨들 스토어(Kindle Store)에서 2.99달러에 즐기고 있습니다. 저는 언제나 신데렐라 이야기를 쓰고 싶었는데 이제 그 꿈을 이뤘네요. 백마 탄 왕자님(KDP) 덕에 앞으로도 더 많은 작품을 쓸 수 있을 겁니다." 킨들 베스트셀러《보잘것없는 자》의 작가 크레스턴 매입스(Creston Mapes)의 이야기입니다.

발명은 다양한 형태와 다양한 규모를 띱니다. 가장 급진적이고 혁신적인 발명은 사람들에게 *자신들의* 창의력을 펼칠 힘, 꿈을 펼칠 힘을 선사하곤 합니다. 아마존 웹서비스, 풀필먼트 바이 아마존, KDP를 통해 진행되고 있는 일의 대부분이 그렇죠. 이 서비스들을 바탕으로 우리는 강력한 셀프 서비스 플랫폼을 만들고 있습니다. 수천의 사람들로 하여금 그것이 없었더라면 실현 불가능하거나 비현실적이었을 일들을 대담하게 실험하고 이룰 수 있게 하는 플랫폼이죠. 이런 혁신적인 대규모 플랫폼은 무언가를 얻는 사람이 있으면 잃는 사람도 생기는 제로섬이 아니기에 개발자, 기업가, 고객, 작가, 독자 모두에게 윈-윈인 상황을 만들면서 엄청난 가치를 창출합니다.

아마존 웹서비스는 30개 서비스와 수천 개의 크고 작은 업체, 개인 개발자들을 갖춘 규모로 성장했습니다. 아마존 웹서비스의 첫 서비스 중 하나인 S_3, 즉 심플 스토리지 서비스는 현재 9000억이 넘는 데이터 객체를 보유하고 있으며 매일 10억 이상의 새로운 객체가 추가되고 있습니다. S_3는 보통 초당 50만 개 이상, 최고 100만 건에 가까운 거래를 처리하죠. 모든 아마존 웹서비스는 종량제 서비스를 통해 자본지출을 변동비로 획기적으로 전환시킵니다. 또한 아마존 웹서비스는 셀프 서비스라 계약을 위해 협상에 나서거나 영업 사원과 만날 필요가 없습니다. 온라인 서류를 읽고 시작하면 그뿐이니까요. 또한 규모도 쉽게 늘리거나 줄일 수 있어 탄력적입니다.

2011년 마지막 분기만 해도 풀필먼트 바이 아마존은 판매자 대신 1000만 개의 상품을 배송했습니다. 이 서비스를 이용하는 판매자의 상품은 아마존 프라임, 슈퍼 세이버 배송, 아마존 반송 절차 및 고객 서비스의 적용 대상이 됩니다. 풀필먼트 바이 아마존은 셀프 서비스이며, 아마존 셀러 센트럴(Amazon Seller Central, 아마존 판매자용 관리 프로그램)의 일환으로 사용 편의성이 높은 재고 관리 제어판을 제공합니다. 좀 더 기술적인 측면과 관련해선 API들이 제공되므로 판매자들은 아마존의 세계 물류센터 네트워크를 거대한 컴퓨터 주변 장치처럼 이용할 수 있습니다.

저는 이런 플랫폼들이 셀프 서비스의 성격을 갖고 있다는 점을 강조하고 싶습니다. 이것이 중요한 데는 한 가지(그리 확연히 드러나진 않는) 이유가 있습니다. 좋은 의도를 가지고 있는 관문이라도 관문은 그 존재 자체로 혁신의 속도를 늦춘다는 점이 그것이죠. 셀프 서비스 플랫폼에선 개연성이 낮은 아이디어도 시도해볼 수 있습니다. 관문을 지키고 서서 "그건 절대 성공할 수가 없어요!"라 말할 전문가가 없으니까요. 개연성이 낮아 보이는 아이디어들 중에는 성공하는 것들이 많습니다. 그리고 사회는 그런 다양성의 혜택을 봅니다.

킨들 다이렉트 퍼블리싱은 대단히 빠르게 놀라운 규모로 성장했습니다. 매달 1000부 이상의 책을 팔고 있는 KDP 작가는 현재 1000명 이상이죠. 일부 작가는 이미 수십만 부의 판매고를 기록했고 두 명의 작가는 100만 부 이상을 판매해 킨들 밀리언 클럽(Kindle Million Club)

에 올랐습니다. KDP는 작가들에게 있어 커다란 승리입니다. KDP를 이용하는 작가들은 저작권 및 기타 파생 권리를 지킬 수 있고 자신의 스케줄에 맞춰 출판을 할 수 있습니다. 전통적인 출판의 경우엔 보통 집필이 마무리된 시점부터 출간까지 1년 이상의 시간이 걸리는데 말입니다. KDP 작가가 될 경우 갖는 가장 큰 장점은 70%의 로열티를 받을 수 있다는 것입니다. 전형적인 대형 출판사들은 전자책에 대해 17.5%의 로열티를 작가에게 지급합니다(판매가의 70% 중 25%, 즉 판매가의 17.5%를 지급하는 것이죠). 그런 면에서 KDP의 로열티 구조는 작가들에게 엄청난 변화입니다. KDP 도서의 일반적인 판매가는 독자 친화적인 2.99달러인데 작가가 그중 거의 2달러를 로열티로 받는 것입니다. 통상적인 로열티가 판매가의 17.5%임을 고려했을 때, 작가가 권당 2달러를 받으려면 판매가는 11.43달러가 되어야 합니다. 하지만 단언컨대 책은 11.43달러일 때보다 2.99달러일 때 훨씬 더 많이 팔립니다.

KDP는 독자들에게도 득이 됩니다. 낮은 가격 때문이기도 하지만 그만큼이나 중요한 것은 기존 출판계에서 거절당했던 작가들이 시장 진입 기회를 얻게 됨에 따라 독자들의 입장에선 더욱 다양한 작품을 접할 수 있다는 점입니다. 이런 상황을 바로 관찰할 수 있는 좋은 방법이 있습니다. 킨들의 베스트셀러 목록을 살펴본 뒤 〈뉴욕타임스〉 베스트셀러 목록과 비교해보십시오. 어느 쪽의 구성이 더 다양한가요? 킨들 목록은 소형 출판사 및 자가출판 작가들의 작품으로 가득한 반면 〈뉴욕타임스〉 목록은 이미 성공을 거둔 기성 작가들이 지배하고 있습니다.

아마존의 직원들은 미래에 시선을 두고 수천 명의 작가, 기업가, 개발자들을 위해 가치를 창출하는 급진적·변혁적 혁신을 계속해나가고 있습니다. 발명은 아마존에게 제2의 천성이 될 것이고, 제가 보기에 아마존 팀의 혁신 속도는 심지어 점점 더 빨라지는 중입니다. 저는 우리 팀이 열정과 활기로 가득하다고 자신 있게 이야기할 수 있습니다. 저는 팀 전체가 대단히 자랑스럽고 제가 그 일원이라는 것을 행운으로 여깁니다.

오늘도 우리에게는 여전히 첫날입니다!

내부로부터의 주도 (2012)

주기적으로 서한을 읽는 주주분들은 아시겠지만 아마존의 에너지는 경쟁자들에 대한 집착보다는 고객에게 깊은 인상을 남기고자 하는 열망에서 비롯됩니다. 이 두 접근법 중 어느 쪽이 사업의 성공을 극대화할 가능성이 더 높은지는 모르겠네요. 양쪽 모두 장단점이 있고 경쟁자에게 집중한 기업이 크게 성공한 사례도 얼마든지 존재하니까요. 우리 역시 경쟁업체에 주의를 기울이고 그들로부터 영감을 얻기도 합니다만, 분명한 사실은 고객중심적인 방식이 지금 이 시점에서 우리 문화를 규정짓는 요소라는 것입니다.

고객중심주의의 장점 중 (조금은 미묘할 수도 있는) 하나는 그것이 특정 유형의 진취성을 조장한다는 점입니다. 최선을 다하고 있을 때의 우리는 외부 압력이 있기 전에 움직입니다. 의무가 되기 전에 이미 *내부*의 주도에 따라 혜택과 기능을 추가해 서비스를 개선하는 것이죠. 또한 우리는 의무가 되기 전에 발명을 합니다. 이런 투자는 경쟁자에 대한 반응으로 나오는 것이 아닙니다. 고객중심주의가 그 동인(動因)이니까요. 우리는 이런 접근법이 고객들로부터 더 많은 고객 신뢰를 얻게 하고, 우리가 이미 선두에 있는 분야에서조차도 고객 경험의 급속한 발전을 추진한다고 생각합니다.

"감사합니다. 아마존 첫 페이지의 백서를 볼 때마다 저는 제 돈으로 제가 예상했던 것보다 더 많은 걸 얻을 수 있으리란 점을 깨닫게 됩니다. 저는 무료배송 서비스를 받기 위해 프라임 회원에 가입한 건데 지금은 온라인에서 영화, TV 프로그램, 전자책을 보고 있네요. 그럼에도 아마존은 심지어 비용도 더 받지 않으면서 많은 상품들을 계속 추가하고 있습니다. 아마존의 이런 노력에 다시 한 번 감사드립니다." 우리는 현재 1500만 종 이상의 상품에 프라임 서비스를 제공합니다. 2005년 아마존 프라임을 론칭한 이래 15배 성장한 수치죠. 프라임 인스턴트 비디오(Prime Instant Video, 아마존 프라임 회원들을 위한 무제한 비디오 스트리밍 서비스)는 단 1년 만에 이전보다 세 배나 증가한 3만 8000여 편의 영화와 TV 프로그램을 보유하게 되었습니다. 킨들 오너스 렌딩 라이브러리(Kindle Owners' Lending Library, 아마존의 도서대출 서비스)의 보유 작품 수는 30만 종 이상으로 세 배 넘게 증가했습니다. 그 안엔 우리가 보유 작품으로 만들기 위해 수백만 달러를 투자한《해리 포터(Harry Potter)》시리즈도 포함되어 있죠.

프라임에서의 이런 개선들은 우리에게 주어진 '의무'가 아니라 우리가 주도적으로 해낸 것들입니다. 이와 관련하여 다년간 대규모로 투자한 것이 풀필먼트 바이 아마존, 즉 FBA입니다. FBA를 통해 외부 판매자들은 자신들의 재고를 아마존의 재고와 함께 아마존 물류센터 네트워크에 보관할 수 있는 옵션을 선택할 수 있습니다. 외부판매자 고객의 입장에서 보면 FBA는 상황 판도를 완전히 뒤바꾸는 게임체인저입니다. 그 옵션을 선택하면 자신들의 상품에도 아마존 프라임 혜택이 적용되고, 그에 따라 매출이 상승할 수 있으니까요. 이렇게 프라임 혜택이 적용되는 상품들이 늘어남에 따라 소비자들 역시 선택의 폭이 넓어지는 이익을 누리고 있습니다.

우리는 우리의 기준에 못 미치는 고객경험이 제공된 경우를 찾아내고 고객이 요구하기 전에 고객에게 환불해드리는 자동화 시스템도 구축했습니다. 업계의 평자 한 명은 최근 아마존으로부터 다음과 같은 자동 이메일을 받았다고 합니다. "우리는 고객님께서 아마존 비디오 온 디맨드(Amazon Video On Demand, 아마존의 온라인 비디오 스트리밍 서비스)로 〈카사블랑카(Casablanca)〉를 시청하시던 중 비디오 재생이 원활하지 못했다는 점을 발견했습니다. 불편을 끼쳐드려 죄송합니다. 이에 2.99달러를 환불해드렸습니다. 곧 다시 뵙게 되길 바랍니다." 선제적 환불 처리에 놀란 그는 자신의 경험에 대해 이런 글을 썼습니다. "아마존은 '내가 비디오를 시청하던 중 비디오 재생이 원활하지 못했음'을 인지했고, 그 때문에 환불을 결정했다. 세상에… 고객을 우선한다는 게 이런 거구나."

어떤 상품을 아마존에서 예약 주문하면 그 고객은 주문 시점과 출시일 사이의 최저 가격을 보장받게 됩니다. "사전예약 가격보호 정책 덕에 제 신용카드 계좌에 5달러가 환불되었다는 걸 방금 알았습니다. 정말 멋진 사업 방식이네요! 공정하고 정직한 거래에 정말로 감사드립니다." 대부분의 고객들은 예약주문을 한 후에 상품가격을 모니터할 만한 시간이 없습니다. 물론 고객이 우리에게 연락해서 환불을 요청하는 정책을 마련할 수도 있겠죠. 사실 우리 입장에서 보자면 선제적 서비스에는 더 많은 비용이 들지만, 이 서비스로 우리는 고객에게 기분 좋은 놀라움과 기쁨을 드리고 신뢰를 얻을 수 있습니다.

아마존은 작가 고객들도 두고 있습니다. 아마존 퍼블리싱(Amazon Publishing, 아마존의 내부 출판 사업)은 매출 발생 뒤 60일 이내에 작가들에게 매월 로열티를 지급하겠다고 발표했습니다. 업계 표준은 오랫동안 연간 2회로 굳어져 있지만, 작가 고객들을 인터뷰하면서 우리는 로열티 지급 빈도가 낮은 것이 그들의 큰 불만 요인임을 발견했습니다. 봉급을 1년에 두 번만 받는다면 어떨지 상상해보십시오. 작가들에게 6개월에 한 번 이상 로열티를 지급해야 한다는 압력은 없었지만 우리는 선제적이고 주도적인 조치를 취한 것입니다.

그건 그렇고, 비록 연구가 힘들긴 했지만 저는 최근 플로리다 해변에서 많은 사람들이 킨들을 이용하고 있는 모습을 목격했다는 소식을 여러분께 전해드릴 수 있어 매우 기쁩니다. 5세대에 걸친 킨들 중 1세대를 제외한 모든 세대의 킨들이 사용되고 있더군요. 거의 본전에 가까운 가격에 고급 하드웨어를 판매하는 것이 아마존의 비즈니스 접근법입니다. 우리가 돈을 벌고 싶은 때는 사람들이 장치를 구입할 때가 아니라 그것을 사용할 때이고, 우리는 이런 접근법을 통해 우리가 바라보는 방향과 고객이 바라보는 방향이 보다 일치된다고 생각합니다. 우리는 고객들로 하여금 기기를 계속해서 업그레이드 하게 만들 필요가 없습니다. 4년 된 킨들을 이용하는 사람들을 봐도 우린 몹시 행복하죠!

킨들 파이어(Kindle Fire)의 프리 타임(FreeTime, 어린이 대상 주문형 동영상 서비스), 고객서비스인 안돈 코드(Andon Cord, 고객의 결함 보고가 있을 경우 상품 서비스를 중단하고 원인을 찾는 운영 방식), 아마존 MP3의 오토립(AutoRip, 아마존에서 음반을 구입할 경우 디지털 음원을 무료로 제공하는 서비스) 등 이야깃거리는 무궁무진하지만 내부 주도 동인의 가장 명확한 예인 AWS, 즉 아마존 웹서비스에 대한 얘기로 이번 서한을 마무리할까 합니다.

2012년 AWS는 159개의 새로운 기능과 서비스를 발표했습니다. 우리는 7년 전 론칭한 이래 AWS의 가격을 27배 낮췄고, 기업 서비스 지원을 강화했으며, 고객들의 효율성 제고를 위한 혁신적 도구들을 만들었습니다. AWS 트러스티드 어드바이저(AWS Trusted Advisor)는 고객의 시스템 구성 방식을 모니터하고 그것을 이미 알려진 최고의 관행과 비교한 뒤 고객들에게 성과 개선, 보안 강화, 비용 절감의 기회가 어디에 있는지 알려주는 서비스입니다. 그렇습니다. 우리에게 필요 이상의 돈을 내고 있다는 것까지 고객에게 알려주죠. 지난 90일 동안 우리 고객들은 트러스티드 어드바이저를 통해 수백만 달러를 절약했지만 이 서비스는 이제 겨우 시작일 뿐입니다. 이 모든 과정은 우리가 이 영역에서 널리 인정받는 선도자라는 맥락에서 비롯됩니다. 이러한 외적 동인이 실패할 수 있다는 우려도 생길 수 있는 상황이긴 하죠. 하지만 내적 동기, 고객들이 "세상에!" 하며 감탄할 수 있게 만들고 싶다는 우리의 욕구는 혁신의 속도를 빠르게 유지시킵니다.

프라임, AWS, 킨들, 디지털 매체, 고객경험에 대한 막대한 투자를 보고 일부 사람들은 우리가 지나치게 관대하다거나, 주주를 고려하지 않는다거나, 심지어는 영리 기업으로서는 어울리지 않는 조치를 시행한다고 이야기했습니다. 업계의 평자 한 분은 "내가 아는 한 아마존은 투자공동체에서 고객들의 이익을 좇는 부류의 이들에 의해 운영되는 자선 단체다"라고도 하시더군요. 하지만 저는 그렇게 생각하지 않습니다. 제가 보기에 저스트 인 타임 방식(just in time, 모든 낭비 요인을 제거하거나 최소화함으로써 원가를 절감하고 생산성 및 품질 향상을 목표로 하는 생산 방식)으로 개선을 분석하려는 것은 지나치게 약삭빠른 짓입니다. 지금처럼 빠르게 변화하는 세상에서는 그런 방식이 상당히 위험할 수 있습니다. 보다 근본적으로, 저는 장기적 사고란 곧 불가능한 일을 시도하는 것이라고 생각합니다. 선제적 조치로 고객들을 기쁘게 만들면 신뢰를 얻고, 그 고객들을 통해 더 많은 비즈니스를 창출할 수 있습니다. 새로운 사업 영역에서라 해도 말이죠. 장기적 시각에서 보면 고객의 이해관계와 주주의 이해관계는 일치합니다.

이 글을 쓰고 있는 최근에 아마존 주식이 보인 실적은 긍정적이었습니다. 하지만 우리는 중요한 점을 잊지 않기 위해 항상 노력합니다. 저는 저명한 투자가 벤저민 그레이엄의 이야기를 전체 직원 회의에서 자주 인용합니다. "단기적 측면에서의 주식 시장은 투표 기계다. 하지만 장기적인 측면에서는 저울이다"라는 이야기를 말입니다. 우리는 고객경험의 개선은 축하하지만 주가의 10% 상승은 축하하지 않습니다. 그런 일이 일어났다 해서 우리가 10% 더 현명해지는 것도, 반대로 주가가 10% 하락했다 해서 우리가 10% 더 어리석어지는 것도 아니니까요. 우리는 저울에 오르고 싶은 회사이고, 점점 더 묵직한 회사를 만들기 위해 항상 노력하고 있습니다.

저는 우리의 진전과 발명에 대해 자랑스러워하는 만큼이나 그 과정에서 우리가 실수를 저지를 것이란 점도 잘 알고 있습니다. 우리가 자초하는 실수도 있을 테고, 열심히 일하는 똑똑한 경쟁자들 때문에 생기는 실수도 있겠죠. 개척에 대한 열정은 우리로 하여금 좁은 길을 탐험하게 할 테고, 불가피하게 그중 대다수는 막다른 골목으로 판명될 겁니다. 하지만 약간의 행운 덕에 큰 길로 통하는 몇몇 길도 있을 것입니다.

아마존은 제가 하는 것만큼이나 고객들에게 가치를 두고 매일 열심히 일하며 그 점을 입증해 보이는 뛰어난 선교사들로 이루어진 팀입니다. 저는 그 거대한 팀의 일원이라는 큰 행운을 누리고 있습니다.

"세상에" (2013)

저는 아마존의 모든 팀이 지난 한 해 동안 고객을 위해 이룬 모든 일을 자랑스럽게 생각합니다. 전 세계 아마존 직원들은 장기적 시각을 기반으로 삼고, 기대 혹은 요구되는 정도 이상으로 상품과 서비스 수준을 개선하고, 표준을 재설정하고, 고객들의 입에서 "세상에"라는 말이 나오도록 합니다.

지금부터는 여러분과 함께 아마존 프라임, 아마존 스마일(Amazon Smile), 메이데이(Mayday) 등 우리의 다양한 계획에 속한 작은 하위 집합들을 살펴보는 여행을 떠나려 합니다. 아마존 전체에서는 얼마나 많은 일이 일어나고 있는지, 이런 프로그램의 진행이 얼마나 흥미진진한 일인지 여러분이 느껴보실 수 있게 하는 것이 이 여행의 목적입니다. 이렇게 다양한 계획들이 가능한 것은 지위 고하를 막론하고 재능 있는 인재들로 구성된 대규모 팀이 매일 뛰어난 판단력을 발휘하고, 또 언제나 '이걸 더 나은 것으로 만들 방법은 없을까?'라는 질문을 하기 때문입니다.

자, 그럼 이제 여행을 시작해볼까요?

아마존 프라임

고객들은 아마존 프라임을 대단히 좋아합니다. 12월 셋째 주에만 100만 명 이상의 고객들이 프라임 회원으로 가입했고 현재 전 세계의 프라임 회원 수는 1000만 명에 이르죠. 프라임 회원의 1인당 주문 수는 전 카테고리에 걸쳐 그 어느 때보다 많아지고 있습니다. 고정 연회비만 지불하면 모든 상품을 무제한으로 이틀 만에 배송하는 프라임 제도는 9년 전 론칭할 당시만 해도 검증되지 않은(심지어 일부에서는 무모하다고까지 했던) 새로운 개념이었다는 점을 우리 내부에서조차 잊곤 합니다. 당시 프라임 서비스가 적용되는 상품은 100만 종이었으나 올해는 2000만 종을 넘어섰고 그 수는 지금도 계속 늘어나고 있습니다. 우리는 킨들 오너스 렌딩 라이브러리, 프라임 인스턴트 비디오 등 새로운 디지털 혜택을 추가하여 다른 면에서도 프라임을 더 좋은 서비스로 만들었죠. 하지만 이것이 끝이 아닙니다. 우리에겐 프라임 제도를 한층 더 개선할 여러 아이디어가 있으니까요.

독자와 작가

우리는 독자들을 위해 엄청난 투자를 하고 있습니다. 최근엔 완전히 새로운 고해상도 고대비 디바이스인 킨들 페이퍼화이트(Kindle Paperwhite)가 출시되어 극찬을 받고 있죠. 우리는 킨들에 대단히 인상적인 서평 공유 사이트 굿리즈(Goodreads)를 통합하고 프리타임 서비스를 도입했으며 인도와 멕시코, 오스트레일리아에서 킨들을 론칭했습니다. 여행객들의 즐거움을 위해 미국 연방항공청(Federal Aviation Administration)은 비행기 이착륙 시의 전자기기 사용을 허용한 바 있다는 이야기도 전해야겠습니다. 아마존 공공정책팀은 이미 4년 전부터 많은 협력자들의 도움으로 150개의 킨들을 시험용 비행기에 실어 작동 상황을 모니터 하는 등 비행기에서의 킨들 사용에까지 신경을 써왔다는 것도요. 네, 그 150개의 킨들은 모두 잘 작동했습니다.

기존의 크리에이트스페이스(Createspace, 자가출판 서비스), 킨들 싱글즈(Kindle Singles, 킨들 스토어 내의 미니 전자책), KDP에는 신규 서비스인 킨들 월즈(Kindle Worlds, 팬픽 상업화를 전문으로 하는 출판 서비스), 문학 저널인 데이원(Day One), 여덟 개의 새로운 아마존 퍼블리싱 출판사, 아마존 퍼블리싱의 영국과 독일 론칭이 더해졌습니다. 수천 명의 작가들은 이미 이런 서비스를 활용하여 작가로서의 커리어를 구축하며 성취감을 얻고 있습니다. 많은 이들이 아이들을 대학에 보내고, 병원비를 내고, 집을 사는 데 우리가 얼마나 큰 도움이 되었는지에 대한 사연들을 편지와 전화로 들려주고 있죠. 우리는 독서의 선교사이며, 이런 이야기들은 우리로 하여금 작가와 독자 들을 위한 발명을 계속하게 하는 영감과 격려가 되어줍니다.

　PIV, 즉 프라임 인스턴트 비디오는 신규 고객 수, 재방문 수, 총 스트리밍 수 등 모든 지표에서 엄청난 성장을 기록 중입니다. 우리가 적절한 인풋에 초점을 맞춰 올바른 길로 가고 있음을 나타내주는 아웃풋 지표들이죠. 핵심적인 두 가지 인풋은 선택 폭의 증가, 그리고 선택에 대한 호감도입니다. 우리는 2011년 5000종의 비디오로 PIV를 론칭한 이래 선택의 폭을 4만 편의 영화와 TV 프로그램으로 넓혔고, 이 모두가 프라임 멤버십 혜택에 포함됩니다. PIV에는 〈다운튼 애비(Downton Abbey)〉와 〈언더 더 돔(Under the Dome)〉 〈디 아메리칸스(The Americans)〉 〈저스티파이드(Justified)〉 〈그림(Grimm)〉 〈오펀 블랙(Orphan Black)〉 등 높은 시청률을 기록한 블록버스터, 〈스폰지밥 네모바지(SpongeBob SquarePants)〉 〈탐험가 도라(Dora the Explorer)〉 〈블루스 클루스(Blue's Clues)〉 같은 어린이 프로그램 등 수백 편의 TV 시리즈가 올라와 있죠.

　이와 별개로 아마존 스튜디오(Amazon Studios) 팀은 오리지널 콘텐츠 제작을 위해 대규모 투자를 계속하고 있습니다. 존 굿맨(John Goodman)이 출연하는 개리 트루도(Garry Trudeau)의 〈알파 하우스(Alpha House)〉는 지난해 공개된 이래 아마존 고객들이 단기간 내에 가장 많이 시청한 작품이 되었습니다. 우리는 최근 마이클 코널리(Michael Connelly)의 〈보슈(Bosch)〉, 〈X 파일(The X-Files)〉의 크리스 카터(Chris Carter)가 극본을 쓴 〈디 애프터(The After)〉, 로만 코폴라(Roman

Coppola)와 제이슨 슈와르츠만(Jason Schwartzman)의 〈모차르트 인 더 정글(Mozart in the Jungle)〉, 질 솔로웨이(Jill Soloway)의 〈트랜스페어런트 (Transparent)〉 등 오리지널 작품 여섯 편의 제작을 승인했습니다. 이 작품들 중 몇몇은 수년 만에 나온 최고의 파일럿 프로그램이라는 찬사를 받았죠. 우리는 우리의 접근법을 좋아하고 최근 영국과 독일에서의 PIV 공개에서도 그 방식을 그대로 사용했습니다. 양국의 초기 고객들이 보여준 반응은 우리의 기대를 뛰어넘을 정도로 대단했습니다.

파이어 TV

지난주 우리 하드웨어팀은 2년간의 노력 끝에 마침내 파이어 TV(Fire TV)를 선보였습니다. 파이어 TV는 아마존에서 제공하는 비디오를 시청하는 최선의 방법입니다. 뿐만 아니라 넷플릭스(Netflix), 훌루 플러스(Hulu Plus, OTT 서비스를 제공하는 엔터테인먼트사), 비보(VEVO, 음원 미디어 공급사), 워치ESPN(WatchESPN, ESPN이 운영하는 인터넷 TV 웹사이트 및 모바일 애플리케이션) 등 다른 기업의 콘텐츠까지도 취급하죠. 과거의 스트리밍 서비스에 이용되었던 것들과 달리 파이어 TV는 고사양을 갖춘 하드웨어입니다. 여러분도 보시면 아시겠지만 파이어 TV는 빠르고 원활한 스트리밍 서비스를 제공합니다. 또한 아마존의 ASAP(Advance Streaming and Prediction) 기술은 고객이 보고 싶어 할 콘텐츠를 예측해 프리버퍼링(prebuffering, 이후의 검색 혹은 재생을 위해 미리 버퍼링하는 것)을 해두죠. 더불어 우리는 리모컨에 소형 마이크를 장착, 검색어를 일일이 손으로 입력할 필요가 없게 만들었습니다. 리모컨의 마이크 버튼을 누르면 음성 검색이 가능하고, 또 실제로 잘 작동하니까요. 아마존의 하드웨어팀이 만들어낸 훌륭한 작품이죠.

파이어 TV는 PIV 외에도 〈그래비티(Gravity)〉〈노예 12년(12 Years a Slave)〉〈달라스 바이어스 클럽(Dallas Buyers Club)〉〈겨울왕국(Frozen)〉 등 20만 편의 영화와 TV 프로그램에도 바로 접속 가능하게 해줍니다. 보너스로 거실 TV를 통해 고품질의 저렴한 게임도 할 수 있으니 시도해보시길 권합니다. 혹시 이미 해보셨다면 우리에게 소감을 들려주십시오. 우리 팀은 여러분의 피드백을 기다리고 있습니다.

아마존 게임 스튜디오

———

때는 22세기 초, 지구는 외계종족 네아투(Ne'ahtu)의 위협을 받는다. 이 외계인들은 지구의 에너지망에 컴퓨터 바이러스를 심어 지구의 방어 능력을 망가뜨렸다.

컴퓨터공학 분야의 신동인 에이미 라마누잔(Amy Ramanujan) 박사는 외계인들이 공격해 오기 전 외계 바이러스를 중화시켜 지구를 구했다. 그리고 지금, 그 네아투가 다시 돌아왔다. 라마누잔 박사는 네아투족이 지구에 대한 전면적인 침략을 시작하기 전에 그것을 막아야 한다. 그녀에겐 당신의 도움이 필요하다.

아마존 게임 스튜디오(Amazon Game Studios)가 만든 최초의 파이어

TV 전용 게임 '세브 제로(Sev Zero)'는 이렇게 시작됩니다. 게임 스튜디오 팀은 타워 디펜스 게임을 슈터 게임과 결합시켜 이 게임을 만들었습니다. 플레이어 한 명은 게임패드 컨트롤러로 지상에서 게임을 리드하고 다른 플레이어는 태블릿에서 공중 지원을 하는 협력 모드의 게임인 것이죠. 공습(空襲) 타이밍이 딱 맞는 순간들에서 짜릿함을 느낄 수 있으실 거라고 장담합니다. 또 저렴한 스트리밍 미디어 장치로 이런 수준의 게임이 가능하다는 데 놀라실 테고요. 앞으로도 우리는 파이어 태블릿과 파이어 TV를 위해 아름다운 그래픽의 혁신적인 게임들을 만들어나갈 계획입니다. 세브 제로는 그중 첫 작품에 불과합니다.

아마존 앱스토어

200개 가까운 국가의 고객들에게 서비스를 제공 중인 아마존 앱스토어(Amazon Appstore)는 전 세계 최고의 개발자들이 만든 20만 개의 앱과 게임을 아우르는 규모로 성장했습니다. 지난 1년간 규모가 거의 세 배 증가한 것입니다. 우리는 아마존 코인(Amazon Coins) 제도를 도입했습니다. 이 가상 화폐를 사용하는 고객들은 앱 및 앱 내 구매에서 10%의 할인을 받을 수 있죠. 또 우리의 위스퍼싱크 포 게임즈(Whispersync for Games) 기술은 한 기기에서 시작한 게임을 다른 장치에서도 그대로 이어서 플레이할 수 있게 해줍니다. 개발자들은 모바일 어소시에이트(Mobile Associates) 프로그램을 사용, 자신들의 앱을 통해 수백만 가지에 이르는 실제 아마존 제품을 고객에게 제공하고 그들의 상품이 판매되면 추천 수수료를 받을 수 있습니다. 우리는 킨들 파이어 태블릿 및 아마존의 모바일 애드 네트워크(Mobile Ad Network)에서 새로운 앱과 게임을 홍보할 수 있는 앱스토어 디벨로퍼 셀렉트(Appstore Developer Select)라는 마케팅 프로그램을 도입함은 물론 개발자들이 사용자 참여도를 추적하여 자신들의 앱을 iOS, 안드로이드(Android), 파이어OS(FireOS)에 최적화시키는 무료 서비스 애널리틱스(Analytics)와 A/B 테스팅(A/B Testing) 서비스도 만들었죠. 더불어 킨들 파이어와 아마존 앱스토어를 통해 자신들의 앱을 제공할 수 있는 HTML5 웹용 앱 개발자들도 올해 아마존에 영입되었습니다.

말하는 오디오

세계 최대의 오디오북 제작 및 판매업체인 오더블(Audible)에게 있어 2013년은 획기적인 해였습니다. 오더블은 눈이 바쁠 때에도 책을 읽을 수 있게 해줍니다. 수백만의 고객들이 오더블에서 수억 권의 오디오북과 기타 오디오 콘텐츠를 다운로드했고, 이들이 2013년에 다운로드한 상품들의 총청취시간은 6억 시간에 이릅니다. 오더블 스튜디오(Audible Studios) 덕분에 사람들은 케이트 윈슬렛(Kate Winslet), 콜린 퍼스(Colin Firth), 앤 해서웨이(Anne Hathaway) 등 스타들의 목소리를 들으면서 출근을 하죠. 2013년에 큰 인기를 모은 것은 제이크 질렌할(Jake Gyllenhaal)의 《위대한 개츠비(The Great Gatsby)》로 이미 10만 부가

팔렸습니다. 위스퍼싱크 포 보이스(Whispersync for Voice) 덕분에 고객들은 킨들에서 책을 읽는 일과 스마트폰에서 같은 책의 오디오북을 듣는 일 사이를 매끄럽게 오갈 수 있습니다. 〈월스트리트저널(Wall Street Journal)〉은 "위스퍼싱크 포 보이스는 도서 부문에서 아마존이 새롭게 만든 킬러앱"이란 평가를 내놓았습니다. 아직 경험해보지 못하셨다면 한번 시도해보시길 권합니다. 재미있을 뿐 아니라 여러분이 책을 읽을 수 있는 시간도 늘려주니까요.

신선한 식료품

5년간 시애틀에서 시범 서비스를 운영한 끝에(우리에게 인내심이 부족하다고 하실 분들은 없겠죠?) 우리는 아마존 프레시(Amazon Fresh)의 서비스 지역을 로스앤젤레스와 샌프란시스코로 확대했습니다. 아마존의 프라임 프레시(Prime Fresh) 회원들은 연 299달러를 내고 신선식품은 물론 완구, 전자제품, 가정용품 등 50만 가지 상품에 대해 당일 배송과 아침 배송 서비스를 받을 수 있습니다. 우리는 고객들이 선호하는 지역 업체[베벌리힐스의 치즈 스토어(Cheese Store)와 파이크 플레이스 피시 마켓(Pike Place Fish Market), 샌프란시스코 와인 트레이딩 컴퍼니(San Francisco Wine Trading Company) 등]들과 제휴하여 조리 식품과 특수 품목을 가정으로 편하게 배송해드립니다. 이 믿을 수 없는 서비스를 앞으로 더 많은 도시에서 제공하겠다는 목표하에 우리는 아마존 프레시를 평가, 개선하는 방법론적 접근을 계속해나갈 생각입니다.

아마존 웹서비스

———

AWS가 도입된 지 8년이 되었지만 AWS팀의 혁신 속도는 점점 더 빨라지고 있습니다. 2010년에 우리는 61가지의 뛰어난 서비스 및 기능을 선보였습니다. 2011년에 그 수는 82개로 늘어났고 2012년에는 159개, 2013년에는 280개가 되었죠. 지리적 범위 또한 넓어지고 있습니다. 현재 전 세계에는 미국 동부, 서부의 두 곳, 유럽, 싱가포르, 도쿄, 시드니, 브라질, 중국 및 거브클라우드(Gov-Cloud)라 불리는 정부 전용 영역 등 열 곳의 AWS 지역이 있습니다. 우리는 지역들 전체에 걸쳐 26개의 가용 영역(availability zone, AWS 서비스 제공 지역 내에 컴퓨터 시스템과 통신 장비, 저장 장치가 설치된 시설)과 콘텐츠 유통 네트워크를 위한 51개 에지 로케이션(edge location, 콘텐츠 전송 서비스를 제공하는 장소)을 두고 있습니다. 개발팀은 고객과 직접 협력하며 자신들이 배운 것을 기반으로 디자인, 설계, 론칭을 할 권한을 갖습니다. 우리는 반복을 통해 끊임없이 실험하고, 기능이나 개선이 준비되면 바로 밀어붙여 모든 사람이 즉시 사용할 수 있게 합니다. 이런 접근법은 빠르고, 고객중심적이며, 효율적입니다. 이 접근법 덕에 우리는 지난 8년 동안 가격을 40배 이상 낮출 수 있었고, 앞으로도 속도를 늦출 생각이 전혀 없습니다.

직원 권한의 강화

우리는 외부로 드러나는 기능의 발명뿐 아니라 내부적으로 일을 더 잘하는 방법도 찾기 위해 스스로에게 도전합니다. 우리의 효과를 보다 높여주는 방법, 전 세계의 수천 명 아마존 직원에게 혜택을 주는 방법을 찾는 것이죠.

커리어 초이스는 직원들이 항공기 정비나 간호 등 자신이 원하는 분야의 수업을 듣는 경우 그 비용의 95%를 우리가 선지급하는 프로그램입니다. 아마존 내 커리어와 관련된 강의인가의 여부와는 상관없이 말이죠. 이 프로그램의 목표는 선택을 가능하게 하는 데 있습니다. 아마존 물류센터 직원들 중에는 앞으로도 아마존에서의 커리어를 계속 쌓아갈 이들이 있는가 하면, 아마존을 새로운 기술이 요구되는 다른 일자리로 가는 디딤돌로 삼는 이들도 있을 겁니다. 적절한 훈련이 차이를 만들 수만 있다면 우리는 기꺼이 직원들을 도울 것입니다.

직원들을 위한 두 번째 프로그램은 페이 투 큇(Pay to Quit)입니다. 아마존 물류센터는 자포스에서 발명한 이 프로그램을 이어받았죠. 페이 투 큇은 대단히 간단합니다. 1년에 한 번 우리는 자진 퇴사하는 직원들에게 장려금 지급을 제안합니다. 첫해의 장려금은 2000달러이고 이후 5000달러가 될 때까지 매년 1000달러씩 늘어나죠. 이 제안의 헤드라인은 '제발 이 제안을 받아들이지 마세요'입니다. 우리는 직원들이 이 제안을 받아들이지 않고 자리를 지켜주길 바랍니다.

그럼에도 이런 제안을 고안한 이유는 무엇일까요? 이 제안의 목표는 직원들에게 시간을 내서 자신이 정말 원하는 것이 무엇인지 생각해보게 하는 것입니다. 원치 않는 곳에 머무르는 것은 장기적으로 그 직원이나 회사 모두에게 있어 바람직한 일이 아니니까요.

세 번째 내부적 혁신은 우리의 가상 콘택트 센터(Virtual Contact Center)입니다. 몇 년 전부터 시작된 이 센터는 뛰어난 성과를 보이며 지속적인 성장가도에 있습니다. 가상 콘택트 센터의 직원들은 집에서 아마존 및 킨들 고객들을 위한 고객서비스 지원 업무를 담당합니다. 어린 자녀가 있는 등의 이유로 집 밖에서 일할 수 없거나 혹은 집이 아닌 외부에서 일하는 것을 선호하지 않는 직원들에게 이상적인 유연 근무 형태죠. 우리의 가상 콘택트 센터는 미국에서 가장 빠르게 성장하고 있는 '업무 시설'로 현재 열 개 이상의 주에서 운영되고 있습니다. 2014년엔 운영하는 주를 두 배로 늘릴 계획인 만큼 가상 콘택트 센터의 성장은 앞으로도 계속 이어질 것입니다.

퇴역군인 고용

우리가 찾는 리더는 발명을 하고, 크게 생각하며, 불확실성 앞에서 신속히 결정 및 행동을 하고, 고객을 대신해 결과를 전달하는 사람입니다. 국가를 위해 군에서 봉사한 이들에게는 친숙하게 느껴질 원칙들이죠. 우리는 빠른 속도가 중요한 우리 업무 환경에는 사람들을 지도해봤던 그들의 경험이 매우 유용하다는 사실을 알게 됐습니다. 우리는 군인과 그 가정의 취업 기회와 지원을 제공하도록 기업들을 독려하는 조이닝 포시스(Joining Forces)와 10만 잡스 미션(100,000 Jobs Mission, 재향 군인의 일자리 마련을 목표로 하는 이니셔티브 구상)의 회원입니다. 아마존의 군 인재(Military Talent) 팀은 지난해 50개 이상의 구인 행사에 참여해 퇴역군인들이 아마존에서 일자리를 얻는 데 도움을 주었습니다. 2013년 우리는 1900명의 퇴역군인을 고용했습니다. 우리는 아마존에 합류한 그들이 보다 쉽게 민간 인력으로 이행할 수 있도록 돕고, 멘토링과 지원을 위한 사내 퇴역군인 네트워크와 연결될 수 있게끔 여러 프로그램을 제공합니다. 이런 프로그램들 덕분에 아마존은 〈G. I. 잡스 매거진(G. I. Jobs Magazine)〉〈미국 베테랑 매거진(U.S. Veterans Magazine)〉〈군 배우자 잡지(Military Spouse Magazine)〉로부터 최고의 고용주로 인정받고 있습니다. 우리는 우리가 성장하는 만큼 퇴역군인 고용에 대한 투자도 계속해나가겠습니다.

풀필먼트 혁신

19년 전, 저는 매일 저녁 쉐보레 블레이저(Blazer) 뒤에 아마존 택배상자들을 싣고 우체국으로 향했습니다. 언젠가는 지게차를 살 수 있을 거라는 꿈을 꿀 정도로 제 비전도 커졌죠. 빠르게 시간을 돌려 돌아와보면, 현재 우리는 96개 물류센터를 보유하고 있으며 7세대 물류센터를 설계하는 중입니다. 아마존의 운영팀은 비범합니다. 체계적이고 독창적이죠. '더 나은 것을 위한 변화'라는 뜻의 일본어에서 이름을 따온 '카이젠' 프로그램을 통해 아마존 직원들은 소규모 팀에서 일하면서 절차를 간소화하고 결함과 낭비를 줄입니다. 또 '지구 카이젠(Earth Kaizen)'이라는 프로그램을 통해선 절감, 재활용, 기타 환경 관련 목표들을 세웠고요. 2013년 아마존에선 4700명 이상의 직원들이 1100개 카이젠에 참여했습니다.

정교한 소프트웨어는 우리 물류센터의 핵심입니다. 올해 우리는 물류센터 네트워크 전체에 걸쳐 280가지 주요 소프트웨어와 관련된 개선을 시작했습니다. 우리의 목표는 이들 건물의 디자인, 레이아웃, 기술을 계속 복제 및 개선하여 우리가 만드는 각각의 새로운 시설이 이전의 시설보다 나아지게 하는 것입니다. 6세 이상의 일반인들은 물류센터 투어에 참여할 수 있고 amazon.com/fctours에서는 투어 관련 정보도 얻을 수 있으니 직접 오셔서 한번 둘러보십시오. 저는 매번 물류센터를 방문할 때마다 몹시 놀랍니다. 여러분도 투어를 신청하신다면 좋겠군요. 아마 깊은 인상을 받으실 겁니다.

도심의 회사

2013년 우리는 시애틀에 42만 제곱피트(약 3만 9000제곱미터)의 신규 사옥 부지를 마련하고, 4개 도시 블록 및 700만 제곱피트(약 65만 제곱미터)의 새로운 공사에 착수했습니다. 물론 교외에 사옥을 짓는다면 비용을 절약할 수 있었겠지만 우리에게 중요한 것은 도심에서 일하는 것이었습니다. 도심의 회사는 훨씬 더 자연친화적입니다. 직원들은 기존 지역사회와 대중교통 인프라를 활용해 차에 덜 의존하게 됩니다. 우리는 직원들이 안전하고 오염을 유발하지 않는 방법으로 쉽게 사무실에 올 수 있도록 자전거 전용 도로에 투자하고 있습니다. 아마존의 많은 직원들은 회사 근처에 살면서 교통수단을 이용하지 않고 걸어서 회사에 올 수 있습니다. 아직 증명해 보일 수는 없지만 도심의 본사는 아마존이 활력을 유지하고, 적절한 인재를 유인하며, 직원들과 시애틀의 건강 및 웰빙을 증진하는 데 도움을 준다는 것이 저의 믿음입니다.

빠른 배송

———

US 포스탈 서비스와의 제휴로 우리는 최초로 일부 도시에 일요 배송 서비스를 시작했습니다. 일요일 배송은 아마존 고객에게 큰 혜택입니다. 우리는 2014년에 많은 미국인들을 대상으로 이 서비스를 시작할 계획입니다. 현지의 상업 운송업체들이 성수기의 아마존 매출을 감당할 수 없는 영국에서는 아마존만의 빠른 라스트 마일(last-mile, 제품 배송에서 목적지 도착 직전의 마지막 단계) 배송 네트워크를 만들었습니다. 배송 인프라가 아직 충분히 발달하지 않은 인도와 중국의 대도시 전역에선 물건을 배송하는 아마존 바이크(Amazon Bike) 배달원을 보실 수 있을 겁니다. 그리고 앞으로는 더 많은 발명품이 나올 것입니다. 아마존의 프라임 에어(Prime Air) 팀은 이미 5세대와 6세대 공중 수송기의 비행 테스트를 실시했으며 현재 7세대와 8세대를 디자인하는 단계에 있습니다.

실험, 또 실험

———

'웹랩(Weblab)'은 아마존만의 내부 실험 플랫폼으로, 우리는 이를 이용해 아마존 웹사이트와 제품에서의 개선사항을 평가합니다. 2013년 우리는 전 세계에 걸쳐 1976건의 웹랩을 운영했는데, 이는 2011년의 546건과 2012년의 1092건에서 크게 늘어난 수치입니다. 웹랩을 통한 최근의 성공작으론 '사용자에게 물어보세요(Ask an Owner)'라는 기능을 꼽을 수 있습니다. 우리는 온라인상에 고객 리뷰를 공개하는 새로운 아이디어를 이미 오래전 실행에 옮겼습니다. 제품에 대한 의견을 서로 공유하게 함으로써 다른 고객들이 그 정보를 기반으로 구매를 결정할 수 있게 돕기로 한 것이죠. '사용자에게 물어보세요' 기능도 이런 전통을 따릅니다. 고객은 상품 페이지에서 해당 상품과 관련된 어떤 질문이든 할 수 있습니다. "이 제품은 제가 갖고 있는 TV/스테레오/PC와 호환이 될까요?" "쉽게 조립할 수 있나요?" "배터리는 얼마나 오래가나요?" 그럼 우리는 그 제품의 '사용자들'에게 이런 질문들을 보내죠. 온라인 고객 리뷰 기능을 통해 우리가 확인한 바 있듯, 고객들은 자신의 지식을 다른 이들과 직접 공유하는 일을 즐깁니다. '사용자에게 물어보세요'에 등록되어 답을 얻은 질문은 이미 수백만 개에 달합니다.

의류와 신발

아마존 패션(Amazon Fashion)은 급속히 발전하고 있습니다. 고급 브랜드들은 아마존을 이용함으로써 유행에 민감한 고객들에게 닿을 수 있다는 점을 인식하게 되었죠. 또한 고객들은 넓은 선택의 폭, 무료 환불, 모델이 걷고 몸을 돌릴 때 옷이 어떻게 움직이고 옷을 걸친 맵시는 어떤지 확인할 수 있는 상세한 사진과 동영상을 즐기고 있습니다. 우리는 브루클린에 4000제곱피트(약 371제곱미터) 규모의 새로운 사진 스튜디오를 열고 그 안의 28개 구역에서 현재 일평균 1만 413장의 사진을 촬영하고 있습니다. 오픈을 축하하기 위해 우리는 뉴욕의 유명 미술대학 프랫(Pratt), 파슨스(Parsons), 스쿨 오브 비주얼 아트(School of Visual Art), 뉴욕 패션기술학교(Fashion Institute of Technology)의 학생들을 대상으로 하는 디자인 콘테스트를 개최했습니다. 심사는 스티븐 콜브[Steven Kolb, 미국패션디자이너협회(Council of Fashion Designers of America) 회장], 에바 첸[Eva Chen, 패션지 〈럭키(Lucky)〉의 전 편집자이자 인스타그램(Instagram)의 패션 파트너십 담당 이사], 데렉 램(Derek Lam, 미국의 패션 디자이너), 트레이시 리즈(Tracy Reese, 미국의 패션 디자이너), 스티븐 앨런(Steven Alan, 미국의 패션 디자이너)이 맡았고 우승의 영예는 파슨스가 차지했습니다.

불만 제로 포장

성가신 포장끈, 물샐틈없이 제품을 감싸고 있는 단단한 플라스틱 포장재와 씨름해본 적이 있으십니까? 아마존의 불만 제로 포장(Frustration-Free Packaging)은 5년 전 시작되었습니다. 새로 산 전자제품이나 완구 포장을 뜯다가 고객이 다쳐선 안 된다는 단순한 아이디어에서 출발한 불만 제로 포장은 이제 20만 가지 상품에 적용될 정도로 성장했습니다. 개봉이 편리한 재활용 포장재 덕에 이 제품들은 '고객을 화나게 만드는 포장'을 피하는 동시에 포장재의 낭비도 줄여 지구를 살립니다. 불만 제로 포장 프로그램에는 피셔프라이스(Fisher-Price), 마텔(Mattel), 유니레버(Unilever), 벨킨(Belkin), 빅토리녹스 스위스 아미(Victorinox Swiss Army), 로지텍(Logitech)을 비롯한 2000개 이상의 제조사가 참여하고 있습니다. 우리는 지금까지 175개국에 수백만 개의 불만 제로 포장 제품을 배송했고, 3300만 파운드(약 1만 5000톤)어치의 과다 포장을 없앰으로써 고객들이 처리해야 하는 폐기물까지 줄여주고 있습니다. 이 프로그램은 오로지 고객만을 위해 서비스하는 선교사 팀의 면모를 보여주는 완벽한 예입니다. 겨우 19개 제품에서 시작된 아이디어가 직원들의 성실함과 인내를 바탕으로 늘어나 현재 수십 만 개 제품에 적용되고, 수백만 고객들에게 혜택을 드리고 있으니까요.

풀필먼트 바이 아마존

풀필먼트 바이 아마존을 사용하는 판매자의 수는 지난해보다 65%
증가했습니다. 이렇게 큰 폭으로 증가하는 것은 상당히 드문 일이죠.
FBA는 여러 면에서 특이합니다. 하나의 프로그램이 두 부류의 고객
을 만족시키기란 쉽지 않습니다. FBA 프로그램을 이용하는 판매자
는 자신의 제품들을 우리 물류센터에 보관하고, 우리는 고객이 구입
한 물건을 골라 포장·배송하며 이들 제품에 대한 고객서비스를 제
공합니다. 판매자들은 세계에서 가장 뛰어난 물류 네트워크의 혜택
을 통해 자신의 사업을 수백만 고객의 규모로 쉽게 확장시킬 수 있습
니다. 또한 FBA 제품들은 아마존 프라임에서 제공하는 무료 2일 배
송의 대상이 되기에 프라임 회원까지 고객으로 아우를 수 있습니다.
상품 선택의 폭이 넓어지니 고객들에게도 이득이죠. 프라임 멤버십
을 통해 더 많은 가치를 얻게 되는 것입니다. 그러므로 FBA 프로그
램에 가입한 판매자들의 매출이 증가하는 것은 당연한 수순입니다.
FBA를 이용 중인 판매자들을 대상으로 2013년에 실시한 설문조사
에서는 응답자 네 명 중 거의 세 명이 'FBA 가입 이후 아마존닷컴에
서의 단위매출이 20% 증가했다'고 밝혔습니다. 모두에게 득이 되는
프로그램인 것이죠.

"FBA는 내가 고용해본 직원들 중 최고입니다. (…) 어느 날 아침 일어나
보니 FBA가 50개 제품을 배송해놓았더군요. 자고 있는 사이에도 물건

을 팔 수 있다는 점을 깨닫게 되니 FBA를 이용하기로 결정하는 건 전혀 어려운 일이 아니었습니다."

– 타니 셔크(Thanny Schuck), 액션 스포츠 LLC(Action Sports LLC)

"많이 알려지지 않은 브랜드에서 시작한 터라 우리는 우리 제품의 재고를 받아주는 소매업체를 찾기가 어려웠습니다. 그런데 아마존에는 그런 장벽이 없더군요. '사업을 시작하고 싶다'라는 생각만 있으면 아마존에서는 곧바로 그렇게 할 수 있습니다. 사무실을 임대하고 직원을 고용할 필요 없이 혼자서 시작하면 됩니다. 제가 한 것처럼 말이죠."

– 웬델 모리스(Wendell Morris), 요가랫(YogaRat)

로그인 앤드 페이 위드 아마존

———

몇 년 동안 우리는 아마존 고객들이 아마존 계정에 저장해둔 신용카드 정보와 배송 주소를 이용하여 킥스타터(Kickstarter), 스머그머그(SmugMug), 고고 인플라이트(Gogo Inflight) 등 다른 사이트에서도 결제를 할 수 있게 해왔습니다. 그리고 올해는 그 기능을 확대했죠. 번거롭게 다른 계정의 사용자 이름이나 비밀번호를 기억할 필요 없이 아마존 계정을 이용해서 로그인이 가능하게 만든 것입니다. 이는 고객에게는 물론 비즈니스를 구축하는 이들에게도 편리한 기능입니다. 온라인 가구 소매업체인 사이맥스 스토어즈(Cymax Stores)는 이러한 로그인 앤드 페이 위드 아마존(Login and Pay with Amazon)을 통해 엄청난 성공을 거두었습니다. 현재 이 프로그램에 등록하는 신규 계정 수는 세 배로 늘어났고 첫 3개월 동안의 구매전환율이 3.15% 높아지면서 전체 주문의 20%를 차지하고 있습니다. 사실 이례적인 일은 아닙니다. 우리는 많은 파트너들을 통해 이런 결과를 보고 있는데 이는 우리 팀원들에게 자극제이자 격려가 되고 있습니다. 2014년에는 더 많은 긍정적 결과를 거둘 것입니다.

아마존 스마일

2013년 우리는 아마존 스마일을 론칭했습니다. 아마존 스마일 고객들이 쇼핑을 할 때마다 자신의 마음에 드는 자선단체를 간편히 후원할 수 있는 방법이죠. 고객이 스마일닷아마존닷컴(smile.amazon.com)에서 쇼핑을 하면 아마존은 구매가의 일부를 고객이 선택한 자선 단체에 기부합니다. 기존 아마존닷컴과 동일하게 스마일닷아마존닷컴에서도 선택 사항, 가격, 배송 옵션, 프라임 혜택을 누릴 수 있습니다. 장바구니 및 구매 희망 리스트도 아마존닷컴의 것과 동기화되죠. 흔히들 떠올리는 전국적 규모의 대형 자선단체 외에도 지역 어린이 병원, 또는 자녀가 재학 중인 학교의 학부모회 등 여러분이 원하시는 어떤 곳이든 후원 대상 단체로 지정할 수 있습니다. 선택 가능한 자선단체는 거의 100만 개에 달하니 그중에서 여러분이 원하는 기부처를 찾으실 수 있길 바랍니다.

메이데이 버튼

"이 기기의 성능은 매우 뛰어납니다. 게다가 메이데이 기능은 그야말로 환상적이죠!!!!! 킨들 팀이 이 기능으로 크게 한 건 했네요."

"방금 HDX로 메이데이 버튼(Mayday Button)을 실행해봤습니다. 응답이 오는 데까지 15초가 걸리더군요. (…) 아마존이 또 사고를 쳤네요. 대단히 인상적입니다."

'표준을 재설정'하는 것, 즉 고객들이 사랑하는 것들을 만들어내고 '표준'에 대한 그들의 기준을 재설정하는 것보다 우리에게 더 큰 기쁨은 없습니다. 메이데이는 디바이스 기술 지원에 대한 아이디어를 완전히 뒤바꾸며 혁명을 일으키고 있습니다. 메이데이 버튼을 누르면 당신의 파이어 HDX 태블릿에 아마존 전문가가 나타납니다. 그리고 당신이 지켜보는 가운데 기기 화면에서 그림을 그려가며 설명해주거나, 당신 스스로 취할 수 있는 방법을 자세히 안내하거나, 당신 대신 무언가를 처리해주는 등 가장 적합한 방법으로 당신을 돕죠. 메이데이는 1년 365일 24시간 내내 이용 가능하며 목표로 하는 응답 시간은 15초 이내입니다. 우리는 그 목표를 달성했습니다. 가장 바쁜 크리스마스에도 평균 응답 시간이 9초에 불과했으니까요.

메이데이는 그 외에도 재미있는 결과를 불러왔습니다. 메이데이 기술상담사들은 고객들로부터 35건의 결혼 신청을 받았고, 475명의 고객들은 우리의 메이데이 모델인 에이미(Amy)에게 대화를 신청했습니다. 109건의 메이데이는 고객들이 피자를 주문하는 데 도움을 받으려고 누른 것이었습니다. 차이가 크진 않았지만 고객들은 도미노(Domino)보다는 피자헛(Pizza Hut)을 선호하더군요. 메이데이 기술상담사들이 고객에게 생일축하 노래를 불러준 횟수는 44회였는데, 고객들로부터 세레나데를 들은 횟수는 648회였습니다. 세 명의 고객은 자기가 잠들 수 있게 책을 읽어달라고 부탁했고요. 멋지지 않습니까?

저는 이런 이야기들을 통해 여러분이 우리의 기회 및 이니셔티브가 미치는 범위는 물론 그런 프로그램에 착수할 때 우리가 쏟아붓는 독창성, 최고의 품질을 위한 분투를 알아주시길 기대합니다. 메이데이 버튼은 그중 일부에 불과하다는 것을 다시금 강조해야겠군요. 이 서한에서는 미처 설명하지 못했지만 제가 이야기한 것들만큼이나 유망하고, 중대하며, 흥미로운 프로그램들이 많습니다.

우리는 독창성을 갖춘 대규모 팀, 끈기 있고 선구적이며 고객에게 집착하는 문화를 보유하는 행운을 누리고 있습니다. 고객을 대신하는 크고 작은 대단한 혁신들이 우리 회사 전체에 걸쳐 일어나고 있죠. 발명이라는 일을 회사의 고위 임원의 업무로 제한하지 않고 회사 전체에 분권적으로 배분하는 것은 고속의 대량 혁신을 가능케 하는 유일한 방법입니다. 우리가 하고 있는 일은 어렵지만 재미있고, 앞으로도 우리는 계속 이렇게 일할 것입니다. 실패는 발명의 본질이지 선택사항이 아닙니다. 제대로 일을 해낼 때까지 빨리, 또 계속 실패를 반복해야 한다는 점을 우리는 잘 알고 있습니다. 이런 절차가 효과적이라는 건 우리가 하는 실패의 규모가 비교적 작다(대부분의 실험은 작은 규모로 시작되니까요)는 뜻이자, 정말로 고객에게 효과가 있는 무언가를 발견할 경우 우리는 그것을 보다 큰 성공으로 전환시키겠다는 희망으로 한층 더 완강히 밀어붙인다는 의미입니다. 그렇지만 항상 그렇게 명확한 효과를 거두는 것은 아니죠. 발명은 혼란스럽고 복잡한 일입니다. 큰돈을 투자한 발명에서 실패하는 경우도 앞으로 분명 생길 테고요.

조이 코베이(Joy Covey)를 기억하며 이 글을 마무리할까 합니다(조이 코베이는 2013년 9월에 교통사고로 세상을 떴음). 아마존 초기의 재무 담당 최고책임자였던 조이는 우리 회사에 지워지지 않을 족적을 남겼습니다. 명석하고, 열정적이며, 너무나 재미있는 사람이었죠. 그녀는 웃음이 많았고, 언제나 눈을 크게 뜨고선 그 무엇도 놓치지 않았습니다. 장기적인 시각과 지혜를 가진 조이는 우리 경영진 모두와 회사의 전체 문화에 큰 영향을 주었습니다. 비록 세상을 떴지만 그녀는 늘 아마존에서 우리와 함께하면서 우리가 세부적 부분을 놓치지 않고 주위의 세상을 둘러보며 재미를 찾게끔 지켜줄 것입니다.

아마존 팀의 일원인 저는 엄청난 행운아입니다. 오늘도 우리에게는 여전히 첫날입니다.

세 가지 중요한 아이디어 (2014)

환상적인 사업계획이라 하는 것들엔 최소한 네 가지 특징이 있어야 합니다. 고객이 그것을 좋아해야 하고, 매우 큰 규모로 성장할 수 있어야 하며, 자본이익률이 높아야 하고, 수십 년 지속될 수 있을 정도로 오래가는 것이어야 한다는 게 그것이죠. 이런 특징들을 발견하면 이것저것 재지 말고 그것과 결혼해야 합니다.

아마존이 이런 측면에서 일부일처제를 따르지 않았다고 말할 수 있어서 다행입니다. 20년간의 위험 감수와 팀워크, 또 그 과정에서 넉넉히 따라준 행운 덕분에 우리는 평생의 동반자 셋과 행복한 결혼 생활을 하고 있습니다. 마켓플레이스, 프라임, AWS가 그 동반자들이죠. 이 사업들 모두는 처음엔 대담한 베팅이었고, 분별 있는 사람들은 그것들이 실패할 것이라 (자주!) 예측했습니다. 이제 그것들이 얼마나 특별한 사업인지, 또 우리에게 그런 사업들이 있어 얼마나 다행인지는 분명해졌습니다. 사업에선 공짜로 얻을 수 있는 것이 없다는 점 또한 그렇고요. 그 사업들을 키워나가고 강화하는 것이 아마존의 일임을 우리는 항상 인식하고 있습니다.

우리는 일상적인 도구들을 가지고 그 일에 접근합니다. 경쟁자가 아닌 고객을 중심으로 하는 사고, 발명에 대한 진지한 열정, 운영 탁월성을 위한 헌신, 장기적인 시각을 가지고 말입니다. 적절한 실천과 약간의 행운이 따라준다면 마켓플레이스, 프라임, AWS는 앞으로 긴 세월 동안 고객에게 봉사하는 동시에 금전적 이익까지 선사해줄 것입니다.

마켓플레이스

마켓플레이스의 초기 상황은 쉽지 않았습니다. 우선 우리는 아마존 옥션을 론칭했습니다. 옥션에 들어왔던 사람이 일곱 명쯤 되었던 것 같네요. 우리 부모님과 형제들까지 포함해서 말이죠. 이후 옥션은 지숍으로 탈바꿈했습니다. 기본적으로 지숍은 고정가 버전의 옥션인 셈이었고, 고객은 여전히 없었습니다. 그다음에 우리는 지숍을 마켓플레이스로 바꾸었습니다. 마켓플레이스는 회사 내부에서 단일 상세페이지(Single Detail Page, SDP)라 불렸습니다. 우리의 가장 귀중한 소매 시장(아마존의 상품 상세페이지)에 외부판매자들을 끌어들여 아마존 소매 카테고리의 매니저들과 경쟁하게 하자는 아이디어이자 고객들이 더 편리해지는 방식이었죠. 마켓플레이스에서의 매출은 1

년 만에 아마존 매출 전체의 5%를 차지했습니다. 현재 아마존 단위 매출의 40% 이상은 200만이 넘는 외부판매자들이 올리고 있으며, 2014년에 아마존 고객들이 외부판매자들에게 주문한 상품은 20억 개가 넘습니다.

이런 혼합형 모델의 성공은 아마존의 관성 바퀴(flywheel, 본래는 에너지를 저장해 회전 속도를 고르게 하는 부품을 뜻하나 유명 컨설턴트이자 작가인 짐 콜린스가 사용하며 유명해진 표현. 초반에 움직이게 만드는 데는 엄청난 힘이 필요하지만 일단 돌아가기 시작하면 탄력을 받고 계속 돌리면 스스로 움직이며 추진력을 창출한다는 점에서 콜린스는 비즈니스가 추진력을 얻는 상황을 이에 비유했음)를 가속시켰습니다. 처음에 고객들은 상품가격이 낮고, 고객경험이 뛰어나며, 아마존에서 판매되는 제품이 빠르게 늘어나는 데 매력을 느꼈습니다. 외부판매자의 제품을 우리 제품과 나란히 내놓으면서 우리는 고객에게 더욱 매력적인 쇼핑 사이트가 되었고, 이는 다시 더 많은 외부판매자를 끌어들이는 요인이 되었죠. 이로써 규모의 경제가 한층 커졌고 우리는 그에 따른 혜택을 보다 낮은 상품가격으로, 그리고 기준을 충족하는 주문에 대한 배송비를 없애는 쪽으로 돌렸습니다. 이 프로그램을 미국에 도입한 뒤 우리는 가능한 한 빨리 이를 외국 아마존 사이트로도 확대했습니다. 그 결과 마켓플레이스는 전 세계 아마존 웹사이트 전체를 매끄럽게 통합하기에 이르렀죠.

우리는 판매자들의 업무량을 줄이고 그들 사업의 성공을 확대하기 위해 열심히 노력 중입니다. 판매 코치(Selling Coach) 프로그램을 통해 우리는 자동화된 머신러닝 '넛지(nudge, 강압 없이 사람들의 선택을 유도

하는 부드러운 개입)'를 지속적으로 생성시킵니다(매주 대략 7000만 건 이상이죠). 판매자가 재고 부족 상황을 피하게끔, 판매 제품의 수를 늘리게끔, 또 좀 더 경쟁력 있는 가격을 매기게끔 해주는 것입니다. 이러한 넛지는 판매자들의 엄청난 매출 증가로 이어집니다.

마켓플레이스를 더욱 세계화하기 위해 현재 우리는 이미 우리가 진출한(그리고 아직 진출하지 않은) 국가의 판매자들이 자국 소비자 이외의 아마존 고객들과도 닿을 수 있게 돕고 있습니다. 지금까지 100개국 이상에서 판매자들을 유치했고 그들을 185개국의 고객들과 연결시켰죠.

현재 아마존 외부판매자들이 올리는 매출의 20%는 판매자의 자국이 아닌 곳에서 발생하고, 지난해에 그들이 기록한 해외 매출은 거의 두 배로 증가했습니다. 유럽연합(EU)의 판매자들은 아마존 계정 하나만 개설하면 다국어로 자기 사업을 관리함은 물론 EU의 아마존 웹사이트 다섯 곳 전체에 자신의 상품을 올릴 수도 있습니다. 보다 최근에 우리는 판매자들의 해외 배송 물량을 통합함으로써 대양을 사이에 둔 아시아와 유럽 및 북아메리카 간 배송 물량에 대량 할인 운임이 적용되도록 돕기 시작했습니다.

마켓플레이스는 인도에서 빠르게 성장하고 있는 우리 사업의 핵심입니다. 인도 아마존의 모든 제품은 외부판매자들이 제공하는 것이기 때문이죠. 2만 1000곳 판매자들의 제품 2000만 종 이상이 구비되어 있는 인도 아마존은 현재 인도 내의 어떠한 전자상거래 사이트에서보다 더 많은 상품 선택권을 고객들에게 제공합니다. 우리는 이지 십(Easy Ship) 서비스를 통해 판매자로부터 제품을 픽업하고 최종 사용자에게 이르는 배송을 처리합니다. 인도 아마존 팀은 이 서비스를 바탕으로 키라나 나우(Kirana Now)의 시범 운영을 시작했습니다. 키라나 나우는 고객이 주문한 일용품을 한두 시간 내에 해당 지역의 식료품 매장에서부터 고객에게 배송해주는 서비스입니다. 이 서비스는 고객의 편의를 향상시킴과 동시에 서비스 참여 업체들의 매출도 늘려주고 있습니다.

아마도 판매자에게 가장 중요한 프로그램은 우리가 만든 풀필먼트 바이 아마존일 것입니다. 하지만 이와 관련된 내용은 프라임에 대한 이야기 뒤에 다루는 것으로 아껴두겠습니다.

아마존 프라임

10년 전 우리는 아마존 프라임을 론칭했습니다. 본래는 무제한 적용되는 빠른 배송 프로그램으로 만들어졌죠. 위험한 시도가 될 거란 이야기를 수도 없이 들었는데, 사실 여러 면에서 위험했던 건 맞습니다. 시행 첫해에는 배송으로 올리는 수백만 달러의 매출을 포기해야 했죠. 단순한 수학적 계산만으로는 그것이 얼마의 가치를 가지게 될 일인지 도저히 알 수 없었습니다. 앞으로 나아가자는 우리의 결정은 프리 슈퍼 세이버 배송을 도입했을 당시 관찰했던 긍정적 결과, 그리고 고객들은 자신들이 쇼핑 역사상 가장 좋은 거래를 제안받고 있음을 빠르게 인식할 것이란 직감을 바탕으로 했습니다. 이에 더해, 일정 규모를 달성하면 빠른 배송 비용을 상당히 낮출 수 있다는 사업 분석도 큰 몫을 했죠.

위탁 재고(owned inventory, 구매자에게 판매될 때까지 공급자가 재고의 소유권을 갖는 방식) 소매 사업은 아마존 프라임의 토대입니다. 우리는 각 카테고리별로 전문 온라인 '매장'을 구축하는 소매팀들을 구성함은 물론 재고 보충, 재고 배치, 상품가격 설정을 자동화하는 대규모 시스템을 만들었습니다. 고객과 약속한 배송일을 정확히 지키려면 물류센터를 새로운 방식으로 운영해야 했으니까요. 이 모든 것을 종합한 일은 우리 글로벌 운영팀의 뛰어난 성과 중 하나입니다. 아마존 프라임을 시작한 2005년에 열세 개였던 우리의 세계 물류센터 네트워크는 올해 109개로 늘어났습니다. 지금은 접수, 적하, 선택, 배송을 관리하는 독점 소프트웨어를 활용해 여덟 번째 물류센터를 설계 중이죠. 2012년 키바 시스템즈(Kiva Systems, 물류용 로봇 제조 및 운영업체)의 인수로 시작된 아마존 로보틱스(Amazon Robotics)는 현재 1500대 이상의 로봇을 이용해 사상 최고의 밀도와 저렴한 비용으로 제품의 적하 및 검색을 지원합니다. 우리의 위탁 재고 소매 사업은 여전히 신규 프라임 회원을 끌어들이는 최적의 도구임과 동시에 트래픽과 외부 판매자를 유인하는 카테고리 구축에 있어 가장 중요한 부분입니다.

빠른 배송은 지금도 프라임 혜택의 핵심이지만 우리는 프라임에 활기를 불어넣을 새로운 방안들도 강구하고 있습니다. 가장 중요한 것은 디지털과 디바이스죠.

2011년 우리는 PIV, 즉 프라임 인스턴트 비디오를 회원 혜택으로 추가했습니다. PIV는 현재 미국 내에서 무제한 스트리밍이 가능한 수만 편의 영화와 TV 프로그램을 보유 중이며 영국과 독일로의 확장도 시작했습니다. 우리는 스트리밍 콘텐츠의 확보와 제작에 상당한 자금을 투자하고 있는데, 이 과정에서 중요한 것은 우리가 그에 따르는 효과를 모니터하고 있다는 점입니다. 우리는 스스로에게 이렇게 묻습니다. "이건 투자할 만한 가치가 있는 일일까?" "이건 아마존 프라임에 힘을 불어넣어주는 일일까?" 무엇보다 우리는 프라임을 무료 체험하는 사람들의 수, 그들 중 유료 회원으로 전환하는 이들의 비율, 유료 회원들의 갱신 비율, 그리고 이 경로를 밟은 회원의 상품 구매율을 주시합니다. 우리는 지금까지 지켜본 결과에 만족하며 이에 대한 투자를 계속할 계획입니다.

　PIV 지출의 대부분은 라이선스 콘텐츠 확보에 사용됩니다. 하지만 우리는 오리지널 콘텐츠도 본격적으로 개발 중이며 출발부터 호조를 보이고 있습니다. 스트리밍으로 서비스된 아마존의 첫 작품 〈트랜스페어런트〉는 골든 글로브에서 베스트 코미디상을 받았고, 〈텀블 리프(Tumble Leaf)〉는 에미상 어린이 만화 시리즈 부문에서 수상했습니다. 이들 작품은 비평계의 극찬을 받았을 뿐 아니라 스트리밍 횟수의 측면에서도 좋은 결과를 냈습니다. 오리지널 콘텐츠 제작의 장점은 그 작품이 아마존 프라임에서 처음으로 상영된다는 데 있습니다. 다른 곳에서 방영된 적 없는 작품을 볼 수 있는 것이죠. 프로그램의 질과 함께 최초 상영이라는 이점이 높은 수치를 이끌어내는 요소 중 하나로 보입니다. 우리 입장에선 프로그램 자체 제작이 고정비용의 성격을 가지고 있다는 것도 퍽 마음에 듭니다. 그 고정비를 수많은 아마존 회원들에게 분산할 수 있으니까요. 마지막으로 오리지널 콘텐츠 제작에 대한 우리의 비즈니스 모델은 상당히 독특합니다. 골든 글로브 수상을 위한 노력이 전동공구와 아기 물티슈의 판매 증가로 보상받으리라는 점을 생각해낸 최초의 회사는 아마존일 거라고 저는 확신합니다!

아마존은 킨들에서 파이어 TV, 에코에 이르는 디바이스들을 설계·제작하고, 프라임 인스턴트 비디오와 프라임 뮤직(Prime Music) 등으로 프라임 서비스에 활기를 불어넣으며, 아마존 생태계를 구성하는 모든 요소들과의 연계를 넓혀갑니다. 그리고 앞으로는 더 많은 일들을 해나갈 것입니다. 우리 디바이스팀에겐 강력하고 흥미로운 로드맵이 있기 때문이죠.

프라임은 본래의 빠른 무료 배송에 대한 약속을 개선하는 일도 멈추지 않았습니다. 최근 론칭한 프라임 나우(Prime Now)는 1만 가지 제품에 대한 2시간 내 무료 배송 서비스, 그리고 7.99달러의 수수료가 붙는 1시간 내 배송 서비스를 프라임 회원들에게 제공합니다. 초반의 많은 리뷰들은 대개 이런 내용이었습니다. "지난 6주 동안 남편과 저는 아마존 프라임 나우를 통해서 어이없을 정도로 많은 주문을 했어요. 저렴하고, 쉽고, 미친 듯 빠르네요." 맨해튼, 브루클린, 마이애미, 볼티모어, 댈러스, 애틀랜타, 오스틴에서 시작된 이 서비스는 곧 더 많은 도시로 확대될 것입니다.

이제는 풀필먼트 바이 아마존에 대해 이야기할까 합니다. FBA는 대단히 중요합니다. 마켓플레이스와 프라임을 떼어놓을 수 없게 연결하는 접착제니까요. FBA 덕분에 마켓플레이스와 프라임은 더 이상 별개의 프로그램이 아닙니다. 사실 이젠 그 둘을 따로 분리시켜 생각하는 것이 불가능하죠. 그들의 경제와 고객경험은 현재 매우 바람직하게, 그리고 아주 깊게 얽혀 있습니다.

FBA는 마켓플레이스의 판매자들을 위한 서비스입니다. FBA를 이용하는 판매자는 재고를 우리 물류센터에 맡깁니다. 우리는 물류와 고객서비스, 제품 반품 업무를 맡고요. 고객이 FBA 상품과 아마존의 자체 재고 상품을 함께 주문하면 우리는 두 상품을 한 상자에 담아 고객에게 배송할 수 있습니다. 효율의 측면에서 큰 이득을 보는 것이죠. 하지만 더 중요한 것은 판매자가 FBA에 가입함으로써 그들의 상품이 프라임 서비스를 적용받게 된다는 점입니다.

당연한 것을 확실하게 파악하는 일은 생각보다 어렵습니다. 하지만 시도해볼 만한 가치가 있는 유용한 일이죠. 판매자가 원하는 것은 무엇일까요? 이 질문에 대한 정확한 (그리고 당연한) 답은 '보다 많은 매출'입니다. 그렇다면 판매자가 FBA에 가입하고 그들의 상품이 프라임 서비스의 대상이 되면 어떤 일이 벌어질까요? 매출이 늘어납니다.

프라임 회원의 입장에서는 어떤 변화가 생길까요? FBA에 가입하는 판매자가 늘어날 때마다 프라임 서비스의 대상이 되는 제품은 늘어납니다. 멤버십의 가치가 커지는 거죠. 이는 우리의 관성바퀴에 큰 영향을 줍니다. FBA는 순환 구조를 완성합니다. 마켓플레이스는 프라임에, 프라임은 마켓플레이스에 활기를 불어넣는 순환 구조 말입니다.

미국 판매자들을 대상으로 이뤄진 2014년의 설문에서 FBA 판매자의 71%는 FBA 가입 이후 판매량이 20% 이상 상승했다고 보고했습니다. 지난 연말에는 전 세계의 FBA 배송 상품이 지난해보다 50% 증가해 유료 외부판매자들의 매출에서 40% 이상을 차지했습니다. 더불어 지난해 유료 프라임 고객들은 미국에서 50% 이상, 세계적으로는 53% 증가했습니다. 이처럼 FBA는 고객들에게도 판매자에게도 이득입니다.

아마존 웹서비스

9년 전 시작된 아마존 웹서비스라는 급진적 아이디어는 현재 엄청난 규모로 성장했고 계속해서 빠르게 성장가도를 달리고 있습니다. AWS의 얼리어답터는 스타트업들이었습니다. 주문형 종량제 클라우드 스토리지와 컴퓨터 리소스는 새로운 사업의 시작 속도를 극적으로 향상시켰습니다. 핀터레스트(Pinterest), 드롭박스(Dropbox), 에어비앤비(Airbnb)와 같은 기업들은 모두 AWS 서비스를 이용했고 지금도 여전히 우리 고객입니다.

그 이후 대기업들도 참여하기 시작했습니다. 그들이 AWS를 선택한 주된 이유는 스타트업의 경우와 마찬가지로 속도와 민첩성이었습니다. IT 비용을 절감하는 것은 매력적인 일이고, 때로는 절대적

비용절감액이 엄청나게 커지는 경우도 있죠. 하지만 비용절감만으로는 성능과 기능성의 결핍을 극복할 수 없습니다. 기업들은 IT에 의존하기에 IT는 그만큼 회사 운영에 필수적인 요소입니다. 따라서 "저는 당신의 연간 IT 비용을 상당히 줄여드릴 수 있고, 제가 제공하는 서비스의 질은 당신이 현재 이용하고 계신 서비스와 비슷합니다"라는 식의 제안으로는 많은 고객을 설득할 수 없습니다. 고객들이 이 무대에서 정말로 원하는 건 '더 낫고 더 빠른' 서비스니까요. 비용절감이라는 반찬에 '더 낫고 더 빠른'이 곁들여진다면 환상적이겠죠. 비용절감은 밑반찬일 뿐이기에 주요리가 될 수 없습니다.

IT는 비즈니스에 막대한 영향력을 행사합니다. 경쟁사의 IT 부서가 자기 회사의 IT 부서보다 민첩하기를 바라는 사람은 없습니다. 모든 기업에는 가능한 한 빨리 실행되길 고대하는 기술 프로젝트 리스트가 있습니다. 다만 현실에서는 힘겹게 우선순위가 나뉘게 마련이고 실행되지 못하는 프로젝트들도 많죠. 자원을 투자한 프로젝트인데 결과가 늦게 나오거나 그 기능이 불완전한 경우 또한 많습니다. 그렇기에 더 많은 사업상의 기술 과제를 보다 빨리 제공하는 방법을 찾아낸다면 IT 부서는 조직에서 중요하고 실질적인 가치를 창출할 수 있을 것입니다.

AWS가 그토록 빠르게 성장하고 있는 주 이유가 바로 이것입니다. 더 많은 것을 얻을 수 있다는 점을 인식한 IT 부서들은 AWS를 선택합니다. 데이터센터 관리, 네트워킹, 패치 관리 시스템, 용량 계획, 데이터베이스 스케일링 등 부가가치가 낮은 활동에 쓰는 시간을 줄일 수 있으니까요. 보다 중요한 것은 규모 확장이 가능하고 안정적인 고성능 시스템의 구축 업무를 극적으로 단순화시키는 강력한 API와 도구에 접근할 수 있다는 점이죠. 이런 API와 도구들은 무대 뒤에서 고객들의 노력 없이도 지속적으로 원활히 업그레이드됩니다.

현재 AWS의 유효고객(active customer)은 100만 이상입니다. 모든 규모의 기업 및 조직들은 상상할 수 있는 온갖 사업 부문에서 AWS를 사용 중이죠. 2014년 4분기의 AWS 사용은 지난해에 비해 약 90% 증가했습니다. 제너럴일렉트릭(General Electric), 메이저리그 야구(Major League Baseball), 타타자동차(Tata Motors), 콴타스(Qantas) 등의 기업 고객들은 AWS를 기반으로 새로운 앱을 구축하고 있습니다. 클라우드 소싱을 위한 앱에서부터 맞춤형 의료 앱, 트럭들을 관리하는 앱에 이르기까지 그 종류도 다양하죠. NTT 도코모(NTT DOCOMO), 〈파이낸셜 타임스(Financial Times)〉, 미국 증권거래위원회(Securities and Exchange Commission)와 같은 또 다른 고객들은 AWS를 이용하여 방대한 데이터를 분석하고 조치를 취합니다. 콘데 나스트(Conde Nast), 켈로그(Kellogg's), 뉴스 코프(News Corp) 등 많은 기업들은 축적된 주요 비즈니스 응용 프로그램을, 또 어떤 경우엔 데이터센터 전체를 AWS로 옮기고 있습니다.

우리는 그간 새로운 기능과 서비스를 추가하면서 AWS의 혁신 속도를 지속적으로 높여왔습니다. 2012년에는 약 160개, 2013년에는 280개, 지난해에는 무려 516개를 추가했죠. 워크독스(WorkDocs), 워크메일(WorkMail), AWS 람다(AWS Lambda), EC$_2$ 컨테이너 서비스(EC$_2$

Container Service), AWS 마켓플레이스 등 흥미로운 이야깃거리가 많습니다만 여기서는 간결하게 딱 한 가지, 우리가 최근 도입한 아마존 오로라(Amazon Aurora)에 대해서만 이야기할까 합니다. 우리는 오로라의 관계형 데이터베이스가 고객들에게 많은 애플리케이션의 결정적 토대인 중요 기술(하지만 대단히 문제 많은 기술이기도 하죠)의 새로운 표준이 되기를 바랍니다. 오로라는 마이SQL(MySQL) 호환 데이터베이스 엔진으로 최고급 상용 데이터베이스의 속도, 유효성과 함께 오픈 소스 데이터베이스의 단순성과 비용 효율성을 제공합니다. 오로라의 성능은 일반 마이SQL 데이터베이스보다 최대 다섯 배 이상 높지만 비용은 상용 데이터베이스 패키지의 10%에 불과하죠. 관계형 데이터베이스는 오랫동안 조직과 개발자들의 골칫거리였기에 우리는 오로라에 매우 큰 기대를 걸고 있습니다.

저는 AWS가 앞으로 오래도록 고객에게 혜택은 물론 금전적 이익까지 가져다줄 꿈의 사업계획 중 하나라고 믿고 있습니다. 이렇게 낙관하는 이유는 무엇일까요? 첫 번째는 기회의 규모가 크다는 점입니다. 전 세계가 서버, 네트워킹, 데이터센터, 인프라 소프트웨어, 데이터베이스, 데이터웨어하우스 등에 사용하는 경비를 아우를 정도로 말이죠. 저는 아마존 소매 사업이 그렇듯 AWS 역시 모든 실질적 목적에서 시장 규모에 제한을 받지 않을 것이라고 생각합니다.

둘째, AWS가 현재 시장에서 점하고 있는 선도적(이고도 중요한) 위치는 앞으로도 지속될 강력한 이점입니다. 우리는 AWS를 가능한 한 이용하기 쉽게 만들기 위해 열심히, 아주 열심히 노력 중입니다.

그럼에도 AWS는 복잡한 도구들의 집합일 수밖에 없습니다. 기능 및 학습할 것들이 많으니까요. AWS로 복잡한 시스템을 구축하는 일에 능숙해졌고 이미 이해하고 있는 AWS의 내용들로 효과를 거두고 있는 사용자라면 AWS에 새로 추가되는 일련의 도구와 API들을 굳이 더 배우고 싶어 하지 않을 것입니다. 물론 결코 안일하게 여기면 안 되는 사안입니다만, 우리가 계속해서 정말 뛰어난 방식으로 고객에게 봉사한다면 고객들은 우리와 함께하겠다는 합리적인 판단을 내릴 것입니다.

또한 AWS의 선도적 지위 덕분에 지금 우리에겐 세계를 누비는 수천 명의 실질적인 AWS 홍보대사들이 생겼습니다. 직장을 옮기는 소프트웨어 개발자들은 우리에겐 최고 영업사원입니다. "전에 일하던 곳에서 AWS를 이용했으니 여기에서도 AWS 사용을 고려해보는 것이 좋겠습니다. 더 많은 일을 해낼 수 있을 겁니다." 소프트웨어 개발자들이 자신의 이력서에 AWS 및 그 능숙도에 대한 이야기를 추가하고 있다는 건 우리에게 좋은 조짐입니다.

마지막으로 저는 AWS의 자본이익률이 높을 것이라 낙관하고 있습니다. AWS는 자본집약적인 사업이기 때문에 우리 팀은 이 점을 철저히 검토하는데, 좋은 소식은 그 분석 결과가 만족스럽게 나타나고 있다는 것입니다. 구조적으로 AWS는 그것이 대체한 모드, 즉 직접 구축한 DIY 데이터센터에 비해 자본집약도가 훨씬 낮습니다. DIY 데이터센터의 활용률은 거의 언제나 20%를 밑돌죠. 그러나 전체 고객들의 작업량을 한데 모으면 AWS의 활용률은 훨씬 높아지고 그에 따라 자본 효율도 상승합니다. 게다가 우리의 선도적 위치는 여기에서도 도움이 됩니다. 규모의 경제 덕에 자본효율에서 상대적 우위를 점할 수 있기 때문이죠. 우리는 자본수익률 제고를 위해 이 사업을 계속 주시하고 조정해나갈 것입니다.

AWS는 아직 초기 단계에 있고 여전히 성장과 진화를 계속해나가는 중입니다. 앞으로도 지속적으로 고객의 니즈를 최우선으로 생각하고 행동한다면 우리는 지금의 선도적 지위를 지켜나갈 수 있을 것입니다.

커리어 초이스

글을 마치기 전에 우리가 큰 관심과 자부심을 갖고 있는 프로그램에 대한 소식을 주주 여러분께 잠깐 업데이트해드릴까 합니다. 3년 전 우리는 혁신적 직원 혜택인 커리어 초이스 프로그램을 시작했죠. 아마존 직원들이 항공기 정비나 간호 등 자신이 원하는 분야의 강의를 들을 경우 수업료의 95%를 우리가 선지급하는 프로그램입니다. 아마존에서의 그들 커리어와 어떤 연관성이 있는 강의인지는 묻지 않습니다. 커리어 초이스의 목적은 매우 단순합니다. 선택을 가능하게 하는 것이죠.

물류센터나 고객서비스센터의 직원들 일부는 아마존에서 계속 커리어를 펼칠 겁니다. 또 어떤 사람들에게 아마존은 다른 곳의 일자리, 새로운 기술을 필요로 하는 일자리를 구하는 도중에 있는 디딤돌이겠죠. 적절한 훈련이 차이를 만들 수만 있다면 우리는 기꺼이 직원들을 도울 것입니다. 지금까지 우리는 8개국에서 이 프로그램에 참여한 2000명 이상의 직원을 도울 수 있었습니다. 이 프로그램에 대한 관심이 많아 우리는 구내 강의실을 마련했습니다. 대학 과정 및 기술 교육 과정의 수업이 우리 물류센터 내에서 이루어지기 때문에 직원들은 보다 쉽게 교육 목표를 달성할 수 있습니다.

현재 아마존의 8개 물류센터는 첨단 기능을 갖춘 전용 강의실에서 15개 강좌를 제공하고 있습니다. 유리로 만들어진 강의실 벽은 다른 직원들의 참여를 독려함과 동시에 강의를 듣는 직원들이 동료들의 격려도 받게끔 해주죠. 우리는 커리어 초이스가 훌륭한 인재를 유인하여 아마존 물류센터 및 고객서비스센터에서 고객들을 위해 서비스하게 하는 혁신적 방법이라 믿습니다. 이런 일자리들은 아마존에서의 훌륭한 커리어를 향한 관문이, 또 직원들로 하여금 자신이 필요로 하는 다른 기술 분야에 대한 열정을 좇게 해주는 기회가 될 수 있습니다. 최초의 커리어 초이스 졸업생이 간호사로 새로운 커리어를 시작한 것처럼 말입니다.

저는 2만 4000명 이상이 우리 물류센터 투어에 등록하고 이 투어를 통해 아마존닷컴에서 구매를 한 후에 일어나는 마법을 보았습니다. 여러분도 여기에 동참해보시길 바랍니다. 미국에 이어 현재는 영국의 루글리, 독일의 그라벤 등의 물류센터에서 투어가 가능하며 지금도 투어 지역은 계속 확대되고 있습니다. 예약은 www.amazon.com/fctours에서 하실 수 있습니다.

마켓플레이스, 프라임, 아마존 웹서비스, 이 세 가지는 아마존에서 가장 큰 사업입니다. 이런 사업을 할 수 있는 우리는 행운아죠. 우리는 이 사업들을 개선 및 육성하고, 고객에게 더 나은 사업으로 만들겠다고 마음먹었습니다. 네 번째 사업을 찾기 위해 열심히 노력할 것이라 기대하셔도 좋습니다. 이미 여러 후보들이 나왔고 20년 전 약속 드렸듯 우리는 계속해서 대담한 베팅을 할 것입니다. 발명을 통해 고객들에게 더 나은 서비스를 제공할 기회들은 눈앞에 펼쳐져 있고, 우리는 노력을 멈추지 않을 것입니다.

오늘도 우리에게는 여전히 첫날입니다.

큰 성공은
실패한 수많은 실험을 만회합니다 (2015)

올해 아마존은 연매출 1000억 달러에 가장 빨리 도달한 기업이 되었습니다. 또한 올해 아마존 웹서비스는 연매출 100억 달러를 달성했죠. 아마존보다 더 빠른 속도로 그 이정표에 이른 것입니다.

이 둘과 관련해선 지금 무슨 일이 벌어지고 있는 것일까요? 두 가지 모두 처음엔 작은 씨앗에 불과했고, 눈에 띄는 기업 인수 없이 유기적으로 빠르게 성장했습니다. 곁에서만 보자면 둘은 완전히 딴판입니다. 하나는 고객들을 대상으로 하고 다른 하나는 기업을 대상으로 하니까요. 또한 하나는 갈색 박스로, 다른 하나는 API로 대표됩니다. 이 두 개의 전혀 다른 사업이 한 지붕 아래에서 그렇게 빠르게 성장한 건 그저 우연일까요? 어떤 시도에서든 운은 큰 몫을 합니다. 그리고 분명 우리에겐 많은 행운이 따랐습니다. 하지만 그 외에도 두 사업 사이에는 또 다른 연관성이 있습니다. 표면 아래를 보면 둘은 그리 다르지 않습니다. 몇 안 되는 원칙을 깊이 생각하고 그에 대한 소신을 바탕으로 행동하는 남다른 조직 문화를 공유하고 있죠. 경쟁자가 아닌 고객에게 집중하고, 발명과 개척을 열망하며, 기꺼이 실패를 감수하고, 장기적 시각으로 인내하고, 우수한 운영에 전문가적 자부심을 가지는 문화 말입니다.

기업 문화에 대해 한말씀 드리겠습니다. 좋든 나쁘든 기업 문화는 지속적이며 안정적이라서 바꾸기가 어렵습니다. 문화는 강점의 근원이 될 수도, 약점의 근원이 될 수도 있습니다. '우리의 기업 문화란 이러이러한 것'이라고 종이에 적어두는 일은 쉽습니다. 하지만 이는 기업 문화를 발견하고 드러내는 것이지 문화를 창출하는 것이 아닙니다. 문화는 오랜 시간에 걸쳐 사람과 사건, 그리고 회사 전통의 일부가 되는 과거의 성공과 실패의 이야기에 의해 점진적으로 만들어집니다. 아주 독특한 문화라도 어떤 사람들에게는 매우 잘 맞을 것입니다. 문화가 시간의 흐름 속에서도 그토록 안정적인 이유는 사람들의 자기선택(self-select) 때문입니다. 경쟁심에 불타는 사람이 선택하고 만족스럽게 여기는 문화가 있는가 하면, 개척하고 발명하는 것을 좋아하는 사람이 선택하는 문화가 있죠. 감사하게도 세상엔 높은 성과를 올리는 뛰어난 기업 문화들이 가득합니다. 우리는 우리의 접근법이 올바르다고 주장하지 않습니다. 그저 우리 접근법은 이런 모습이라고 이야기할 뿐이죠. 그리고 지난 20년 동안 우리는 우리와 뜻을 같이하는 많은 사람들을 모았습니다. 우리의 접근법이 활기를 불어넣는 의미 있는 방식이라 여기는 이들을 말입니다.

우리가 유난히 두드러지는 영역이 있다면 그것은 '실패'입니다. 저는 우리 아마존이 실패하기에 세상에서 가장 좋은 장소이며(우리는 마음껏 실패합니다!), 실패와 발명은 떼어놓을 수 없는 사이라고 생각합니다. 발명을 하려면 실험이 있어야 합니다. 효과가 있을 것을 미리 알고 있다면 실험이 아니죠. 대부분의 큰 조직은 발명이란 아이디어를 받아들이면서도 그에 이르는 데 필요한 일련의 실패하는 실험까지 기꺼이 감수하진 못합니다. 일반적 통념에 거스르는 베팅이 큰 이익으로 돌아올 때도 더러 있지만 대개의 경우엔 통념이 옳죠. 100번 시도해서 열 번 성공하는 확률이라면 매번 베팅을 해야 옳습니다. 그럼에도 아홉 번은 여전히 지고 말죠. 누구나 알고 있듯, 담장을 넘기길 바라며 스윙을 하면 삼진 아웃을 많이 당하지만 홈런도 몇 번 칠 수 있습니다. 야구가 사업과 다른 점은 결과가 제한적이라는 것입니다. 제 아무리 좋은 스윙으로 공을 쳐도 4점 이상은 뽑을 수 없죠. 하지만 사업의 경우엔 당신이 친 홈런으로 1000점이든 10000점이든 올릴 수 있습니다. 이렇듯 수익에 제한이 없기 때문에 과감함이 중요한 것입니다. 큰 성공은 실패한 수많은 실험을 만회합니다.

AWS, 마켓플레이스, 프라임은 아마존에서 성공을 거둔 과감한 베팅의 사례입니다. 이런 세 개의 기둥을 갖게 된 것은 우리에게 큰 행운입니다. 이들은 우리가 대기업으로 성장하는 데 도움을 주었습니다. 그리고 세상에는 대기업만이 할 수 있는 일들이 존재합니다. 아무리 훌륭한 기업가라 해도 차고에 세운 스타트업에서 실제 보잉 787을 만들 수는 없죠. 우리는 아마존의 규모를 잘 활용하여, 그런 규모가 아니고서는 생각해볼 수도 없는 고객서비스를 구축할 수 있습니다. 하지만 늘 경계하고 깊이 생각하지 않으면 오히려 그 규모로 인해 민첩성과 독창성을 잃을 수도 있겠죠.

아마존의 여러 팀들과 만날 때마다 저는 그들이 보여주는 열정과 지성, 창의성에 놀라곤 합니다. 우리 팀들은 지난해 많은 성과를 거두었습니다. 이 서한에서 저는 프라임, 마켓플레이스, AWS라는 세 가지 큰 사업을 육성 및 세계화하기 위해 우리가 기울인 노력 중 몇몇 중요한 내용들을 공유하려 합니다. 우리는 이 세 가지에 집중하는 가운데에서도 네 번째 기둥을 찾기 위한 노력을 게을리하지 않고 있습니다.

프라임

우리는 프라임이 가치 있는 프로그램이 되길 바랍니다. 여러분이 프라임 회원으로 가입하지 않는 것이 무책임한 행동으로 여겨질 정도로 말이죠.

우리는 프라임의 2일 내 배송 제품을 100만 종에서 3000만 종으로 늘렸고, 일요 배송 서비스를 추가했으며, 전 세계 35개 이상 도시의 고객들을 대상으로 제품 10만 종에 대한 무료 당일 배송 서비스를 도입했습니다. 더불어 음악 서비스, 사진 저장 서비스, 킨들 오너스 렌딩 라이브러리 및 영화·TV 스트리밍 서비스를 추가했습니다.

프라임 나우는 회원들에게 주요 카테고리 제품에 대한 1시간 배송 서비스를 제공합니다. 이 서비스는 구상 후 단 111일 만에 론칭되었죠. 그 기간 안에 소규모 팀은 고객응대용 앱을 구축하고, 도심 창고를 마련할 장소를 확보하고, 판매할 2만 5000종의 상품을 결정하고, 그 제품들의 재고를 확보하고, 새로운 직원을 뽑아 교육시키고, 내부에서 사용할 새 소프트웨어(창고 관리 시스템 및 배송기사용 앱)를 시험하고, 반복하고, 설계한 뒤 연말에 맞춰 서비스를 론칭했습니다. 첫 도시에서 론칭한 때로부터 겨우 15개월이 지난 현재, 프라임 나우는 전 세계 30개 이상 도시의 회원들에게 서비스를 제공 중입니다.

프라임 비디오는 세상에서 가장 열정적인 스토리텔러들의 작품을 독점으로 공급합니다. 우리는 질 솔로웨이, 제이슨 슈와르츠만, 스파이크 리(Spike Lee) 등 뛰어난 창작가들이 위험을 무릅쓰고 한계에 도전하길 기대하고 거기에 지원을 아끼지 않습니다. 아마존 오리지널로 제작된 작품들은 이미 골든 글로브, 에미상을 포함한 여러 시상식에서 120회 이상 후보에 올랐고 60회 가까이 수상한 바 있습니다. 대부분은 전형적인 제작 환경에서 다루어지지 않은 스토리죠. 아마존에선 현재 제러미 클락슨(Jeremy Clarkson), 데이비드 E. 켈리(David E. Kelley), 우디 앨런(Woody Allen), 케네스 로너건(Kenneth Lonergan)과 같은 창작자의 새로운 TV 드라마와 영화가 기획 혹은 제작 중에 있습니다.

필립 K. 딕(Philip K. Dick)의 소설 《높은 성의 사내(The Man in the High Castle)》를 원작으로 아마존이 제작한 드라마 〈더 맨 인 더 하이 캐슬 (The Man in the High Castle)〉은 미국이 제2차 세계대전에서 패전했다는 전제로 역사를 뒤집습니다. 11월 20일 프라임 비디오에 데뷔한 이 작품은 4주 만에 가장 많이 본 드라마가 되면서 "아마존이 올 시즌 최고의 신작 드라마 〈더 맨 인 더 하이 캐슬〉을 내놓았다", "〈더 맨 인 더 하이 캐슬〉은 요즘의 신작 TV 드라마 대부분이 시도조차 하지 않는 부분에서 대단한 성과를 올리고 있다"라는 평단의 찬사를 받고 있습니다.

이런 프로그램들은 고객들에게 매우 좋은 혜택입니다. 이들은 프라임의 관성바퀴에 동력을 공급합니다. 프라임 비디오를 시청하는 프라임 회원들은 무료 체험에서 유료 회원으로 전환할 가능성은 물론 연간 멤버십을 갱신할 가능성도 높기 때문입니다.

마지막으로 말씀드릴 것은 프라임 데이(Prime Day)에 대한 내용입니다. 사상 최초로 열린 이 이벤트는 우리의 기대를 넘어섰죠. 그날은 우리 역사상 그 어느 날보다 훨씬 더 많은 사람이 프라임 시범 사용에 동의했습니다. 작년의 같은 날에 비해 전 세계에서의 주문도 266% 이상 증가했습니다. FBA를 통해 프라임 적용 대상 상품을 파는 판매자들은 매출이 거의 300%까지 늘어나면서 매출 기록이 경신되는 것을 목격했죠.

아마존 프라임은 무제한 서비스를 제공하는 실제-디지털의 결합체가 되어 회원들의 사랑을 한몸에 받고 있습니다. 미국 내에서의 47% 성장, 그리고 더 빠른 해외에서의 성장을 바탕으로 지난해 프라임 멤버십은 51%의 성장률을 기록했습니다. 현재 전 세계의 프라임 회원 수는 1000만에 이릅니다. 여러분도 이미 프라임 회원이실 가능성이 높겠습니다만, 혹시 아니라면 프라임에 가입하셔서 책임감 있는 소비를 하시기 바랍니다.

마켓플레이스

———

15년 전 마켓플레이스를 론칭하기 전에 우리가 했던 두 번의 중대한 스윙(옥션과 지숍)은 모두 실패로 돌아갔습니다. 우리는 실패들에서 배움을 얻고 그 비전을 고집했죠. 그 결과 현재 아마존에서 판매되는 상품의 절반 가까이는 외부판매자의 것이 되었습니다. 마켓플레이스는 독특한 상품들로 선택의 폭을 넓혀주기 때문에 고객에게 좋은 프로그램입니다. 그리고 판매자들에게도 좋죠. 아마존에는 연 10만 달러 이상의 매출을 올리는 7만 명의 기업가들이 있고 그들은 60만 개의 새로운 일자리를 창출했습니다. FBA와 함께할 때 이 관성바퀴는 더 빠르게 돌아갑니다. 판매자의 상품에 프라임 서비스가 적용되는 덕분이죠. 이를 통해 회원들이 느끼는 프라임의 가치는 더 높아지고, 판매자는 더 많은 제품을 판매하게 됩니다.

올해 우리는 셀러 풀필드 프라임(Seller Fulfilled Prime, SFP)이라는 새 프로그램을 만들었습니다. 배송 속도 및 서비스 일관성 면에서 프라임의 일부가 될 수 있을 정도로 높은 기준을 충족시킴은 물론 프라임만큼이나 빠른 직접 배송으로 주문 처리가 가능한 판매자들을 프라임으로 영입하는 프로그램이죠. 이 판매자들은 이미 매출 급증을 목격했습니다. 이 프로그램으로 미국, 영국, 독일의 프라임 회원들이 2일 혹은 1일 내 무료 배송 서비스를 이용할 수 있는 상품이 10만

종 늘어났습니다.

우리는 아마존 대출(Amazon Lending) 프로그램도 창안했습니다. 이 프로그램의 도입 이래 미국과 영국, 일본 전역의 중소 및 초소규모 기업에게 총 15억 달러 이상의 자금이 단기 대출로 제공되었고 지금까지의 미상환 대출 잔액은 약 4억 달러입니다. 서퍼이자 타워 패들 보드(Tower Paddle Boards)의 소유주인 스티븐 아르스톨(Stephen Aarstol)이 그 수혜자 중 한 명이죠. 그의 회사는 샌디에이고에서 가장 빠른 성장세를 보이는 기업이 되었고 거기에는 아마존 대출 프로그램도 한 몫을 했습니다. 면대면 인터뷰 없이도 대출이 가능한 이런 프로그램은 소규모 기업가들의 성장을 돕고, 제품의 폭을 넓혀 고객들에게 혜택을 주며, 판매자의 매출과 함께 마켓플레이스의 매출까지 늘려주기 때문에 아마존에게도 이득이 됩니다. 우리는 아마존 대출의 확대를 희망하며 현재 은행들과 제휴, 소규모 기업가들이 전문가를 통해 신용위험을 관리할 수 있게 하는 방안을 찾고 있습니다.

우리는 큰 사업들을 육성함은 물론 그것들을 세계화시키기 위해서도 노력 중입니다. 아마존 마켓플레이스는 어디에 있는 판매자든 전 세계의 구매자와 닿을 수 있는 기회를 창출하고 있죠. 과거의 많은 판매자들은 해외 판매에 따르는 실질적 어려움 탓에 자국 내의 고객들만을 상대할 수밖에 없었습니다. 마켓플레이스를 세계화하고 판매자들이 이용 가능한 기회를 확대시키기 위해 우리는 다양한 판매 도구를 만들었고, 이를 통해 지난해 172개국의 기업가들이 189개국의 고객을 만날 수 있었습니다. 이렇게 국제 판매로 팔리는 상품들은 현재 아마존에서 팔리는 모든 외부판매자 상품의 약 25%에 이릅니다. 이를 가능케 하기 위해 우리는 수억 개의 제품 리스트를 번역하고 44개 통화(通貨) 간 전환 서비스를 제공했습니다. 이제는 소규모 및 틈새(niche) 판매자도 전 세계의 아마존 고객들 및 물류 네트워크를 활용할 수 있죠. 국제 주문을 한 번에 하나씩 직접 처리할 때와는 크게 다른 결과로 이어지는 것입니다. 이에 대해 플러거블 테크놀로지(Plugable Technologies)의 CEO 버니 톰슨(Bernie Thompson)은 다음과 같이 표현합니다. "유럽이나 일본의 창고로 상품을 대량 배송하고 하루이틀 만에 처리하는 것이 가능해지면 패러다임이 완전히 바뀝니다."

우리가 고객에 대한 집중, 발명에 대한 열정으로 마켓플레이스와 같은 프로그램을 세계화하는 또 다른 방법을 보여주는 곳은 인도입니다. 지난해 우리는 아마존 차이 카트[Amazon Chai Cart, Chai는 차(茶)라는 뜻의 힌디어임]라는 프로그램을 운영했습니다. 삼륜차로 도시의 상업 구역을 다니며 소규모 사업자들에게 차, 물, 레몬주스를 서비스하고 온라인 판매에 대해 가르치는 프로그램이죠. 4개월 동안 차이 카트 팀은 31개 도시에서 1만 5280킬로미터를 이동하며 3만 7200잔의 차를 대접했고 1만 명 이상의 판매자들과 만났습니다. 이 프로그램을 비롯한 여러 대화 자리를 통해 우리는 판매자들이 온라인 판매를 주저하고 있다는 사실을 알게 됐습니다. 관심은 크지만 진행 과정이 복잡하고 지루하며 시간도 많이 걸릴 것이란 편견 때문이었죠. 그래서 우리는 소규모 업체들이 60분 내에 온라인에서 상품을 판매할 수 있게 해주는 아마존 타칼(Amazon Tatkal, Tatkal은 '즉시'라는 뜻의 힌디어임)

프로그램을 만들어냈습니다. 판매자를 직접 찾아가 상품 등록, 영상화, 카탈로그 서비스는 물론 판매와 관련된 기본 교육 등 일련의 론칭 서비스를 제공하는 이 프로그램은 2월 17일에 론칭한 이래 25개 도시의 판매자들을 만났습니다.

우리는 FBA를 세계화시켜 지역 고객의 니즈에 적합하게 서비스를 조정하는 일에도 힘을 기울이고 있습니다. 인도에서 우리는 아마존의 물류 역량을 현지 판매자들의 상품과 결합시키는 셀러 플렉스(Seller Flex)라는 프로그램을 론칭했습니다. 판매자들이 자신의 창고 일부를 아마존에서 판매할 상품들의 보관 공간으로 따로 떼어놓으면 우리는 그 공간을 고객들로부터 주문을 받고 처리하는 아마존 네트워크 내 물류센터로 설정합니다. 우리 팀은 판매자들에게 창고 배치, IT, 운영 인프라에 대한 지침을 제공하고 현장에서 따라야 할 기본적 운영 절차를 교육합니다. 셀러 플렉스는 지금까지 10개 도시의 25곳에 개설되었습니다.

아마존 웹서비스

AWS는 겨우 10년 전 미국에서 서비스를 시작했습니다. 첫 번째 주요 서비스는 단순 스토리지 서비스였지만 현재 AWS는 컴퓨팅, 스토리지, 데이터베이스, 분석, 모바일, 사물 인터넷 및 기업 애플리케이션 등의 사업을 하고 있죠. 또한 우리는 세계적으로 12개 리전(region, 글로벌 클라우드 서비스 기업들이 집중적으로 서비스하는 국가에 필수적으로 설립하는 복수의 데이터센터 묶음)에 33개의 가용 영역을 제공 중이며 내년에는 캐나다, 중국, 인도, 미국, 영국에 다섯 개의 리전과 열한 개의 가용 영역을 추가할 입니다. AWS는 개발자, 스타트업과 함께 시작했지만 현재는 핀터레스트, 에어비앤비, 제너럴 일렉트릭, 에넬(Enel), 캐피털 원(Capital One), 인튜이트(Intuit), 존슨 앤드 존슨(Johnson & Johnson), 필립스(Philips), 헤스(Hess), 어도비(Adobe), 맥도날드(McDonald's), 타임(Time Inc.) 등 거의 모든 업계에서 100만 개 이상의 크고 작은 기업이 AWS를 사용하고 있습니다.

AWS는 론칭 10년 만에 아마존닷컴보다 규모가 커졌고, 더 빠른 속도로 성장하고 있습니다. 제가 보기에 가장 특기할 만한 점은 혁신의 속도가 점점 빨라지고 있다는 것입니다. 2015년에 우리는 722개의 중요한 새 기능과 서비스를 발표했는데, 이는 2014년에 비해 40% 증가한 수치입니다.

사업 시작 당시엔 많은 사람들이 AWS를 과감한 (그리고 특이한) 베팅이라고 묘사했습니다. "이건 책을 파는 일과 무슨 관계가 있나요?" 어쩌면 우리는 뜨개질에 베팅할 수도 있었을 것입니다. 하지만 저는 그렇게 하지 않았다는 데 만족감을 느낍니다. 아니, 만약 그렇게 했더라면 어땠을까요? AWS의 분야만큼이나 뜨개질 분야도 우리 접근법과 큰 관련이 있을 수 있으니까요. AWS는 고객에게 집중하며, 독창적이고, 실험적이며, 장기 지향적이고, 운영 탁월성에 깊은 관심을 둡니다.

지난 10년의 세월 및 수많은 반복을 고려하면, AWS를 세계에서 가장 포괄적이고 널리 채택된 클라우드 서비스로 빠르게 확장시켜 준 것은 바로 그런 접근법이었습니다. 아마존의 소매 사업이 그랬듯 AWS는 단일 스레드[thread, 프로세스(프로그램)의 실행 단위] 소유자와 함께하는 여러 소규모 팀으로 이루어져 있어 빠른 혁신이 가능합니다. AWS팀은 거의 매일같이 70개 서비스와 관련된 새로운 기능을 내놓으며, 고객들은 이런 새로운 기능을 그저 사용하기만 하면 됩니다. 업그레이드조차 할 필요 없이 말입니다.

많은 기업들이 자신들은 고객에 집중한다고 이야기합니다. 하지만 그것을 실제 행동으로 보여주는 기업은 많지 않죠. 대부분의 대형 기술 기업들은 경쟁자에게 집중합니다. 다른 사람들이 무엇을 하는지 살핀 후 그들을 빨리 따라잡기 위해 노력하는 거죠. 반면 AWS에서 내놓는 것들의 90~95%는 고객들이 원한다고 이야기한 것들에서 나왔습니다. 그 좋은 예가 우리의 새로운 데이터베이스 엔진인 아마존 오로라입니다. 고객들은 전통적인 상업 데이터베이스 제공업체의 독점적 성격, 높은 비용, 라이선스 조건에 불만을 느껴왔습니다. 많은 기업들이 마이SQL이나 포스트그레SQL(PostgreSQL)처럼 보다 개방적인 엔진을 개발하기 시작했으나 사용자들이 필요로 하는 성능을 구현하는 데는 어려움을 겪고 있었습니다. 고객들은 이런 불편함을 없애줄 수 있는지 우리에게 물었고, 그것이 우리가 오로라를 만든 이유입니다. 오로라는 상용 등급의 내구성과 가용성을 갖추었으며, 마이SQL와 완벽하게 호환되고, 마이SQL이 전형적으로 구현하는 것보다 최대 다섯 배나 높은 성능을 보임에도 가격은 전형적인 상업 등급 데이터베이스 엔진 가격의 10분의 1 수준에 불과합니다. 이러한 점들은 사람들을 감동시켰고 오로라는 AWS 역사상 가장 빠르게 성장하는 서비스가 되었습니다. AWS 역사상 두 번째로 빠른 성장세를 보이고 있는 관리형 데이터 웨어하우스 서비스인 레드시프트(Redshift)의 이야기도 오로라의 이야기와 매우 흡사합니다. 대기업 및 중소기업 모두가 데이터 웨어하우스를 레드시프트로 옮기고 있죠.

가격 설정에 대한 우리의 접근법을 이끄는 것 역시 고객중심적인 문화입니다. 지금까지 우리는 51차례에 걸쳐 가격을 인하했고 대부분은 경쟁에 따른 압력이 생기기 전에 단행되었습니다. 또한 가격인하 외에 저렴한 비용의 신규 서비스도 론칭해왔죠. 오로라, 레드시프트, 우리의 새로운 비즈니스 인텔리전스(Business Intelligence, 데이터를 수집, 정리, 분석함으로써 기업의 효율적 의사결정을 돕는 애플리케이션) 서비스인 퀵사이트(QuickSight), 새로운 컴퓨팅 컨테이너 서비스인 EC2 컨테이너, 서버가 없는 선도적 컴퓨팅 서비스인 람다 등이 그 예입니다. 또한 상상 가능한 모든 어플리케이션 및 IT 사용 사례에서 운영되는 가성비 좋은 옵션들을 다양하게 제공하기 위해 기존 서비스들을 확장하고 있습니다. 우리는 고객이 돈을 절약할 수 있을 경우 그 사실을 알려주는 트러스티드 어드바이저 등의 서비스를 도입하여 지속적으로 개선해왔고, 그 결과 아마존 고객들은 수억 달러를 아낄 수 있었습니다. 고객이 자신들에게 쓰는 돈을 줄일 방법을 알려주는 IT 업체는 아마존이 유일할 거라고 저는 확신합니다.

어제 막 설립된 스타트업에게든 140년 역사를 가진 기업에게든 클라우드는 모든 기업이 사업을 새롭게 만들고, 새로운 고객경험을 제공하고, 자본의 재배치로 성장에 동력을 부여하고, 보안을 강화하고, 이 모든 것을 이전보다 훨씬 빠르게 할 수 있게 만드는 믿기 힘든 기회를 제공합니다. MLB 어드밴스드 미디어(MLB Advanced Media)는 고객경험을 꾸준히 새롭게 개선하는 AWS 고객 중 하나입니다. MLB 의 스탯캐스트 추적 기술(Statcast tracking technology)은 야구장에서 벌어지는 모든 경기에서 각각의 선수, 주자, 공의 움직임을 측정하여 어떤 화면을 보고 있는 야구 팬들에게든 실증적인 데이터를 전달하는 새로운 기능입니다. '만약 ~했더라면 어땠을까?'라는 질문에 대답하는 동시에 새로운 의문을 갖게 하는 기능이죠. 야구를 로켓 과학에 접목시킨 스탯캐스트는 투수가 던진 공의 움직임을 미사일 레이더 시스템을 이용해 초당 2000회 이상 측정하고, 아마존 키네시스(Amazon Kinesis) (실시간 스트리밍 데이터를 처리하는 우리 서비스입니다)를 통해 실시간으로 데이터를 스트리밍 및 수집하며 그것을 아마존 S3에 저장한 뒤 아마존 EC2에서 분석합니다. 게임당 약 7테라바이트, 시즌당 최대 17페타바이트의 미가공 통계 데이터를 만들어내는 이런 일련의 서비스는 지금껏 실제론 입증되지 않았던 '1루 슬라이딩은 금물'과 같은 야구 금언에 정량적인 이해의 실마리를 던져줄 것입니다.

약 7년 전 넷플릭스는 모든 애플리케이션을 클라우드로 옮길 것이라고 발표했습니다. 그리고 AWS를 선택했죠. AWS가 가장 큰 규모와 가장 넓은 범위의 서비스 및 기능을 제공했기 때문입니다. 넷플릭스의 클라우드 이전 작업은 최근에 완료됐습니다. 이런 상황은 인포(Infor), 인튜이트, 타임 등의 기업들이 애플리케이션 전체를 AWS로 옮기는 계획을 세우면서 점점 흔해지고 있습니다.

AWS는 이미 100만 고객을 끌어들일 정도로 품질이 좋지만 서비스는 앞으로 계속 더 나아질 것입니다. AWS 팀이 빠른 속도의 혁신을 이어가고 있기에 우리는 개발자들이 제약 없이 개발할 수 있도록 더 많은 기능을 제공할 예정입니다. 데이터의 수집, 저장, 분석은 점점 더 쉬워질 것이고 우리는 계속해서 서비스 지역을 늘려갈 것이며, 앞으로도 모바일과 '연결' 장치 애플리케이션의 성장을 지켜볼 것입니다. 시간이 흐르면서 대부분의 기업들은 직접 데이터센터를 운영하기보단 클라우드를 선택하게 될 테고요.

발명 기계

대규모 기업이 되는 데 그치지 않고 발명 기계가 되겠다는 것이 아마존의 목표입니다. 우리는 지금의 큰 규모를 가능케 해준 뛰어난 고객 서비스 역량을 실행 속도, 민첩성, 위험을 감수하는 사고방식 등 대개는 스타트업의 것이라 여겨지는 특성들과 결합시키려 합니다.

그것은 과연 가능한 일일까요? 저는 낙관하고 있습니다. 그 부분에 있어서 우리는 꽤나 좋은 출발을 했죠. 저는 아마존의 문화가 우리로 하여금 그 목표를 달성할 수 있게 해준다고 생각합니다. 하지만 쉬운 일일 것이라 생각지는 않습니다. 좋은 실적을 내는 대규모 조직도 으레 빠지곤 하는 미묘한 함정들이 있으니까요. 우리는 그것들을 경계하는 방법을 배워야 할 것입니다. 대기업들이 흔히 빠지는, 속도와 독창성을 해치는 이 함정은 바로 '일률적인' 의사결정입니다.

결과적이고 (거의) 되돌릴 수 없는 일방향 문과 같은 결정들이 있습니다. 이런 결정들은 숙고와 협의를 거치며 꼼꼼하게, 천천히, 신중히 내려야 하죠. 이 문을 일단 거쳐 반대편으로 가고 나면 설사 그곳이 마음에 들지 않는다 해도 이전의 자리로 돌아올 수 없습니다. 이것을 제1유형 결정이라 부르겠습니다. 하지만 대부분의 결정은 이런 식의 것이 아닌 제2유형, 즉 이후에 바꿀 수도 있고 되돌릴 수도 있는 양방향 문과 같습니다. 때문에 적절치 못한 제2유형 결정을 내렸다면 그 결과를 오랫동안 감수할 필요가 없습니다. 문을 열고 되돌아오면 되니까요. 제2유형 결정은 고위 결정권자나 소규모 그룹이 빠르게 내릴 수 있으며, 또 그래야 합니다.

그런데 조직이 커지면 제2유형 결정을 비롯한 대부분의 결정에 헤비급의 제1유형 의사결정의 *과정*을 적용하는 경향이 있는 것 같습니다. 이는 느린 속도, 경솔한 위험 회피, 실험의 부족, 발명의 감소라는 결과로 이어지죠.* 우리는 그런 경향과 싸우는 방법을 알아내야 합니다.

이런 일률적 사고방식은 많은 함정들 중 하나일 뿐입니다. 우리는

---

* 이와 반대되는 상황은 그리 흥미롭지 않으며, 분명히 생존 편향이 존재합니다. 경량급의 제2유형 의사결정 과정을 헤비급의 제1유형 의사결정에 습관적으로 사용하는 기업은 규모가 커지기 전에 사라지니까요.

이 함정은 물론 알아낼 수 있는 대규모 조직의 다른 병폐들도 피하기 위해 노력할 것입니다.

지속가능성과 사회적 발명

아마존은 빠른 속도로 성장했습니다. 20년 전만 해도 저는 쉐보레 블레이저에 박스를 실어 우체국으로 나르면서 지게차가 하나 있었으면 하는 꿈을 꾸었죠. 비율이 아닌 절대적인 수치로 보자면 지난 몇 년간 우리는 엄청나게 약진했습니다. 2010년에 3만 명이었던 아마존 직원 수는 현재 23만 명 이상으로 늘어났습니다. 어떤 면에서 지금의 우리는 어느 날 문득 주위를 둘러보다가 아이가 어느새, 그야말로 눈 깜짝할 사이에 커버렸음을 깨달은 부모 같기도 합니다.

아마존의 현재 규모가 가진 장점 중 하나는 우리의 독창적 문화를 이용해 지속가능성과 사회적 문제에 가시적 변화를 가져올 수 있다는 것입니다.

2년 전 우리는 세계 AWS 인프라 전체에 걸쳐 100% 재생에너지를 사용한다는 장기 목표를 세웠습니다. 그 이후에 AWS 데이터센터의 전기 공급 전력망에 연 160만 메가와트시의 재생에너지를 추가로 전달하는 네 개의 풍력, 태양광 발전소의 건설 계획을 발표했죠. 아마존 파울러 리지 풍력발전단지(Amazon Wind Farm Fowler Ridge)는 이미 가동 중입니다. 지난해 AWS 전반의 지속가능 에너지 사용률은 25%를 기록했고 올해는 40%에 도달하기 위한 과정에 있습니다. 또한 우리는 물류센터들을 비롯한 전 세계의 아마존 설비 전체가 지속가능 에너지를 이용하게 만들겠다는 목표를 향해 노력 중입니다.

우리는 이런 노력을 상품 포장 등의 영역들로 계속 확장할 것입니다. 아마존의 발명 문화는 포장이라는 분야에서 '불만 제로 포장'이라는 큰 성공을 일궈냈습니다. 7년 전 19개 상품으로 시작한 불만 제로 포장은 현재 세계적으로 40만 개 이상의 상품에 적용되고 있으며, 올해만 수천만 파운드의 과대 포장재를 없앴습니다. 불만 제로 포장은 쉽게 개봉이 가능해 고객들에게 만족감을 줄 뿐 아니라 쓰레기를 줄이기 때문에 지구에게도 좋은 프로그램입니다. 또한 주주에게도 좋습니다. 포장의 크기가 축소되면 '공기' 배송도 줄어들면서 운송비가 절감되기 때문입니다.

우리는 커리어 초이스, 휴가 공유(Leave Share), 램프 백(Ramp Back, 단계적 복귀) 등 직원들을 위한 프로그램도 지속적으로 만들어나가고 있습니다. 커리어 초이스는 자신들이 필요로 하는 분야의 강의를 듣는 직원들에게 수강료의 95%를 선지급하는 프로그램입니다. 그 기술이 아마존에서의 커리어와 어떻게 연관되는지도 묻지 않죠. 우리는 간호 자격증 과정이나 항공기 정비 과정 등에 대한 수강료를 지불합니다. 또한 직원들의 프로그램 참여를 독려하고, 직원들이 보다 쉽게 참여하게끔 하기 위해 유리벽으로 된 강의실을 물류센터 내에 짓는 중입니다. 피닉스에 있는 아마존 물류센터에서 일했던, 여덟 아이를 둔 싱글맘 셰리 워맥(Sharie Warmack)과 같은 이들의 이야기들에선 커리어 초이스의 영향력이 어느 정도인지 알 수 있습니다. 셰리는 이 프로그램을 통해 트레일러 트럭 운전사 면허를 취득했습니다. 열심히 공부해서 시험에 통과한 뒤 현재 슈나이더 트러킹(Schneider Trucking)에서 장거리 운전사로 일하며 무척 만족하고 있죠. 다가오는 해에 우리는 커리어 초이스에 관심 있는 다른 기업을 위해 그것의 장점과 시행 방법을 가르치는 프로그램을 론칭할 계획입니다.

휴가 공유와 램프 백은 아이가 생긴 직원들에게 융통성을 부여하는 프로그램입니다. 휴가 공유는 직원들로 하여금 유급 휴가 제도가 없는 직장에서 일하는 배우자와 함께 아마존의 유급 휴가를 공유할 수 있게 하고, 램프 백은 아기를 출산한 직원이 업무 복귀 속도를 자신의 상황에 맞게 조절할 수 있도록 지원합니다. 우리의 보건·의료 프로그램이 그렇듯 이런 혜택들은 모두에게 평등하게 적용됩니다. 고위 임원이든 물류센터나 고객서비스센터의 직원이든 똑같은 혜택을 받는 것이죠.

재생에너지, 불만 제로 포장, 커리어 초이스, 휴가 공유, 램프 백은 발명과 장기적 사고를 받아들이는 기업 문화를 보여주는 사례들입니다. 규모 덕분에 이런 영역에서 영향력을 발휘할 수 있는 기회를 얻는다는 사실이 우리에게는 대단히 고무적입니다.

이렇게 명석하고, 독창적이고, 열정적인 사람들과 하나의 팀으로 매일 일하는 것은 제게 큰 기쁨입니다.

오늘도 우리에게는 여전히 첫날입니다.

둘째 날 (2016)

"제프, 둘째 날에는 어떻게 되는 건가요?"

가장 최근에 있었던 전체 회의에서 제가 받은 질문입니다. 수십 년 동안 저는 '오늘은 첫날'이라고 상기시켜왔습니다. 제가 일하는 아마존 건물의 이름은 데이원(Day 1, 첫날)입니다. 건물을 옮길 때 그 이름도 가져왔죠. 저는 이 주제에 대해 생각하며 시간을 보냅니다.

"둘째 날은 정체입니다. 무관심이 그 뒤를 따르고, 그다음으론 극심하고 고통스러운 쇠퇴가 이어지죠. 그 뒤를 따르는 것은 죽음입니다. 이것이 *항상* 첫날이어야 하는 이유입니다."

분명히 말씀드리지만, 이런 종류의 쇠퇴는 극히 느린 속도로 일어납니다. 잘 자리 잡은 기성 기업이라면 수십 년에 걸쳐서 둘째 날을 겪을 수도 있지만 어쨌든 최종적으로는 종말을 맞이하게 되죠.

제 관심은 "둘째 날을 어떻게 막아낼 것인가?"라는 질문에 있습니다. 그렇게 하려면 어떤 기법과 전략이 필요할까요? 어떻게 하면 크게 성장한 조직 내에서도 첫날의 활기를 유지할 수 있을까요?

그런 질문의 답이 간단할 리 없습니다. 많은 요소, 다양한 경로, 많은 함정이 있을 테니까요. 저는 그 모든 답을 알 순 없지만 일부만큼은 알고 있습니다. 첫날을 지키기 위한 필수 패키지에는 고객에 대한 집착, 프록시[proxy, 대리(代理)의 뜻이나 여기에선 '진짜를 대신하는 가짜', '핑계' 등의 의미임]에 대한 회의적 시각, 외부 트렌드의 적극적 수용, 빠른 의사결정이라는 요소가 담겨 있습니다.

고객에 대한 진정한 집착

사업에서 중심에 둘 수 있는 것으론 여러 가지가 있습니다. 경쟁자에 집중할 수 있는가 하면 제품이나 기술 혹은 비즈니스 모델에 집중할 수도 있죠. 하지만 제가 생각하기에, 첫날의 의욕을 보호하는 데 가장 적합한 것은 집착에 가까울 정도로 고객에게 집중하는 것입니다.

왜일까요? 고객중심적 접근법에는 여러 장점이 있습니다만 가장 중요한 것은 이것입니다. 고객들은 결코 만족을 모릅니다. 만족했다고, 훌륭한 거래였다고 말할 때조차 불만을 갖고 있죠. 스스로 인식하진 못하고 있으나 고객들은 더 나은 것을 원합니다. 그런 고객을 기쁘게 하겠다는 우리의 열망은 우리로 하여금 그들 대신 발명을 하게 만듭니다. 어떤 고객도 아마존에게 프라임 멤버십 프로그램을 만들어 달라고 요구하지 않았습니다. 하지만 결국은 고객들이 프라임 프로그램을 원하고 있었음이 드러났죠. 그런 예는 얼마든지 있습니다.

첫날에 머물려면 꾸준히 실험을 하고, 실패를 받아들이고, 씨앗을 심고, 모종을 보호하고, 고객이 기뻐하는 것을 보며 한층 더 노력해야 합니다. 고객에게 집착하는 문화는 이런 모든 일이 일어날 수 있는 여건을 조성하는 데 가장 유리합니다.

프록시에 대한 저항

기업의 규모가 커지고 복잡해지면 프록시가 만들어지는 경향이 있습니다. 프록시는 형태와 크기가 다양하며, 또한 은밀하고 위험합니다. 프록시가 생기기 시작하는 순간, 그때가 바로 둘째 날입니다.

그와 관련하여 흔히 들 수 있는 예가 절차입니다. 적절한 절차는 유용하고 고객에게도 도움이 됩니다. 하지만 그 절차가 문제가 될 수 있기 때문에 조심해야 하죠. 큰 조직에서는 이런 일이 아주 쉽게 벌어집니다. 절차가 곧 프록시가 되는 셈입니다. 당신은 결과를 확인하는 일을 멈추고 자신이 절차를 올바르게 이행하고 있는지만 확인합니다. 형편없는 결과에 대해 중간관리자들은 흔히 "저는 절차를 철저히 준수했는걸요"라며 변명하곤 합니다. 좀 더 경험 있는 관리자라면 그 상황을 기회로 삼겠죠. 절차를 조사하고 개선할 기회로 말입니다. 말하자면 절차 자체는 문제가 아닙니다. 다만 '우리가 절차의 주인인가, 아니면 절차가 우리의 주인인가?'라는 질문을 항상 던져봐야 합니다. 둘째 날을 맞은 회사라면 후자의 경우에 해당할 테고요.

또 다른 예로는 시장조사와 고객설문조사가 고객을 대신하는 프록시가 되는 경우를 들 수 있습니다. 상품을 발명 및 설계하고 있는 시기라면 특히나 위험한 일이죠. "베타테스터의 55%가 이 기능에 만족했습니다. 이는 첫 설문조사보다 47% 향상된 수치입니다." 이런 말은 해석하기도 어렵거니와 의도치 않은 오해를 부를 수도 있습니다.

좋은 발명가와 설계자는 고객을 *깊이* 이해합니다. 그들은 그런 직관을 계발하는 데 엄청난 에너지를 쏟고, 설문조사의 평균을 보는 대신 여러 일화들을 연구하고 이해합니다. 그들은 그 설계에 *진심*을 다합니다.

베타 테스트나 설문조사에 반대한다는 뜻이 아닙니다. 하지만 제품이나 서비스를 보유하고 있는 사람이라면 반드시 고객을 이해하고, 비전을 품고, 자신이 제공하는 제품이나 서비스에 애정을 가져야 합니다. 그런 후에야 베타 테스트나 리서치가 그 전에 미처 보지 못한 사각지대를 찾는 데 도움을 줄 수 있습니다. 뛰어난 고객경험은 마음, 직관, 호기심, 재미, 감(感), 기호에서 시작됩니다. 하지만 설문조사에서는 이 중 어떤 것도 찾을 수 없죠.

외부 트렌드의 수용

강력한 추세를 재빨리 수용하지 않거나 수용할 수 없다면 외부 세계가 당신을 둘째 날로 밀어넣을 수 있습니다. 외부의 추세와 맞서는 것은 곧 미래와 맞서는 일입니다. 반대로 그것을 받아들이면 당신은 순풍을 탈 수 있습니다.

이런 큰 추세들을 알아보는 건 그리 어렵지 않습니다(많은 이들의 입에 오르내리고 있을 테니까요). 하지만 이상하게도 대기업들의 경우엔 외부 트렌드를 수용하는 일이 어려울 수 있습니다. 현재 우리가 마주하고 있는 트렌드는 머신러닝과 인공지능이죠.

지난 몇 십 년간 컴퓨터는 많은 일들을 자동화시켰습니다. 다만 자동화는 프로그래머가 명확한 규칙과 알고리즘으로 기술할 수 있는 영역에서만 제한적으로 이루어졌죠. 이제는 현대 머신러닝 기법 덕에 그런 식으로 기술하기 어려운 일들까지도 자동화하는 것이 가능해졌습니다.

우리 아마존은 지금까지 오랜 시간 동안 머신러닝의 실제적 응용에 참여해왔습니다. 이런 연구의 일부는 대단히 가시적입니다. 프라임 에어(Prime Air) 배송 드론, 머신비전(machine vision, 이미지 센싱을 기반으로 제품의 식별, 검수, 계측 등을 수행하는 기술)을 활용해 마트 계산대를 없애버린 아마존 고 편의점, 클라우드 기반의 인공지능 비서 알렉사* 등이 그 예입니다[현재 우리는 에코의 재고 확보에 최선을 다하는 중이지만 여전히 어려움을 겪고 있습니다. 하이 퀄리티 문제(high-quality problem, 최악의 결과마저도 바람직한 결과인 문제)이긴 하나 문제는 문제인 거죠. 우리는 이 상황을 해결하기 위해 계속 노력 중입니다].

---

* "알렉사, 60팩토리얼은 얼마지?"라고 물어보면 재미있는 결과를 얻을 수 있습니다.

그러나 우리가 머신러닝을 이용하여 하고 있는 일의 대부분은 막후에서 이루어집니다. 머신러닝은 수요 예측, 상품 검색 순위, 상품 및 혜택 추천, 판촉, 사기 감지, 번역 등에 대한 우리의 알고리즘을 구동시킵니다. 우리 눈에 많이 띄진 않지만 머신러닝이 미치는 영향의 대부분은 앞으로도 이런 식으로 운영의 핵심을 개선할 것입니다. 조용하지만 의미 있게 말이죠.

AWS 내부에서는 머신러닝 및 인공지능에 대한 비용과 장애물을 줄여 크기에 관계없이 모든 조직이 이런 첨단 기술의 혜택을 볼 수 있게 하는 일을 적극 전개 중입니다. 고객들은 딥 러닝 체제의 인기 있는 패키지 버전을 사용해 질병의 조기 발견에서부터 곡물 수확량 증대 등 모든 분야를 아우르는 강력한 시스템을 개발하고 있습니다. 또한 우리는 아마존의 상위 서비스를 편리한 형태로 이용할 수 있게 만들어왔습니다. 아마존 렉스(Amazon Lex, 음성과 텍스트를 이용하는 어떤 애플리케이션에든 대화형 인터페이스를 내장할 수 있는 AI 서비스)(알렉사에 내장되어 있습니다), 아마존 폴리(Amazon Polly, 텍스트를 음성으로 전환하는 서비스), 아마존 레코그니션(Amazon Rekognition, 얼굴 인식 서비스)은 자연 언어 이해, 음성 생성, 이미지 분석에 존재하는 장애들을 제거해줍니다. 이 모두는 단순한 API 호출로 접근할 수 있기 때문에 머신러닝 전문가 없이도 사용이 가능합니다. 앞으로 훨씬 더 많은 것들을 선보일 테니 계속 지켜봐주십시오.

빠른 의사결정

둘째 날에 이른 기업들은 *질*이 높은 의사결정을 합니다. 하지만 그런 결정을 *느리게* 내리죠. 첫날의 에너지와 역동성을 유지하려면 결정의 질과 속도 모두를 어떻게든 높게 유지해야 합니다. 스타트업에게는 쉬운 일이지만 대규모 조직에게는 대단히 도전적인 일입니다. 아마존의 고위관리자 팀은 우리의 의사결정 속도를 빠르게 유지하기로 결정했습니다. 사업에서 속도는 대단히 중요한 데다 의사결정이 빨리 이루어지는 환경은 더욱 재미있으니까요. 모든 답을 알고 있는 것은 아닙니다만 우리에겐 다음과 같은 몇몇 아이디어가 있습니다.

첫째, 절대 일률적인 절차를 밟지 않습니다. 대부분의 의사결정은 되돌릴 수 있는 양방향 문들이고, 그런 결정들에는 가벼운 절차를 사용할 수 있습니다. 만약 틀린 결정을 내렸을 땐 어떻게 해야 할까요? 이에 대해서는 작년 주주서한에서 상세히 설명한 바 있습니다.

둘째, 대부분의 의사결정은 당신이 가졌으면 하는 정보가 약 70% 확보된 선에서 이루어져야 합니다. 90%에 이를 때까지 기다리면 대부분의 경우 뒤늦은 결정이 되기 때문입니다. 또한 어느 쪽이든 나쁜 결정을 빠르게 인식하고 고치는 데 능해야 합니다. 경로 수정에 능하다면 시행착오 비용이 생각보다 적을 수 있지만, 느린 수정에는 반드시 값비싼 대가가 따릅니다.

셋째, "의견은 다르지만 해보자"라는 말을 사용하십시오. 이 말로 많은 시간을 절약할 수 있을 것입니다. 상대와 의견일치가 이뤄지지 않지만 특정 방향에 대한 확신이 드는 상황이라면 "우리의 의견이 서로 다르다는 것은 압니다. 하지만 나와 도박을 한번 해보지 않겠습니까?"라는 말이 도움이 되곤 합니다. 이런 상황에선 확실한 답을 아는 이가 아무도 없기 때문에 긍정의 답을 빠르게 얻을 수 있을 것입니다.

이것은 일방적인 방법이 아닙니다. 그렇게 말하는 사람이 당신의 부하 직원이라도 당신은 그 말에 따라야 하니까요. 저 역시 저와 다른 의견을 따를 때가 많습니다. 최근 우리는 어느 아마존 오리지널 콘텐츠의 제작을 승인했습니다. 저는 해당 팀에게 제 견해를 밝혔습니다. 그 콘텐츠는 충분히 흥미로운지에 대해 논란의 여지가 있고, 제작이 복잡하며, 사업 조건이 그리 좋지 않고, 다른 기회가 많이 있다고 말입니다. 그러나 팀의 의견은 이와 완전히 달랐고, 그 팀은 그 일을 밀어붙여보고 싶어 했습니다. 그래서 바로 이렇게 회신했죠. "의견은 다르지만 해봅시다. 우리가 만든 작품들 중 가장 높은 시청률을 올리는 작품이 되기를 바랍니다." 이 팀이 저를 완벽히 *설득했어야만* 했다면 의사결정까지 얼마나 긴 시간이 걸렸을까요?

이 사례에 무엇이 없고 무엇이 있는지에 주목해주십시오. 저는 '이 친구들이 틀렸어. 핵심을 놓치고 있다고. 이들 의견은 따를 필요가 없어'라 생각하지 않았습니다. 반면 이 사례에는 진정한 의견 불일치, 솔직한 제 견해 표현, 팀이 제 견해에 대해 생각해보는 기회, 그리고 그들의 의견을 따르겠다는 저의 빠르고 진심 어린 약속이 있었습니다. 이 팀이 그간 에미상에서 열한 개, 골든 글로브에서 여섯 개, 아카데미 시상식에서 세 개의 상을 받아냈다는 점을 고려하면, 저는 그 팀이 회의실에 저를 들어오게 해준 것만으로도 감사해야 합니다!

넷째, 심각한 의견 불일치 상황이 발생하면 빨리 인지하고 해당 사안에 대한 결정을 *즉각* 상부에 맡기십시오. 여러 팀이 각기 다른 목표, 근본적으로 다른 견해를 갖고 있는 상황은 종종 벌어집니다. 합이 맞지 않는 것이죠. 그로써 발생하는 의견 불일치 현상은 아무리 많은 논의와 회의로도 해결할 수 없습니다. 이럴 때 상부에 결정을 맡기지 않은 채 기본적인 분쟁 해결 방법에만 매달리면 서로 진만 빠질 뿐이고, 결국은 어느 쪽이든 체력이 더 강한 사람이 결정을 내리는 상황에 이르고 맙니다.

오랜 세월 동안 아마존에서도 서로의 좋은 의도가 미묘하게 어긋나 오히려 심각한 문제로 발전하는 상황이 많이 있었습니다. 아마존과 직접적으로 경쟁하는 외부판매자를 상품 상세페이지에 끌어들이기로 결정했을 때에도 그랬죠. 모두 똑똑하고 좋은 의도를 가진 직원들이었지만 이 사안을 바라보는 시각은 서로 매우 달랐습니다. 큰 결정에는 수백 개의 작은 결정이 뒤따르기 마련인데, 이 사안의 경우 작은 결정들 중 많은 것들이 상부로 올라가야 했습니다.

의사결정 과정에서 "정말 진을 빼시는군요"라는 말이 나와서는 안 됩니다. 이런 결정 과정은 진행도 느리고 사람들의 활력도 빼앗죠. 그러니 그런 문제는 빨리 상부로 올려 보내십시오. 그 편이 훨씬 좋습니다.

여러분은 오직 좋은 질의 의사결정만을 위해 결정을 내리십니까,

아니면 의사결정의 속도까지도 염두에 두고 있습니까? 세상의 트렌드는 여러분에게 순풍이 되어주고 있습니까? 여러분은 프록시의 포로가 되어가고 있습니까, 아니면 프록시를 도구로 활용하고 있습니까? 무엇보다 중요한 질문이 있습니다. 여러분은 고객에게 기쁨을 주고 있습니까? 우리는 대기업의 범위와 역량, 그리고 작은 회사의 정신과 마음을 동시에 가질 수 있습니다. 단, 그렇게 되려면 선택을 해야 합니다.

서비스 제공의 기회를 우리에게 주시는 모든 고객들, 우리를 지지해주시는 주주 여러분, 창의력과 열정으로 열심히 일해주시는 세계 전역의 아마존 식구들께 깊은 감사를 전합니다.

오늘도 우리에게는 여전히 첫날입니다.

기준이 높은 문화의 구축 (2017)

미국고객만족지표는 최근 연례 설문조사 결과를 발표했습니다. 고객들은 8년 연속 아마존을 1위로 꼽았습니다. 영국에도 이와 유사하게 고객서비스연구소(Institute of Customer Service)에서 발표하는 영국고객만족지표(UK Customer Satisfaction Index)가 있는데 영국 아마존은 이 설문조사에서 5년 연속으로 1위에 올랐습니다. 미국의 전문인력들이 가장 일하고 싶은 직장의 순위를 정하는 링크드인(LinkeIn) '2018 최고의 직장(Top Companies)' 목록에서의 1위도 아마존이 차지했죠. 또한 몇 주 전 해리스 폴(Harris Poll)은 2만 5000명의 소비자를 대상으로 업무 환경부터 시작해 사회적 책임, 제품, 서비스에 이르기까지 광범위한 주제에 대해 조사하는 평판지수(Reputation Quotient)를 발표했고 여기에서 아마존은 3년 연속 1위에 올랐습니다.

고객에 대한 끈질긴 집착, 독창성, 운영 탁월성을 향한 헌신으로 매일매일 일해주시는, 이제 56만이 넘는 아마존 식구들에게 축하와 감사를 전합니다. 또한 전 세계의 아마존 직원들을 대신해 고객들께 감사 인사를 드립니다. 이런 설문조사를 통해 여러분의 반응을 보는 것이 저희에겐 말할 수 없이 큰 힘이 됩니다.

고객들의 특성 중 제가 사랑해마지 않는 하나가 있습니다. 결코 만족하지 않는다는 것이 그것이죠. 고객의 기대는 멈춰 있지 않고 계속 높아집니다. 그것이 인간의 본성이고요. 만족하는 본성이었다면 우린 수렵·채집 시대에서 더 발전하지 못했을 것입니다. 인간에겐 보다 좋은 방법을 열렬히 찾으려는 욕구가 있기에, 어제 감탄을 자아냈던 것이라도 오늘은 그저 평범한 것이 되어버립니다. 저는 요즘 그 어느 때보다 빠른 개선 주기를 보고 있습니다. 아마도 고객들이 그 어느 때보다 많은 정보에 쉽게 접근할 수 있기 때문이겠죠. 그저 전화기를 몇 번 두드리면 단 몇 초 만에 고객들은 리뷰를 읽고, 수많은 소매업자들의 상품가격을 비교하고, 어떤 제품의 재고가 있는지 확인하고, 얼마나 빠르게 배송되는지 혹은 얼마나 빠른 시간 내에 픽업이 가능한지를 알 수 있습니다. 물론 소매업에서의 사례들이긴 하나, 저는 이와 동일한 고객의 권한 강화 현상이 아마존 및 대부분의 다른 산업에서도 광범위하게 일어나고 있음을 느낍니다. 이런 세상에서는 지금 갖고 있는 월계관에 만족하고 안주할 수 없습니다. 고객들이 그렇게 놓아두지도 않을 테고요.

계속 높아지기만 하는 고객의 기대를 앞서가려면 어떻게 해야 할까요? 한 가지 방식만으로는 안 됩니다. 여러 것들을 조합해야 하죠.

하지만 높은 기준(모든 세부 단계에서의 높은 기준, 광범위하게 채용되는 높은 기준)이 중요한 역할을 하는 것만은 분명합니다. 고객의 높은 기대에 부응한다는 목표 면에서 아마존은 어느 정도 성공을 거두었습니다. 그 과정에서 수십억 달러의 가치를 갖는 실패도 겪었죠. 그 경험들을 배경으로 저는 조직 내의 높은 기준에 대해 (지금까지) 우리가 배운 것의 정수를 여러분과 공유하려 합니다.

선천적인 것인가, 아니면 후천적인 것인가?

우선 근본적인 질문 하나를 생각해보죠. 높은 기준이라는 건 타고나는 것일까요, 아니면 후천적으로 가르칠 수 있는 것일까요? 당신이 저를 농구팀에 데려갔다고 가정해보겠습니다. 당신은 제게 많은 것들을 가르칠 수 있겠죠. 하지만 키 크는 법을 가르칠 수는 없을 겁니다. 만약 높은 기준이 선천적으로 갖는 고유한 것이라면 우리는 애초부터 '높은 기준'을 가진 사람들을 우선적으로 선발해야 합니다. 그렇다면 이 주주서한은 주로 고용 관행에 대해 다루어야 할 테죠. 하지만 저는 그렇게 생각하지 않습니다. 높은 기준이란 가르칠 수 있는 것이라고 생각하기 때문입니다. 사실 사람들은 그저 높은 기준이 적용되는 환경에 노출되는 것만으로도 그것을 아주 쉽게 습득합니다. 높은 기준이란 것엔 전염성이 있습니다. 기준이 높은 팀에 새로운 멤버가 들어오면 그 사람은 높은 기준을 빨리 배우죠. 반대도 마찬가지라서, 낮은 기준이 지배적인 환경이라면 그것 역시 빠르게 확산됩니다.

이러한 노출이 높은 기준을 가르치는 데 효과적이긴 하지만 그런 기준과 관련된 몇 가지 핵심 원칙을 분명히 알면 학습 속도를 높일 수 있습니다. 이 서한에서 공유하고자 하는 것이 그 원칙들입니다.

일반적으로 통용되는가, 분야별로 달리 적용되는가?

또 다른 중요한 질문이 있습니다. 높은 기준은 보편적인 것일까요, 아니면 분야별로 다른 것일까요? 달리 표현해보겠습니다. 어떤 한 분야에서 높은 기준을 가진 사람은 자동적으로 다른 분야에서도 높은 기준을 갖게 될까요? 저는 높은 기준이란 것이 각 분야에 따라 서로 다르고, 따라서 사람은 모든 관심 분야에서 제각기 다른 높은 기준을 배워야 한다고 생각합니다. 아마존을 시작했을 당시 저는 발명, 고객서비스, 그리고 (감사하게도) 채용에 대해 높은 기준을 갖고 있었습니다. 하지만 문제를 수정한 뒤 제대로 자리 잡게 하고, 근본적 결함을 제거하고, 프로세스를 점검하는 등의 운영 과정에 있어선 그렇지 못했죠. 저는 이 모든 것에서의 높은 기준을 배우고 발전시켜야 했습니다(동료들이 제 스승이 되어주었죠).

이 점을 이해하는 일이 중요한 이유는 그래야만 겸손함을 유지할 수 있기 때문입니다. 여러분은 자신이 일반적으로 높은 기준을 가진 사람이라 여길 수 있겠지만, 그렇다 해도 여전히 사각지대는 남아 있습니다. 여러분의 기준이 낮거나 아예 없는 분야, 분명히 세계적 수준의 기준과는 거리가 먼데 여러분 자신은 그 사실조차 모르고 있는 수많은 분야들이 있을 수 있죠. 그 가능성에 대해 마음을 열어두는 것이 중요합니다.

인식과 범위

────

특정 분야에서 높은 기준을 달성하려면 무엇이 필요할까요? 첫째, 그 분야에서 좋아 보이는 건 어떤 것들인지 인지할 수 있어야 합니다. 둘째, 그런 결과를 달성하는 것은 얼마나 어려운지, 즉 얼마나 많은 노력이 드는 일인지 그 범위를 현실적으로 예측해야 합니다.

이에 대해 두 가지 예를 들어보겠습니다. 하나는 장난스럽긴 하지만 요점을 명확하게 드러내주는 사례, 다른 하나는 아마존에서 항상 일어나는 실제 사례입니다.

완벽한 물구나무서기

────

최근 친한 친구 한 명이 지지대 없이 하는 완벽한 물구나무서기를 배우기로 결심했습니다. 벽에 기대지도 않으며 몇 초 만에 내려오는 것도 아닌, 인스타그램에서 볼 수 있는 완벽한 물구나무서기를 말입니다. 그녀는 요가 학원에서 물구나무서기 워크숍에 참여하는 것으로 이 완벽한 물구나무서기의 여정을 시작하기로 마음먹었습니다. 이후 한동안 연습했지만 원하는 결과를 얻지 못하자 친구는 물구나무서기 강사를 고용했습니다. 네, 저도 여러분이 무슨 생각을 하실지 알고 있습니다만, 물구나무서기 강사는 분명히 세상에 실제로 존재하는 직업입니다. 첫 레슨에서 그 강사는 친구에게 몇 가지 아주 좋은 조언을 해주었습니다. "대부분의 사람들은 열심히만 하면 2주 정도 안에 물구나무서기를 완벽히 익힐 수 있을 거라 여기죠. 하지만 실제로는 6개월 정도를 매일같이 연습해야 해요. 단 2주 만에 할 수 있다고 생각한다면 중도에 포기하게 될 겁니다." 노력의 범위는 대개 겉으로 드러나지 않고 별도로 논의되지도 않습니다. 그 범위에 대한 예상이 비현실적이면 높은 기준에 이르지 못하게 되는 이유가 이것이죠. 그렇기에 당신 혹은 당신의 팀이 높은 기준을 갖고자 한다면, 그에 도달하기까지 얼마만큼의 어려움이 있을지에 대해 사전에 현실적으로 인지하고 그것을 적극적으로 공유해야 합니다. 그 물구나무서기 강사가 정확히 이해하고 있었던 것처럼 말입니다.

여섯 페이지짜리 글

아마존에서는 파워포인트(그 외 슬라이드를 중심으로 하는) 프레젠테이션을 하지 않습니다. 대신 우리는 서사적으로 구성된 여섯 페이지짜리 글을 작성하죠. 회의를 시작할 때마다 우리는 일종의 '자습' 시간처럼 조용히 글을 읽는데, 글의 질은 당연히 천차만별입니다. 어떤 것은 천사의 노래처럼 간결하고 명료한 데다 깊은 생각까지 담고 있죠. 이런 글을 기반으로 하는 회의에선 토론의 질도 높아집니다. 때로는 그와 정반대인 글도 있고요.

앞서 언급한 물구나무서기 이야기에서 알 수 있듯 높은 기준을 제시하는 것은 때로 대단히 간단한 일입니다. 제대로 된 물구나무서기가 갖춰야 하는 요건들을 상세하게 알려주는 일은 그리 어렵지 않으며 성공 여부를 좌우하지도 않습니다. 당신의 성공 여부는 당신이 그 요건들을 연습하는가 아닌가에 달려 있죠. 하지만 글의 경우는 이와 전혀 다릅니다. 좋은 글과 평범한 글의 차이는 매우 모호합니다. 좋은 글의 세부 요건들을 제시하기란 극히 어렵습니다. 그럼에도 좋은 글을 읽은 이들의 대부분은 매우 비슷한 반응을 보입니다. 읽으면 바로 알 수 있으니까요. 쉽게 설명할 수는 없지만 실제적인 기준이 분명 존재하는 것입니다.

이제 우리가 알아낸 것을 말씀드리겠습니다. 누군가가 그리 좋지 않은 글을 작성했다면 그건 글쓴이가 무능해서 높은 기준을 인식하지 못했기 때문이 아닙니다. 그보다는 자신이 기울여야 하는 노력의 범위에 대해 잘못 생각하고 있기 때문이죠. 높은 기준을 충족시키는 여섯 페이지짜리 글을 쓰려면 실제로는 1주일 이상이 필요함에도 사람들은 하루이틀, 심지어는 몇 시간 만에 쓸 수 있다고 오해하고 있습니다! 완벽한 물구나무서기를 단 2주 만에 완벽히 해낼 수 있는 일이라 여기는 셈인데, 이는 우리가 제대로 코칭을 하고 있지 못하다는 증거이기도 합니다. 좋은 글은 수없이 퇴고를 반복하고, 동료들에게 공유하며 더 낫게 만들 방안이 없는지 묻고, 며칠간 그냥 두었다가 새로운 마음으로 다시금 편집하는 과정을 거쳐 탄생합니다. 하루이틀 만에 간단히 써낼 수 있는 것이 아니란 뜻입니다. 이 이야기의 요점은 노력의 범위를 제대로 인식시키는 행동, 즉 좋은 글을 쓰는 데는 1주일 혹은 그 이상이 걸린다고 가르치는 단순한 행동을 통해 결과를 개선할 수 있다는 것입니다.

기술

기준을 인식하고 노력의 범위를 현실적으로 예상하는 것과 더불어 기술도 중요하지 않을까요? 세계적인 수준의 글을 쓰려면 아주 노련한 작가 수준의 글솜씨가 있어야 할 것입니다. 그렇다면 그것을 또 하나의 요건으로 삼아야 하는 걸까요? 아닐 겁니다. 적어도 팀을 이뤄 일하는 개인이라면 말이죠. 축구 코치는 공을 찰 필요가 없고, 영화감독은 연기를 할 필요가 없습니다. 그들이 해야 할 일은 자기 분야에서의 높은 기준이 무엇인지 인식하는 것, 그리고 노력의 범위를 현실적으로 예측하는 법을 다른 이들에게 가르쳐주는 것입니다. 앞서 이야기했던 여섯 페이지짜리 글을 쓰는 경우에도 이런 팀워크가 중요합니다. 물론 팀원들 중 누군가는 글솜씨가 좋아야 하겠습니다만 모두가 반드시 그럴 필요는 없습니다(참고로 여섯 페이지짜리 글의 작성자는 밝히지 않는 것이 아마존의 전통입니다. 그 글은 팀 전체의 것이니까요).

높은 기준에서 얻는 이점

높은 기준의 문화를 구축하는 것은 노력할 만한 가치가 있는 일이며 거기엔 많은 이점이 따릅니다. 당연한 그리고 가장 명백한 이점은 고객을 위해 더 나은 제품과 서비스를 만들어낼 수 있다는 것입니다. 이것만으로도 충분한 이유가 되지 않나요? 그보다 조금 덜 명백한 이점도 있습니다. 회사의 인력 채용 및 고용 유지에 도움이 된다는 것이죠. 사람들은 높은 기준에 매력을 느끼기 때문입니다. 좀 더 미묘한 이점이라면, 기준이 높은 문화는 회사에서 일어나는 '보이지는 않지만' 중요한 모든 일의 보호막이 된다는 점입니다. 누구 하나 보는 이가 없을 때에도 이루어지는 종류의 일들 말이죠. 높은 기준의 문화에서는 그런 일을 잘하는 것 자체가 곧 보상이 됩니다. 그런 것들이 쌓이면서 진정한 프로가 되어갈 수 있으니까요.

마지막으로, 높은 기준은 일하는 것을 재미있게 만들어줍니다! 한번 높은 기준을 맛보면 이전으로 되돌아갈 수 없죠.

정리하자면 높은 기준의 네 가지 요소는 이렇습니다. 가르칠 수 있는 것이고, 분야별로 서로 달리 적용되는 것이며, 반드시 인지하고 있어야 하는 것, 그리고 그를 위해 기울여야 하는 노력의 현실적 범위가 명확히 학습되어야 한다는 것입니다. 우리 아마존의 높은 기준은 모든 세부적 단계에서 제 효과를 발휘합니다. 여섯 페이지짜리 글을 쓰는 것에서부터 완전히 새로운 신규 사업계획에 이르기까지 말이죠. 여러분에게도 그렇기를 바랍니다.

최고 기준의 고수

———

리더는 많은 사람들이 기준이 터무니없이 높다고 생각할 정도로 높은 기준을 끈질기게 고수해야 합니다. – 아마존 리더십 원칙 중에서

최근 도달한 이정표들

———

아마존의 리더들이 추구하는 높은 기준은 아마존에 큰 도움이 되었습니다. 지난해에 우리가 도달한 이정표 몇 가지를 매우 자랑스럽게 (제가 직접 해낸 것은 아니지만) 말씀드리려 합니다. 이들 모두는 오랜 기간의 협력이 낳은 결실이고, 우리는 그중 어느 것도 당연하게 여기지 않습니다.

- **프라임**: 출시 13주년 만에 프라임은 전 세계 유료 회원 1억 명을 돌파했습니다. 2017년 아마존은 전 세계에서 50억 개 이상의 프라임 제품을 배송했으며 미국은 물론 세계적으로도 과거 어느 해보다 많은 프라임 신규 회원을 맞아들였습니다. 미국의 프라임 회원은 현재 1억 가지 이상의 상품에 대해 무제한으로 2일 무료 배송 서비스를 받고 있습니다. 우리는 프라임 서비스를 멕시코, 싱가포르, 네덜란드, 룩셈부르크로 확대했고 미국과 독일에선 비즈니스 프라임 배송(Business Prime Shipping)을 시작했습니다. 또한 8000개 이상 도시에서 프라임 무료 당일(Prime Free Same-Day) 배송 및 프라임 무료 1일

(Prime Free One-Day) 배송을 시행하며 보다 빠른 프라임 배송으로 만들기 위해 노력 중입니다. 현재 프라임 나우는 전 세계 9개국 50개 이상 도시에서 이용 가능합니다. 역대 최고의 세계적 쇼핑 이벤트인 사이버 먼데이(Cyber Monday, 미국에서 추수감사절 연휴 이후의 첫 월요일로 연중 소비가 가장 많은 날 중 하나임)에게 추월당하기 전까지, 2017년의 프라임 데이는 아마존 역사상 가장 많은 사람들이 신규 프라임 회원으로 가입한 날이었습니다.

- AWS: 매출 200억 달러 규모의 AWS가 안정적 성장을 가속하는 모습을 지켜보는 것은 정말 가슴 뛰는 일입니다. AWS는 혁신의 속도도 높였는데 이는 머신러닝과 인공지능, 사물인터넷, 서버리스 컴퓨팅(serverless computing)과 같은 새로운 영역에서 특히 두드러집니다. 2017년 AWS는 일반 개발자들이 정교한 머신러닝 모델을 구축할 수 있도록 사용 편의 및 접근성을 급속히 변화시킨 아마존 세이지메이커(Amazon SageMaker)를 비롯한 1400개 이상의 주요 서비스와 기능을 발표했습니다. 수만 명의 고객들이 AWS 머신러닝 서비스를 광범위하게 활용 중이며 이에 힘입어 지난해 유효 사용자는 250% 증가했습니다. 그리고 지난해 11월 우리는 4만 명 이상의 참가자 및 6만 명 이상의 스트리밍 시청 참여자가 함께한 제6회 리인벤트(re:Invent) 콘퍼런스를 개최했습니다.

- 마켓플레이스: 2017년 전 세계 아마존 매출의 절반 이상이 중소기업을 비롯한 외부판매자들에게서 나왔습니다. 아마존 역사상 처음 있는 일이죠. 2017년 미국에 기반을 둔 30만 개 이상의 중소기업이

아마존에서 판매를 시작했고, FBA는 중소기업들을 대신해 세계에 수십억 개의 제품을 배송했으며, 전 세계 고객들은 2017년 프라임 데이에 4000만 개 이상의 중소기업 제품을 주문했습니다. 이로써 그날의 매출은 2016년 프라임 데이 때보다 60% 증가했습니다. 우리의 글로벌 셀링(Global Selling) 프로그램(중소기업들이 전 세계에 제품을 판매하게 돕습니다)은 2017년에 50% 이상 성장했고, 현재 중소기업의 해외 전자상거래는 외부판매자 매출 전체의 25%를 넘어섰습니다.

- **알렉사:** 아마존 전체에서 최고의 베스트셀러인 알렉사를 받아들이는 고객들이 늘어나고 있습니다. 다른 기업과 개발자들이 알렉사를 채택하는 경우가 매우 많은데, 이는 알렉사를 이용해 자신들만의 경험을 만들고자 하기 때문입니다. 외부개발자들이 개발한 알렉사 기술은 현재 3만 가지가 넘으며, 고객들은 알렉사를 이용하는 1200개 고유 브랜드를 통해 4000가지 이상의 스마트홈 기기들을 관리할 수 있습니다. 알렉사의 기반 역시 매일 더욱 똑똑해지고 있죠. 우리는 TV에서 알렉사 광고가 나올 때 고객들의 집에 있는 알렉사가 반응하여 작동하지 않게 하는 지문감식 기술을 개발, 구현했습니다[이 기술 덕분에 알렉사 슈퍼볼(Super Bowl) 광고가 나올 때 수백만 대의 알렉사가 깨어나는 일이 발생하지 않았죠]. 알렉사의 (이미 매우 우수한 성능을 가진) 원거리 음성인식 기능도 지난해 동안 15% 향상되었으며 미국, 영국, 독일에서는 알렉사 머신러닝 구성 요소의 향상 및 준지도학습(semi-supervised learning) 기법의 사용

으로 지난 12개월 동안 음성언어 이해도를 25% 이상 끌어올렸습니다(준지도학습 기법은 동일한 정확도 향상에 필요한 분류 데이터의 양을 40배 감소시켰습니다). 마지막으로 우리는 기계번역과 전이학습 기법을 활용, 알렉사에게 새 언어를 가르치는 시간을 극적으로 단축했고 이로써 인도나 일본 등 더 많은 국가의 고객들에게 서비스를 제공하는 것이 가능해졌습니다.

- **아마존 디바이스**: 2017년은 우리가 하드웨어 판매에서 최고 수치를 기록한 해였습니다. 고객들은 1000만 개의 에코를 구입했고, 알렉사를 지원하는 에코 닷(Echo Dot)과 파이어 TV 스틱(Fire TV Stick)은 아마존 전체(모든 카테고리와 모든 제조업체)를 통틀어 가장 많이 팔린 제품이 되었죠. 올해 연말에 고객들은 작년보다 두 배 많은 파이어 TV 스틱과 어린이용 파이어 태블릿(Kids Edition Fire Tablet)을 구매했습니다. 2017년은 더욱 개선된 디자인과 사운드 및 저렴한 가격의 전혀 새로운 에코, 스마트홈 허브가 탑재된 에코 플러스(Echo Plus), 콤팩트하고 아름다운 원형 스크린의 에코 스폿(Echo Spot)이 출시된 해입니다. 또 4K 울트라 HD와 HDR의 차세대 파이어 TV, 1080p 풀 HD 디스플레이가 장착된 파이어 HD 10 태블릿(Fire HD 10 Tablet)도 선보였죠. 더불어 킨들 출시 10주년을 기념해 가장 진보한 전자책 리더기인 킨들 오아시스(Kindle Oasis)를 출시했습니다. 킨들 오아시스는 방수 기능이 있어 욕조에서도 사용 가능하고 이전보다 큰 7인치 고해상도 300ppi 디스플레이를 갖추고 있으며, 내장 오디오 기능 덕분에 오더블로 책을 들을 수도 있습니다.

- **프라임 비디오**: 프라임 비디오는 계속해서 프라임 회원 가입과 유지를 독려하는 역할을 합니다. 지난해 우리는 프라임 비디오를 고객들에게 더 좋은 서비스로 만들었습니다. 크리틱스 초이스 어워드(Critics' Choice Awards, 미국의 방송영화비평가협회가 매년 발표하는 영화상)에서 두 개, 골든 글로브에서 두 개의 상을 받은 〈마블러스 미스 메이슬(The Marvelous Mrs. Maisel)〉, 아카데미상 후보에 오른 〈빅 식(The Big Sick)〉을 비롯한 프라임 자체 제작 작품들, 즉 프라임 오리지널(Prime Originals)을 서비스에 추가했죠. 또한 프로그램의 폭을 세계로 넓혀 미국의 〈보슈〉와 〈스니키 피트(Sneaky Pete)〉의 새 시즌, 영국의 〈더 그랜드 투어(The Grand Tour)〉, 독일의 〈유 아 원티드(You Are Wanted)〉를 론칭하고 일본의 새로운 프로그램 〈센토샤(Sentosha)〉, 인도의 〈브리드(Breathe)〉 및 수상 이력이 있는 〈인사이드 에지(Inside Edge)〉를 추가했습니다. 올해엔 프라임 채널(Prime Channels)의 범위를 확대해 미국 내에 CBS 올 액세스(CBS All Access)를 추가함과 더불어 영국과 독일에서도 여러 채널을 론칭했죠. 우리는 프라임 비디오에 NFL 서스데이 나이트 풋볼(NFL Thursday Night Football)을 선보여 11개 경기 동안 총 1800만 명 이상의 시청자를 모았습니다. 2017년 프라임 비디오 다이렉트(Prime Video Direct)는 장편 영화 3000편 이상의 서비스 권리를 확보하고 독립 제작사 및 기타 판권 보유자들에게 1800만 달러가 넘는 로열티를 지불했습니다. 존 크래신스키(John Krasinski) 주연의 〈톰 클랜시의 잭 라이언(Tom Clancy's Jack Ryan)〉, 앤서니 홉킨스(Anthony Hopkins)와 엠마 톰슨(Emma Thompson) 주연

의 〈리어왕(King Lear)〉, 매튜 웨이너(Matthew Weiner)가 총제작을 맡은 〈로마노프 가문(The Romanoffs)〉, 올랜도 블룸(Orlando Bloom)과 카라 델레바인(Cara Delevingne) 주연의 〈카니발 로(Carnival Row)〉, 존 햄(Jon Hamm) 주연의 〈멋진 징조들(Good Omens)〉, 샘 에스마일(Sam Esmail)이 제작하는 줄리아 로버츠(Julia Roberts)의 첫 TV 드라마 출연작 〈홈커밍(Homecoming)〉 등 현재 제작 중인 프라임 오리지널 작품들을 생각하면 흥분을 감추기가 어렵습니다. 우리는 〈반지의 제왕(The Lord of the Rings)〉과 에르난 코르테스(Hernan Cortes)의 영웅 서사시를 기반으로 스티븐 스필버그(Steven Spielberg)가 제작하고 하비에르 바르뎀(Javier Bardem)이 주연한 미니시리즈 〈코르테스(Cortes)〉의 세계 TV 시리즈 제작권도 확보했습니다. 이 작품들의 작업이 빨리 시작되길 고대합니다.

- **아마존 뮤직**: 아마존 뮤직은 계속 빠르게 성장 중이며 현재 유료 고객 수는 1000만에 이릅니다. 광고가 없는 주문형 서비스인 아마존 뮤직 언리미티드(Amazon Music Unlimited)는 2017년 30개국으로 새롭게 확장했고 회원 수는 지난 6개월간 두 배 이상 증가했습니다.

- **패션**: 아마존은 1000만 고객이 패션 상품의 쇼핑을 위해 찾는 곳이 되었습니다. 2017년 우리는 패션을 중심으로 하는 첫 번째 프라임 혜택인 프라임 워드로브(Prime Wardrobe) 서비스를 선보였습니다. 프라임 회원의 집을 의류 매장의 탈의실로 탈바꿈시켜 고객들이 최신 스타일의 옷을 구입 전 미리 입어볼 수 있게 하는 새로운 서비스죠. 우리는 아마존에 나이키(Nike), 어그(UGG)와 함께 드루 베리

모어(Drew Barrymore)와 드웨인 웨이드(Dwyane Wade)의 새로운 셀러브리티 컬렉션은 물론 굿스레드(Goodthreads) 및 코어10(Core10) 같은 수십 가지 새로운 PB 상품들도 들였습니다. 또한 머치 바이 아마존(Merch by Amazon)에선 수천 명의 디자이너와 아티스트 들이 자신들만의 독특한 디자인과 복제화(複製畵)를 고객들로부터 주문받아 판매 중이죠. 캘빈 클라인(Calvin Klein)과의 쌍방향 쇼핑 경험 론칭도 마무리 단계에 있습니다. 여기에는 팝업 스토어, 현장에서의 제품 주문 제작, 알렉사로 조명과 음악을 제어할 수 있는 피팅룸 등이 포함됩니다.

- **홀푸드:** 지난해 홀푸드 마켓의 인수를 마무리한 우리는 고품질의 천연 유기농 식품을 모두가 이용 가능하게 하겠다고 약속한 뒤 곧바로 아보카도, 유기농 갈색란, 책임 생산된 양식연어 등 가장 많이 팔리는 기본 식료품의 가격을 인하했습니다. 11월에는 두 번째 가격 인하가 있었죠. 프라임 회원 전용 프로모션에 힘입어 추수감사절 기간 동안 홀푸드의 칠면조 판매는 사상 최고치를 기록했습니다. 2월에는 일부 도시의 프라임 회원들에게 35달러 이상 주문에 대한 무료 2시간 배송 서비스를 실시했고, 3월과 4월에 확대한 서비스 지역을 올해 내에는 미국 전역으로 확대할 계획입니다. 우리는 프라임 리워드 비자카드(Prime Rewards Visa Card)의 혜택을 늘려 프라임 회원은 홀푸드 마켓에서 쇼핑 시 5%를 할인받을 수 있게 했습니다. 그 외에도 고객들은 365 에브리데이 밸류(365 Everyday Value)와 같은 홀푸드의 PB 제품을 아마존에서, 또 에코를 비롯한 아마존

기기들을 100곳이 넘는 홀푸드 매장에서 구입할 수 있음은 물론 홀푸드 매장에 있는 아마존 로커(Amazon Locker)에서 아마존 상품을 픽업 또는 반품할 수 있습니다. 또한 우리는 상품 판매 시점에 프라임 회원임을 인증하는 데 필요한 기술적 작업도 시작했습니다. 이 작업이 완료되면 홀푸드 쇼핑객들은 더 많은 프라임 혜택을 받게 될 것입니다.

- **아마존 고**: 계산대를 거칠 필요가 없는 새로운 유형의 매장 아마존 고는 지난 1월 시애틀에서 처음 선보였습니다. 아마존 고에서의 쇼핑 경험이 '마법' 같다는 많은 고객들의 소감을 들으며 우리는 전율을 느꼈죠. 이런 마법을 가능하게 하는 것은 주문 제작된 컴퓨터 비전, 센서 융합, 딥러닝의 조합이 만들어낸 저스트 워크 아웃(Just Walk Out) 쇼핑입니다. 덕분에 고객들은 즐겨 먹는 아침식사, 점심식사, 저녁식사, 간식, 필수 식료품을 그 어느 때보다 더 편리하게 구입할 수 있습니다. 가장 많이 판매된 제품은 예상대로 카페인 음료와 물이었지만 고객들은 베트남식 샌드위치인 치킨 반미(Chicken Banh Mi), 초콜릿칩 쿠키, 간편 포장된 과일, 구미 베어(gummy bear, 곰 모양 젤리), 아마존 밀 키트(Amazon Meal Kits)도 좋아했습니다.

- **트레저 트럭(Treasure Truck)**: 시애틀에 있는 한 대의 트럭으로 시작했던 트레저 트럭 서비스는 현재 25개 미국 도시 및 12개 영국 도시 전역에서 35대 트럭으로 운영되고 있습니다. 비눗방울을 날리고 음악을 트는 우리의 트레저 트럭은 고급 등심 스테이크에서부터 최신 닌텐도(Nintendo)에 이르는 수십만 건의 주문 배송을 처리했죠.

또한 1년 내내 지역사회와 연계하여 허리케인 하비(Hurrican Harvey)로 발생한 이재민들, 노숙자들, 명절 선물을 기다리는 아이들 등 도움을 필요로 하는 지역민들에게 수백 개의 카시트, 수천 개의 장난감, 수십만 켤레의 양말 및 기타 필수품을 기부하고 배송하는 등 지역의 활기를 북돋우고 소외된 이웃을 도왔습니다.

- **인도:** 컴스코어(comScore)와 시밀러웹(SimilarWeb)에 따르면 인도 아마존은 인도에서 가장 빠르게 성장 중인 마켓이며 데스크톱과 모바일 모두에서 가장 방문 횟수가 높은 사이트입니다. 한편 앱 애니(App Annie)에 따르면 2017년 인도에서 가장 많이 다운로드된 쇼핑 앱은 인도 아마존의 모바일 앱이었습니다. 또한 인도의 아마존 프라임은 회원 모집 첫해에 아마존 역사상의 그 어떤 지역에서보다 많은 회원을 모았습니다. 인도 아마존 프라임의 제품들에는 현재 외부판매자가 판매하는 4000만 종 이상의 로컬 상품이 포함되어 있으며, 프라임 비디오는 최근 두 개의 개봉작과 10여 개의 신규 프로그램을 비롯한 인도 자체 비디오 콘텐츠에도 대규모 투자를 하고 있습니다.

- **지속가능성:** 아마존은 운송 네트워크의 최적화, 제품 포장 개선, 운영상의 에너지 효율 개선으로 탄소배출을 최소화하기 위해 노력합니다. 우리는 100% 재생가능 에너지를 이용하여 세계 인프라에 동력을 공급한다는 장기적 목표하에 최근 아마존 텍사스 풍력발전단지(Amazon Wind Farm Texas) 건설을 시작했습니다. 아마존이 건설한 풍력발전단지 중 최대 규모인 이곳은 100개가 넘는 터빈으로 연간 100

만 메가와트시 이상의 청정에너지를 생산합니다. 우리는 2020년까지 50개 물류센터에 태양에너지 시스템을 설치할 계획이고 미국 전역에서 24개의 풍력·태양열 프로젝트에 착수했으며, 앞으로 20개 이상의 프로젝트를 추가할 예정입니다. 아마존의 재생에너지 프로젝트는 현재 1년간 33만 가구에 전력을 공급할 만한 양의 청정에너지를 생산 중입니다.

2017년은 아마존의 불만 제로 포장 제도가 시행 10주년을 맞은 해입니다. 이 최고의 지속가능 포장 제도는 지난 10년 동안 24만 4000톤의 포장재를 절약했죠. 그 외의 우리 프로그램들은 2017년에만 택배 박스 3억 500만 개에 해당하는 포장 폐기물을 줄였습니다. 아마존은 최초의 저공해 라스트 마일 배송 서비스를 시작하기 위해 전 세계의 서비스 제공업체들과 접촉 중입니다. 이미 유럽에서의 아마존 배송차량들 중 일부는 저공해 전기차나 천연가스 자동차로 전환되었으며, 지역 도시 배송의 마지막 단계를 담당하는 40대 이상의 전기스쿠터와 화물용 전기자전거도 마련되어 있습니다.

- **소규모 업체의 권한 강화**: 현재 전 세계 수백만 중소기업은 아마존에서의 판매를 통해 세계의 새로운 고객들과 만나고 있습니다. 미국의 모든 주는 물론 전 세계 130개 이상의 국가의 중소기업들이 아마존에서 제품을 판매 중이며, 2017년에는 14만 곳 이상의 중소기업이 매출 10만 달러를 돌파했죠. 또한 2017년 킨들 다이렉트 퍼블리싱을 통해서는 1000명 이상의 작가들이 10만 달러가 넘는 인세를 받았습니다.

- **투자와 일자리 창출**: 2011년 이래 우리는 아마존의 전 세계 물류 네트워크, 수송력, AWS 데이터센터를 비롯한 기술 인프라에 1500억 달러 이상을 투자해왔습니다. 또한 그간 전 세계에 걸쳐 직·간접적으로 170만 개의 일자리를 창출했는데, 2017년에 인수를 제외하고 직접 창출한 13만 개 이상의 새로운 일자리 덕에 전 세계의 아마존 직원 수는 56만을 넘어섰습니다. 신규 채용된 직원들의 직업은 인공지능 과학자에서 포장 전문가, 물류센터 직원에 이르기까지 다양하죠. 이러한 직접 고용 외에도 아마존 마켓플레이스는 세계적으로 90만 개 이상의 일자리를, 그리고 아마존의 투자는 건설과 물류 및 기타 전문 서비스 분야에서 26만 개의 일자리를 추가 창출한 것으로 추정됩니다.

- **커리어 초이스**: 아마존 커리어 초이스는 우리가 특히 자랑스럽게 여기는 프로그램입니다. 1년 이상 근속한 시간제 근무자를 대상으로 우리는 항공기 정비, 컴퓨터 이용 설계, 기계부품 가공 기술, 의료 실험 공학, 간호학 등 수요가 높은 직업의 자격증 및 관련 학위 취득을 위한 학비, 수수료, 교과서 등(최대 1만 2000달러)의 95%를 선지급하지만 그 기술이 아마존에서의 업무와 관련 있는지는 묻지 않습니다. 2012년 프로그램이 시작된 이래 전 세계적으로 1만 6000명 이상(미국에서의 1만 2000명 이상을 포함한 수치입니다)의 아마존 직원들이 커리어 초이스의 혜택을 받았죠. 현재는 10개국에서 운영 중이며 올해 말까지 남아프리카공화국, 코스타리카, 슬로바키아 등으로 확대될 것입니다. 이 프로그램에서 가장 인기

있는 분야는 상용트럭 운전, 헬스케어, 정보기술입니다. 지금까지 만들어진 커리어 초이스용 강의실은 39개입니다. 강의실은 새로운 기술을 배우는 동료의 모습에서 다른 직원들이 자극과 격려를 받을 수 있게끔 물류센터 내에서도 사람들의 이동이 가장 많은 곳에 유리벽으로 만들었죠.

우리는 많은 사람들의 노력 덕에 이런 이정표를 달성할 수 있었습니다. 아마존은 곧 56만 명의 아마존 직원입니다. 또한 200만 명의 판매자, 수십만 명의 작가, 수백만 명의 AWS 개발자, 만족을 모르고 매일 더 나아지라며 우리를 채찍질하는 전 세계 수억 명의 고객이기도 하고요.

앞으로의 길

올해는 첫 주주서한을 띄운 지 20주년이 되는 해입니다. 앞으로도 아마존은 지구상에서 가장 고객중심적인 회사가 되겠다는 염원을 계속 간직할 것입니다. 우리는 이것이 작거나 쉬운 과제가 아님을 분명히 인지하고 있으며, 더 잘할 수 있는 일이 많다는 것도 압니다. 우리는 우리 앞에 놓인 많은 도전과 기회에서 엄청난 에너지를 얻습니다.

우리에게 서비스할 기회를 주신 모든 고객께, 우리를 지지해주시는 주주 여러분께, 성실과 열정과 높은 기준을 가진 전 세계의 아마존 식구들께 깊이 감사드립니다.

오늘도 우리에게는 여전히 첫날입니다.

직관, 호기심, 그리고 방황의 힘 (2018)

지난 20년 동안 이상하고 놀라운 일이 일어났습니다. 이 숫자들을 보시죠.

1999년 3%

2000년 3%

2001년 6%

2002년 17%

2003년 22%

2004년 25%

2005년 28%

2006년 28%

2007년 29%

2008년 30%

2009년 31%

2010년 34%

2011년 38%

2012년 42%

2013년 46%

2014년 49%

2015년 51%

2016년 54%

2017년 56%

2018년 58%

이는 아마존 전체의 상품 매출액 중 외부판매자(대부분은 중소기업입니다)들이 차지하는 비중입니다. 아마존이 직접 판매하는 것이 아니라 외부판매자들을 통해 올린 매출인 것이죠. 이런 외부판매자의 판매 비중은 아마존 전체 상품 매출의 3%에서 58%로 증가했습니다.

간단히 말하면 외부판매자들이 우리 엉덩이를 제대로 걷어찼다는 뜻이죠. 그것도 심하게 말입니다.

여기에서도 기준은 상당히 높습니다. 1999년에 16억 달러였던 아마존의 직접 판매 매출액 역시 2018년엔 1170억 달러로 크게 증가했기 때문입니다. 그 기간 동안 직접 판매의 연평균성장률은 25%였죠. 그런데 외부판매자의 매출액은 1억 달러에서 1600억 달러로 증가해 52%의 연평균성장률을 기록했습니다. 타사와 비교하자면, 이베이의 총상품매출액은 같은 기간 28억 달러에서 950억 달러로 연평균 20%의 비율을 보이며 증가했습니다.

외부판매자들이 이베이보다 아마존에서 훨씬 나은 매출을 기록한 이유는 무엇일까요? 또 그들이 아마존의 엄청나게 체계적인 직접 판매 조직보다 훨씬 빠르게 성장할 수 있었던 이유는 무엇일까요? 한마디로 답하긴 어렵지만, 우리는 그 답의 극히 중요한 부분이 무엇인지 알고 있습니다.

외부판매자들이 아마존의 직접 판매 사업과 경쟁할 수 있도록, 우리는 우리가 상상하고 만들 수 있는 최고의 판매 도구들을 개발하여 그들에게 제공했습니다. 재고 관리, 결제 처리, 배송 추적, 보고서 작성, 해외 판매에 도움이 되는 많은 도구들이 그에 해당하고, 지금도 매년 새로운 도구들이 개발 중에 있죠. 하지만 무엇보다 중요한 것은 풀필먼트 바이 아마존과 프라임 멤버십입니다. 이 두 프로그램의 조합은 외부판매자 상품을 구매하는 고객들의 경험을 유의미하게 개선했습니다. 이제는 너무나 탄탄하게 자리 잡은 덕에 대부분의 사람들은 이 프로그램들이 론칭 당시 얼마나 급진적이었는지도 모르고 있습니다. 이 두 프로그램에 투자하기 위해 우리는 상당한 금전적 위험을 감수했고 내부적으로는 엄청난 논쟁을 거쳐야 했습니다. 다양한 아이디어를 복제 및 실험하며 상당 기간에 걸쳐 대규모 투자를 지속했죠. 이들 프로그램이 성공할지는커녕 어떤 모습이 될지도 정확히 예측할 수 없었지만, 우리는 직관과 의지로 이 둘을 밀어붙였고 긍정적인 마인드로 정성을 쏟아 키웠습니다.

직관, 호기심, 방황의 힘

———

아마존의 설립 초기부터 우리에겐 빌더, 즉 호기심 많은 탐험가들의 문화를 만들겠다는 확실한 비전이 있었습니다. 빌더는 발명을 좋아하고, 전문가가 되어도 처음 시작하는 때의 '초심'을 잃지 않습니다. 현재 아마존이 일하는 방식이 바로 빌더의 방식과 같습니다. 해결하기 어려운 큰 문제에 대해 우리는 빌더의 사고방식으로 접근합니다. 발명해서 출시하고, 다시 발명해서 재출시하고, 처음부터 다시 시작하고, 다듬고, 되풀이하고 또 되풀이하는 반복의 과정에서 비로소 성공이 온다는 겸손한 마음가짐 말입니다. 빌더는 성공으로 가는 길이 쭉 뻗은 고속도로가 아니라는 사실을 잘 알고 있습니다.

사업에서는 언제 어느 방향으로 가는 것이 효율적인지 확연히 드러나는 때가 간혹 있고(실은 꽤 있죠), 그럴 땐 그에 맞춰 계획을 세우고 실행해야 효율을 높일 수 있습니다. 사업에서의 방황은 효율과 거리가 멉니다. 하지만 이때의 방황은 그저 닥치는 대로 아무것이나 하는 방황이 아닌, 분명 어떤 방향을 향해 나아가는 방황입니다. 예감, 직감, 직관, 호기심, 그리고 길을 찾기 위해 조금 혼란을 겪고 돌아서 간다 해도 고객이 만족한다면 충분히 가치 있는 일이란 확신이 이끄는 방향이죠. 방황은 효율과 꼭 함께해야 하는 균형추와 같아서 우리는 이 둘 모두를 필요로 합니다. 위대한 발견, '비선형적인(nonlinear, 상호관계가 1대1로 대응하지 않는 것)' 발견은 방황을 바탕으로 이뤄질 가능성이 극히 높습니다.

스타트업에서부터 대기업, 정부 기관, 비영리단체에 이르기까지 그 유형이 다양한 수백만 AWS 기업고객들은 각자의 최종사용자들을 위해 더 나은 솔루션을 구축하려 노력합니다. 우리는 그 조직들이 원하는 것, 또 그 조직 구성원들(개발자, 개발관리자, 운영관리자, 정보통신 담당 최고책임자, 디지털 담당 최고책임자, 정보 보안 담당 최고책임자 등)이 원하는 것이 무엇일지 생각하는 데 많은 시간을 투자합니다.

우리가 AWS에서 구축하는 것들의 대부분은 고객에게 귀를 기울이는 데서 출발합니다. 우리는 고객들이 무엇을 원하는지 묻고, 그 대답들에 귀를 기울이고, 고객이 원하는 것을 제공하는 계획을 깊이 고민하되 빠른 시간 안에(사업에서 그 어떤 것보다 중요한 요소는 속도입니다!) 실행합니다. 고객의 니즈에 대한 이런 집착 없이 성공한 사업은 없습니다. 하지만 이것 하나만으로 성공하는 것도 불가능하죠. 사업의 판도를 바꾸려면 자신이 무엇을 원하는지에 대해 고객 스스로가 자각조차하지 못하고 있는 것을 찾아내야 합니다. 고객의 입장이 되어 고객 대신 발명하고, 고객에게 제공할 수 있는 가능한 것들을 상상해내야 하죠.

AWS가 바로 그런 예입니다. AWS가 필요하다는 고객, AWS를 만들어달라고 말한 고객은 단 한 명도 없었습니다. 하지만 사람들은 AWS와 같은 서비스를 애타게 기다리고 있었습니다. 자신이 원하고 있다는 사실을 모르는 채로 말입니다. 우리는 직감을 믿었고 호기심을 따랐으며, 필요한 재정적 위험을 감수했고, 서비스 구축을 시작했

습니다. 수없이 많은 작업과 재작업, 실험, 반복이 계속되는 과정이
었죠.

이러한 패턴은 AWS 내에서도 여러 차례 되풀이되었습니다. 아마
존의 다이나모DB(DynamoDB) 발명을 예로 들어보겠습니다. 다이나
모DB는 확장성이 뛰어나고 대기 시간이 짧은 키밸류(key-value)형 데
이터베이스로 현재 수천 AWS 고객들이 사용하고 있습니다. 당시 고
객들에게 귀를 기울이는 과정에서 우리는 상용 데이터베이스 솔루션
에 대한 사람들의 불만이 수십 년간 계속되어왔다는 점을 알게 되었
습니다. 비싸고, 독점적이며, 다른 서비스와 함께 사용할 수 없고, 라
이선스 계약 조건도 지나치게 복잡했던 것이죠. 우리는 수년에 걸쳐
자체 데이터베이스 엔진인 아마존 오로라를 개발해냈습니다. 내구성
과 가용성 면에서 상용 엔진과 동일하거나 그보다 우수하고 마이SQL
및 포스트그레SQL과 완벽히 호환됨에도 비용은 10분의 1에 불과한
아마존 오로라가 성공한 것은 우리에게 전혀 놀라운 일이 아니었습
니다.

특정 워크로드(workload, 특정 시간이나 기간 동안 기기가 생산 혹은 처리할 수
있는 일의 양)에 특화된 전문 데이터베이스 시장에 대해서도 우리는 낙
관하고 있습니다. 대부분의 기업들은 지난 20~30년간 관계형 데이
터베이스를 이용하여 사업을 운영해왔습니다. 관계형 데이터베이스
자체가 작업에 적합하지 않은 경우에도 데이터 세트의 크기가 작고
쿼리 대기 시간이 적절한 수준이어서 해당 기술이 작동하는 경우가
많았기 때문입니다. 어쨌거나 그것으로 작업을 할 수는 있었으니까

요. 하지만 대부분이 테라바이트나 페타바이트 단위의 대규모 데이터를 앱에 저장하는 지금엔 앱이 필요로 하는 조건도 달라졌습니다. 앱을 동작시키려면 지연 시간이 짧고, 실시간 처리가 가능하며, 초당 수백만 개의 요청을 처리할 수 있는 데이터베이스가 있어야 하는 시대인 것이죠. 아마존은 다이나모DB 같은 키밸류 데이터베이스와 더불어 아마존 엘라스티캐시(ElastiCache)와 같은 인메모리 데이터베이스, 아마존 타임스트림(Amazon Timestream)과 같은 시계열 데이터베이스, 아마존 퀀텀 레저 데이터베이스(Amazon Quantum Ledger Database)와 같은 원장 솔루션 등 보다 경제적인 데다 제품 출시에 필요한 기간도 많이 단축시켜주는 맞춤형 도구들을 갖추고 있습니다.

우리는 기업들의 머신러닝 활용을 돕는 일에도 뛰어들었습니다. 그간 내부 머신러닝을 위한 일부 도구들을 개발하려 오래도록 애썼으나 다른 중요한 진전들이 그랬던 것과 마찬가지로 초기의 시도들은 실패로 돌아갔죠. 긴 시간 동안 실험과 반복과 개선을 거듭하고 고객들의 귀중한 통찰에 귀를 기울인 끝에 우리는 지금으로부터 18개월 전에 드디어 세이지메이커를 선보일 수 있었습니다. 세이지메이커는 머신러닝 과정의 각 단계에서 시설이나 인력 등의 불필요한 부담을 줄임으로써 많은 사람들이 인공지능을 활용할 수 있게 돕습니다. 현재 수천의 고객들이 세이지메이커를 통해 AWS를 기반으로 머신러닝 모델을 구축하고 있죠. 우리는 강화형 기계 학습(reinforcement learning) 역량을 추가하는 등 계속해서 이 서비스를 개선해나가고 있습니다. 강화형 기계 학습은 배우기가 어렵고 가동부가 많아 이전까지는 자금력과 기술력이 뒷받침되는 대규모 조직이 아니면 손을 댈 수 없는 분야였습니다. 하지만 호기심의 문화, 그리고 고객을 대신해 완전히 새로운 일을 기꺼이 시도해보는 의지 덕에 아마존은 그런 분위기도 바꾸었죠. 고객을 중심에 둔 방황, 고객의 소리에 귀 기울여 탄생시킨 우리 결과물에 고객들도 응답해주고 계십니다. AWS는 이미 연매출이 300억 달러에 도달했으며 그럼에도 여전히 빠르게 성장 중인 사업입니다.

불가능을 상상하다

———

세계 소매 업계를 생각하면 아마존은 여전히 작은 규모입니다. 전체 소매 시장을 100이라 하면 우리가 차지하는 비중은 한 자리 수에 간신히 미칠 정도니까요. 우리가 발을 들인 모든 국가에는 우리보다 훨씬 몸집이 큰 거대 소매업체들이 있습니다. 소매 판매의 90%는 여전히 오프라인에서 이루어지기 때문이죠. 어떻게 하면 실제 오프라인 매장에서 고객들에게 서비스를 제공할 수 있을지 수년간 생각한 끝에, 우리는 무엇보다 오프라인에서도 고객을 정말 즐겁게 만들어줄 것을 발명해야겠다는 깨달음을 얻었습니다. 그런 면에서 아마존 고는 우리의 명확한 비전을 보여줍니다. 오프라인 소매점에서 고객들이 가장 싫어하는 일, 즉 계산대에서 기다리는 일을 없애자는 비전을 말입니다. 줄서서 기다리는 것을 좋아할 사람은 없죠. 그래서 우리는 걸어 들어가서 필요한 물건을 고른 뒤 그냥 나오기만 하면 되는 상점을 상상했습니다.

물론 그 비전을 실현하는 것은 쉬운 일이 아니었습니다. 기술적으로 매우 힘든 과제였기에 전 세계에 있는 수백 명의 똑똑하고 헌신적인 컴퓨터 과학자와 엔지니어들이 이 일에 매달렸습니다. 카메라와 진열대의 자체 설계 및 제작, 수백 대의 카메라가 찍은 영상을 이어붙일 수 있는 새로운 컴퓨터 비전 알고리즘을 발명해야 했죠. 더불어 이런 기술들이 쇼핑객들의 눈에 띄지 않게 뒤에서 움직여야만 했습니다. 아마존 고에서의 쇼핑 경험이 '마법' 같다고 표현해주신 고객들의 반응은 우리에게 큰 보상이었습니다. 현재 아마존 고는 시카고, 샌프란시스코, 시애틀 등에 열 개 매장이 있고 우리는 아마존 고의 미래에 기대를 걸고 있습니다.

실패의 규모도 커져야 한다

———

회사가 성장하면 모든 것이 그에 따라 규모를 확장해야 합니다. 실패하는 실험의 규모도 예외는 아니죠. 실패의 규모가 커지지 않으면 판도를 바꿀 수 있는 규모의 발명을 할 수 없으니까요. 아마존은 회사의 크기에 맞는 규모의 실험을 할 것이고, 그에 따라 가끔은 수십억 달러 규모의 실패도 겪을 것입니다. 물론 그런 규모의 실험에 무모하게 달려들지는 않겠지만 말입니다. 우리는 좋은 베팅이 되도록 최선의 노력을 하겠지만 현명한 베팅이었다 해서 항상 보상이 따르진 않을 것입니다. 이런 종류의 큰 위험 감수는 우리가 대기업으로서 고객들에게, 그리고 사회에 제공할 수 있는 서비스의 일환입니다. 한 번의 큰 승리는 여러 번의 실패를 만회하고도 남습니다(주주 여러분들께는 몹시 좋은 소식이죠).

파이어폰과 에코의 개발은 거의 동시에 시작되었습니다. 파이어폰은 실패했지만 우리는 그 과정에서 얻은 교훈(그리고 개발자)들을 바탕으로 에코와 알렉사의 개발 속도를 높일 수 있었습니다. 이둘에 대한 영감은 〈스타 트렉〉에 나온 컴퓨터를 바탕으로 하죠. 또한그 아이디어는 우리가 수년 동안 구축하고 방황해온 두 영역인 머신러닝과 클라우드에 근원을 두고 있습니다. 아마존 초창기부터 머신러닝은 제품 추천 기능에 필수적인 요소였고, AWS는 아마존이 클라우드 역량에서 선도적인 위치를 점할 수 있게 해주었죠. 수년간의 개발 끝에 에코는 2014년 시장에 첫 선을 보였습니다. AWS 클라우드에서 운영되는 알렉사를 탑재하고서 말이죠.

에코는 단연코 우리의 방황이 낳은 결실입니다. 그 어떤 고객도 우리에게 에코를 개발하라고 요구하지 않았으니까요. 시장조사도 별도움이 되지 않았습니다. 2013년에 어느 고객에게 다가가 "프링글스깡통 크기의 검은 원통 모양의 기구가 주방에 늘 켜져 있으면서 당신과 대화를 하고, 당신의 질문에 답하고, 조명을 켜거나 음악을 틀어준다면 어떨까요?"라고 물어본다면 장담컨대 그 고객은 당신을 이상한 눈으로 바라보며 "전 필요 없어요"라 답할 것입니다.

1세대 에코가 출시된 이래 고객들은 알렉사가 내장된 디바이스들을 1억 대 이상 구입했습니다. 지난해 우리는 요청 사항을 이해하고 질문에 답하는 알렉사의 능력을 20% 이상 개선시켰고, 수십 억 가지의 정보를 추가로 입력해 그 어느 때보다 똑똑한 알렉사를 만들었습니다. 개발자들은 알렉사의 스킬을 이전의 두 배인 8만 가지 이상으로 늘렸고, 2018년 고객들이 알렉사와 나눈 대화는 2017년에 비해 수백억 회가 늘어났습니다. 2018년 알렉사가 내장된 디바이스의 수는 두 배 이상 증가하여 현재는 헤드폰에서부터 PC, 자동차, 스마트홈 장치에 이르기까지 150가지 이상의 제품이 출시되어 있습니다. 앞으로 그 수는 더욱 많아질 테고요!

이번 서한을 마무리하기 전에 마지막으로 드릴 말씀이 있습니다. 20여 년 전의 첫 주주서한에서 저는 우리가 주인처럼 생각하는 다양한 분야의 인재를 고용하고 유지하는 데 초점을 맞출 것이라 말한 바 있습니다. 이를 위해서는 직원들에 대한 과감한 투자가 필요합니다. 아마존에서의 다른 많은 일들에서 그렇듯, 우리는 이 일에 있어서도 전략적 분석만이 아니라 직관과 감성의 도움을 받아 앞으로 나아갈 길을 찾습니다.

지난해 우리는 모든 정규직, 비상근직, 임시직, 단기 채용직 근로자의 최저 시급을 15달러로 올렸습니다. 이런 임금 인상으로 미국 아마존의 25만 명이 넘는 직원들은 물론 작년 말 전국 아마존 지사에서 근무했던 10만 명의 임시직 직원들까지 혜택을 보았죠. 직원에 대한 투자는 사업에 이득으로 돌아올 것이라는 게 우리의 굳은 믿음이긴 합니다만 그것이 인상을 결정한 동기는 아니었습니다. 아마존의 임금 수준은 언제나 업계 내 다른 경쟁사들에게 뒤지지 않았으나, 우리는 지금이야말로 어느 업체들보다 먼저 많은 임금을 지급해야 할 때라고 판단했습니다. 그것이 옳은 일이라 믿었기 때문입니다.

저는 소매 업계를 선도하고 있는 경쟁사들(어떤 업체들인지는 다들 잘 아시겠죠)을 자극하고 있는 것입니다. 직원들에게 아마존처럼 혜택을 주라고, 아마존처럼 15달러의 최저 시급을 지급하라고, 아니 더 나아가 16달러로 정함으로써 우리에게 도전장을 던져달라고 말입니다. 이런 경쟁은 모두에게 이익을 가져다줄 것입니다.

아마존이 직원들에게 제공한 여러 복지 프로그램들은 머리보다는 가슴에서 나온 것입니다. 이전에 언급했던 커리어 초이스는 직원들이 유망한 분야의 자격증이나 학위 획득을 위해 공부할 경우 우리가 학비 및 제반 비용의 95%까지 지급하는 프로그램입니다. 이를 통해 직원들은 사회적 수요가 많은 커리어를 추구할 수 있고, 그렇게 구축한 커리어로 그들이 아마존에서 떠난다 해도 우리는 그것을 문제 삼지 않습니다. 그동안 1만 6000명 이상의 직원이 활용한 이 프로그램은 지금도 그 규모가 계속 커지고 있습니다. 마찬가지로 우리의 커리어 스킬(Career Skill) 프로그램은 시간제 근로자들에게 이력서 작성법, 효과적인 의사소통법, 기본 컴퓨터 지식과 같은 중요 직무 기술을 가르칩니다. 이런 노력의 일환으로 지난해 10월 아마존은 '미국 노동자들에 대한 대통령 서약(President's Pledge to America's Workers, 2018년 7월 미국 노동자를 대상으로 하는 교육에서 민간 부문의 역할을 높이기 위해 트럼프 대통령이 발표한 구상)'에 서명했고, 다양한 혁신적 교육 프로그램을 통해 미국 근로자 5만 명에 대한 기술 교육 계획을 발표했습니다.

이런 투자의 대상은 아마존에서 일했거나 일하고 있는 이들만이 아닙니다. 우리는 미래 인력 양성을 위해 5000만 달러를 투자하기로 약속했습니다. 이 자금은 최근 발표된 아마존 퓨처 엔지니어 프로그램을 비롯, 전국의 초·중·고등학생과 대학생은 물론 여성이나 소수 집단 구성원들을 대상으로 이뤄지는 STEM(과학, 기술, 공학, 수학) 및 컴퓨터 공학 관련 교육을 지원하는 데 사용될 것입니다. 또한 우리는 퇴역군인들의 뛰어난 재능을 계속해서 활용할 계획입니다. 2021년까지 2만 5000명의 퇴역군인 및 그 배우자들을 고용하겠다는 우리의 약속은 순조롭게 진행 중입니다. 아마존 퇴역군인 기술 교육 (Amazon Technical Veterans Apprenticeship) 프로그램을 통해 우리는 퇴역군인들에게 클라우드 컴퓨팅과 같은 분야의 실무 훈련을 제공하고 있습니다.

서비스 제공의 기회를 우리에게 허락하고 한편으로는 더 나아지라고 채찍질해주시는 고객 여러분께, 계속해서 우리를 지지해주시는 주주 여러분께, 성실함과 개척 정신으로 열심히 일해주시는 전 세계의 아마존 직원 여러분께 진심으로 감사드립니다. 아마존의 모든 팀은 고객에게 귀를 기울이고, 고객을 대신해 호기심과 직관이 이끄는 방황을 하고 있습니다!

오늘도 우리에게는 여전히 첫날입니다.

계속적인 규모 확장 (2019)

주주 여러분께.

우리는 코로나19 사태를 통해 아마존이 고객들에게 얼마나 중요해 졌는지 알게 되었습니다. 우리가 이 책임을 얼마나 진지하게 받아들이고 있는지, 또 이 어려운 시기에 고객들을 돕기 위해 일하고 있다는 데 얼마나 강한 긍지를 느끼는지 꼭 말씀드리고 싶습니다.

우리 아마존 직원들은 생필품들이 그것을 필요로 하는 고객의 문 앞에 정확히 배달되게끔 하기 위해 쉼 없이 일하고 있습니다. 필수품에 대한 수요는 코로나19 사태로 대단히 높아졌고 그런 상황은 아직까지도 이어지고 있습니다. 예상 가능한 연말연시의 수요 급등과 달리 지금의 폭발적인 수요는 아무런 사전 경고도 없이 발생해 공급업체와 배송 네트워크에 큰 부담을 안겼습니다. 우리는 가정의 생필품과 식품, 의약품, 기타 필수품의 재고 확보와 배송을 최우선으로 처리하는 체제로 빠르게 전환했습니다.

아마존의 홀푸드 마켓 역시 계속 운영하며 신선식품과 기타 생필품을 고객에게 공급했습니다. 홀푸드 마켓의 개장 후 첫 1시간은 노인들을 위한 쇼핑 시간으로 정했습니다. 바이러스에 가장 취약한 계층을 돕기 위해서였죠. 생필품을 판매하지 않는 아마존 북스(Amazon Books), 아마존 4스타(Amazon 4-star), 아마존 팝업 스토어(Amazon Pop Up sotre)에는 휴점 조치를 내림과 동시에 해당 매장의 직원들에겐 아마존의 다른 업무를 진행할 수 있게 했습니다.

이런 필수적인 서비스를 제공하는 한편 전 세계 직원들 및 거래업체들의 안전 확보에도 집중하고 있습니다. 힘든 상황에서 용기 있게 일하고 있는 분들께 우리는 깊이 감사하며 그들의 건강과 웰빙을 위해 최선의 노력을 기울이는 중입니다. 우리 아마존의 운영 네트워크와 홀푸드 마켓 매장 직원들의 건강을 지키기 위해 의료 전문가 및 보건 당국과 긴밀히 협력하여 150가지 이상의 프로세스에 변화를 주었고, 착수한 조치들이 잘 이행되고 있는지 매일 점검합니다. 전 세계 현장에서는 마스크 배포 및 체온 확인을 통해 직원과 지원 인력을 보호하고 있습니다. 또한 문손잡이, 계단 난간, 로커, 승강기 버튼, 터치스크린을 정기적으로 소독하고, 살균제와 손 세정제도 네트워크 전체에 기본적으로 구비되게끔 했습니다.

또한 직원 보호를 위한 광범위한 사회적 거리두기 조치를 도입했습니다. 근무 교대 시의 스탠드업 미팅을 없앴고, 정보 공유의 장소를 게시판으로 옮겼으며, 휴식 시간에 시차를 두게 하고, 휴게실 의자들 간의 거리도 넓혔습니다. 거리두기가 요구되는 상황에서 신규 직원을 교육하기란 쉬운 일이 아니지만 그럼에도 모든 신규 직원들에게 6시간의 안전 교육을 의무적으로 받게 하고 있습니다. 이러한 교육 또한 교대로 시행해서 직원들이 한 장소에 모이지 않게 했고, 채용 과정 역시 조정해서 사회적 거리두기가 지켜질 수 있도록 했습니다.

직원들을 보호하는 다음 단계는 무증상자를 포함한 전 직원의 정기 검사입니다. 전 업계에 대한 세계적 규모의 정기 검사는 사람들의 안전을 확보하고 경제가 제자리를 찾는 데 도움을 줄 것입니다. 이를 위해서는 하나의 사회로서 우리 아마존이 갖는 검사 역량이 현재의 수준보다 훨씬 더 개선되어야 합니다. 모든 사람이 정기 검사를 받을 수 있다면 이 바이러스와 싸우는 방법을 크게 변화시킬 수 있을 것입니다. 양성인 사람들은 격리해서 치료하고 음성인 사람들은 안심하고 경제 활동을 재개하게끔 할 수 있겠죠.

우리는 검사 역량의 점진적 향상 작업에 착수했습니다. 아마존의 과학자, 프로그램 매니저, 조달 전문가, 소프트웨어 엔지니어들이 본업에서 잠시 손을 떼고 이 계획을 실행하기 위한 전문 팀에 합류했죠. 첫 연구실을 만들기 위한 장비를 모으기 시작했고, 적은 수이긴 하지만 곧 최전방에 있는 작업자들부터 대상으로 하여 검사를 시작할 수 있을 것이라 예상됩니다. 효과를 볼 수 있을 정도로 빠른 시간 내에 검사가 이루어지기까지 얼마나 걸릴지는 모르지만, 우리는 이것이 시도해볼 가치가 있는 일이라 생각합니다. 물론 그 과정에서 배우게 되는 모든 것을 언제든 공유할 준비도 되어 있고요.

　이렇게 장기적인 솔루션을 마련함과 동시에 다른 한편으로 우리는 당장 직원들을 지원하는 일도 소홀히 하지 않고 있습니다. 4월 말까지 아마존에서의 최저 시급을 미국에선 2달러, 캐나다에선 2달러, 영국에선 2파운드, 유럽 국가에선 2유로 인상했고 초과근무를 하는 직원에게는 정규급의 두 배(시간당 최저 34달러)를 지급하고 있죠. 이런 임금 인상으로 불과 4월 말까지 인건비가 5억 달러 늘어났고 앞으로 그 액수는 더 커질 것입니다. 매우 큰 비용이긴 하지만 우리는 이것이 현 상황에서 아마존이 마땅히 해야 하는 일이라고 믿습니다. 또한 2500만 달러 규모의 아마존 구제 기금(Amazon Relief Fund)을 설립해 금전적 어려움을 겪는 아마존의 독립 배송 서비스 업체와 배송기사 들, 아마존 플렉스(Amazon Flex) 기사, 비정규직 직원 등을 지원하고 있습니다.

　지난 3월 아마존은 풀필먼트와 배송 네트워크를 통해 10만 개의 새로운 일자리를 마련했습니다. 이 일자리를 성공적으로 채운 후 이번 주 초에는 고객 수요에 대응하기 위해 7만 5000개의 일자리를 더 마련하겠다고 발표했죠. 이러한 신규 채용 인력으로 아마존에 의존해 생필품을 구하는 고객들을 도울 수 있게 되었습니다. 우리는 전 세계의 많은 사람들이 해고나 휴직으로 경제적 어려움을 겪고 있음을 알고 있습니다. 아마존은 상황이 정상을 되찾을 때까지, 이전 고용주가 그들을 다시 부를 수 있을 때까지, 새로운 일자리가 생길 때까지 그분들과 기꺼이 함께할 것입니다.

우리는 조 더피(Joe Duffy)를 기쁘게 맞이했습니다. 뉴어크 공항에서 정비사로 일했지만 직장을 잃은 조는 아마존 운영 분석가인 친구로부터 아마존이 일자리를 마련했다는 소식을 듣고 아마존에 합류했죠. 댈러스의 유치원 교사인 다비 그리핀(Darby Griffin)은 지난 3월 9일 학교가 문을 닫은 후 아마존에 들어와 현재 신규 재고를 관리하고 있습니다. 다시 교실로 돌아갈 수 있을 때까지 다비가 우리와 함께할 수 있어서 기쁩니다.

아마존은 지금의 위기를 악용하려는 기회를 노리는 이들로부터 고객을 보호하기 위해 적극 나서고 있습니다. 코로나를 이용해 바가지를 씌우는 50만 개의 상품들을 매장에서 없앴고, 세계적으로 공정 가격 정책을 위반한 6000개 이상의 판매 계정에 자격 정지 조치를 취했죠. 또한 코로나와 관련해 상품에 바가지요금을 매겼다고 의심되는 판매자들의 정보를 42개주 검찰청에 제출했습니다. 우리는 바가지 상술에 대해 더욱 빠르게 대응하기 위해 주 검찰청과의 특별 소통 채널을 마련, 고객들의 불만이 쉽고 빠르게 우리에게 전달될 수 있도록 했습니다.

AWS도 현 위기에서 중요한 역할을 담당하고 있습니다. 필수적인 의료 활동을 펼 수 있고, 학생들이 학업을 계속할 수 있으며, 전례 없이 많은 직원들이 온라인으로 가정에서 일할 수 있게 조직이 움직여야 하는 이런 상황에서는 확장성이 있고 신뢰할 수 있으며 안정적인 컴퓨팅 파워에 접근하는 능력이 대단히 중요합니다. 병원 네트워크,

제약회사, 연구소는 AWS를 이용하여 환자를 진료하고 치료법을 찾으며 여러 방법으로 코로나의 영향을 완화하고 있습니다. 전 세계 교육 기관들은 대면 교실에서 가상 교실로 이행하면서 AWS를 통해 학생들의 학습이 끊기지 않게 하고 있죠. 정부는 이 전염병을 종식시키려 노력하는 과정에서 새로운 역량을 발전시키는 안전한 플랫폼으로 AWS를 이용 중입니다.

우리는 바이러스의 발생을 파악 및 추적하고, 확산을 보다 효과적으로 억제하기 위해 세계보건기구(World Health Organization, WHO)에 고급 클라우드 기술과 전문기술 지식을 제공하고 있습니다. WHO는 아마존 클라우드를 이용하여 대규모 데이터 레이크(data lake, 유형에 관계없이 모든 데이터를 원본 그대로 저장하는 데이터 저장소)를 구축하고, 국가별 전염병 데이터를 종합하고, 의료 교육 비디오를 다양한 언어로 빠르게 번역하고, 세계의 의료 종사자들이 환자를 보다 잘 치료할 수 있게끔 돕고 있습니다. 그와 별도로 우리는 공공 AWS 코로나19 데이터 레이크를 만들었습니다. 바이러스의 확산과 특성, 연관 질환과 관련하여 수집 및 선별된 최신 정보를 담는 중앙 저장소의 역할을 하게 한 것이죠. 전문가들은 이 데이터 레이크를 통해 최신 데이터에 접근, 분석하며 질병에 맞서고 있습니다.

우리는 AWS 진단 개발 계획(AWS Diagnostic Development Initiative)도 시작했습니다. 이 프로그램은 고객들이 보다 정확한 코로나19 진단 솔루션을 출시하는 작업을 지원합니다. 우리는 이 작업의 속도를 높이고 고객들이 클라우드를 활용해 코로나19와 맞설 수 있도록 2000만 달러를 투자하기로 결정했습니다. 이 프로그램은 코로나19에 대응하여 마련된 것입니다만, 우리는 미래의 전염성 질환 발생을 막을 수 있는 잠재력을 가진 진단 연구 프로젝트에 자금을 조달할 계획입니다.

전 세계의 고객들은 클라우드를 이용해서 서비스의 규모를 확대하고 코로나19에 대응하고 있습니다. 우리는 뉴욕의 코로나19 긴급 대응연합(New York City COVID-19 Rapid Response Coalition)과 함께 위험에 처한 뉴욕의 노인들이 의료 및 기타 중요한 니즈에 관해 적시에 정확한 정보를 얻을 수 있게 돕는 대화 에이전트를 개발했습니다. 또한 70만 학생들의 원격 수업 이행을 도와달라는 LA 교육청연합(Los Angeles Unified School District)의 요청에 따라 AWS는 IT에 대한 질문에 응대하고, 원격 지원 서비스를 제공하고, 직원들이 전화에 답하는 콜센터의 설립을 도왔습니다. 더불어 미국 질병통제예방센터(Centers for Disease Control and Prevention)에 클라우드 서비스를 제공, 수천 명의 공공의료 종사자와 임상의 들이 코로나19에 관한 데이터를 수집하고 대응 조치를 위한 정보를 제공하는 데도 도움을 주고 있습니다. 영국에서는 병원 가동률, 응급실 수용력, 환자의 대기 시간을 분석해 영국 국민보건서비스(National Health Service)가 자원을 가장 효율적으로 배분하게 하는 프로젝트에 AWS가 클라우드 컴퓨팅 인프라를 제공 중입니다. 또 세계 최대의 원격 의료 네트워크인 캐나다 온타리오 원격의료 네트워크(Ontario Telemedicine Network, OTN)는 AWS로 구동되는 비디오 서비스의 규모를 확장, 전염병이 지속될 경우 시민들을 지원하기 위해 4000%까지 수요가 급등할 경우에도 대응 가능하도록 대비하고 있습니다. AWS는 브라질 상파울루주 정부에 클라우드 컴퓨팅 인 프라를 제공해 주 전역의 공립학교에 속한 100만 명의 학생들이 온 라인 수업을 할 수 있게끔 돕고 있습니다.

미국 질병통제예방센터의 지침에 따라, 아마존의 알렉사 헬스 (Alexa Health) 팀은 미국 고객들이 집에서 코로나19의 위험 수준을 확 인할 수 있도록 하는 서비스를 구축했습니다. 고객들이 "알렉사, 코 로나19에 걸렸다는 생각이 들면 어떻게 해야 하지?" 혹은 "알렉사, 코로나 바이러스에 감염된 것 같다고 여겨지면 어떻게 해야 할까?" 라고 물으면 알렉사는 그 질문자의 증상 및 노출 가능성과 관련된 일 련의 질문을 던집니다. 그리고 그 응답을 기반으로 질병통제예방센 터의 지침을 제공하죠. 우리는 일본에서도 일본 노동후생성의 지침 을 기반으로 이와 비슷한 서비스를 개발했습니다.

우리는 고객들이 아마존닷컴이나 알렉사를 이용하여 피딩 아메리 카(Feeding America), 미국 적십자, 세이브 더 칠드런(Save the Children) 등 일선에서 코로나19와 맞서고 있는 자선단체에 쉽게 기부할 수 있는 길을 만들었습니다. 에코 사용자들은 "알렉사, 피딩 아메리카의 코로 나19 대응 기금에 기부를 해줘"라는 말만 하면 되죠. 코로나19 사태 동안 아마존은 출장연회 업체들과 협력해 시애틀과 킹 카운티의 노 인 및 의료 취약 계층 2700명에게 7만 3000인분의 식사를 제공했고, 시애틀 공립학교 학생들이 온라인 수업을 받을 수 있게끔 8200대의 노트북을 기부했습니다.

코로나 너머

———

지금은 믿기 힘들 정도로 어려운 시기입니다. 하지만 이 시기는 우리
가 기업으로서 하는 일이 사람들의 삶을 크게 바꿀 수 있다는 것을
일깨워주는 계기이기도 합니다. 고객들은 아마존을 의지하고 있으
며 다행히도 아마존에겐 그들을 도울 힘이 있습니다. 우리는 규모와
빠르게 혁신하는 능력을 통해 긍정적 영향을 줄 수 있고, 진전을 위
한 조직적인 힘이 될 수 있습니다.

지난해 아마존은 UN 기후변화협약의 전 사무총장이자 글로벌 옵
티미즘(Global Optimism)의 설립자인 크리스티아나 피게레스(Christiana
Figueres)와 함께 기후 서약을 만들고 그것에 처음으로 서명하는 기업
이 되었으며, 이를 통해 2040년까지 탄소 중립을 이룬다는 파리 협
약의 목표를 10년 앞당겨 이행하기로 약속했습니다. 이 목표를 이루
는 것은 아마존에게 쉬운 일이 아닙니다. 우리는 정보만을 이동시키
는 회사가 아닌 데다 방대한 물리적 인프라를 가졌고 세계적으로 매
년 100억 개 이상의 상품을 배송하기 때문이죠. 하지만 아마존이 파
리 협약에서의 목표보다 10년 먼저 탄소 중립에 이른다면 어떤 기업
도 마찬가지로 이 일을 해낼 수 있을 것입니다. 우리는 모든 기업과
손잡고 이 목표를 현실로 만들 수 있기를 희망합니다.

그 목표를 위해 우리는 다른 기업들의 기후 서약 서명을 독려하고
있습니다. 서명 기업은 온실 가스 배출량을 정기적으로 측정 및 보고
하며, 파리 협약에 따라 탄소 제거 전략을 실행하고, 2040년까지 탄

소 중립에 도달하는 데 동의하게 됩니다(곧 새로운 서명 기업들이 발표될 것입니다).

우리는 이 약속을 지키기 위한 노력의 일환으로 미시간에 기반을 둔 전기차 제조업체 리비안으로부터 10만 대의 전기 배송차량을 구입할 계획입니다. 아마존은 리비안의 신형 전기차 1만 대를 2022년 초까지, 2030년까지는 10만 대 모두를 배송에 투입하겠다는 목표를 세웠습니다. 이 약속은 환경을 위한 것이지만 그에 그치지 않습니다. 이런 유형의 투자는 세계적인 대기업들에게 저탄소 경제 이행을 촉구하는 신호가 되어 시장이 새로운 기술을 발명하고 개발하는 데 힘을 쏟게끔 만드니까요.

아마존은 재생에너지 사용률도 2024년까지 80%, 2030년까지는 100%까지 올리기로 약속했습니다(실은 2025년까지 100%를 달성하기 위해 노력 중이며, 우리는 이것이 다소 도전적이긴 하지만 성공 가능성이 있는 계획이라고 생각합니다). 현재 우리는 전 세계적으로 86개의 태양광 및 풍력 프로젝트를 진행 중이며 이를 통해 2300메가와트의 전기를 생산, 매년 630만 메가와트시 이상의 전력을 공급하고 있습니다. 미국의 58만 가구에 충분한 전력을 공급할 수 있는 양이죠.

포장 폐기물의 감소 측면에서도 아마존은 큰 성과를 거두는 중입니다. 우리는 10여 년 전부터 불만 제로 포장 프로그램을 시행, 추가적인 택배 박스 없이 고객들에게 바로 배송할 수 있고 개봉도 편한 100% 재활용 포장재로 상품을 포장할 것을 제조사들에게 권장해왔습니다. 2008년부터 시작된 이 프로그램을 통해 아마존은 지금까지 81만 톤의 포장재 및 14억 개의 택배 박스를 절감할 수 있었습니다.

온라인 쇼핑은 그 특성상 실제 매장에 가는 것보다 탄소 효율이 높을 수밖에 없습니다. 말하자면 아마존은 이미 탄소 효율을 높이는 사업을 하고 있는 셈이죠. 그럼에도 우리는 탄소 중립을 달성하기 위해 막대한 투자를 하고 있습니다. 아마존의 지속가능성을 연구하는 아마존 과학자들은 3년 이상의 시간을 투자해 탄소 발자국을 측정하는 모델과 도구, 지표를 만들었습니다. 그들의 상세한 분석에 따르면 온라인으로만 계속 쇼핑하는 것은 매번 상점에 차를 타고 방문하는 것보다 더 적은 탄소를 배출합니다. 평균적으로 한 대의 택배 차량은 개인이 상점에 100번 방문하는 정도의 물건을 처리하기 때문입니다. 아마존의 과학자들은 홀푸드 마켓에서 온라인으로 식료품을 주문하는 것, 그리고 가까운 홀푸드 매장으로 차를 운전하고 가서 식료품을 사는 것 사이의 탄소집약도를 비교하는 모델을 개발했습니다. 이에 따르면 온라인 배송은 오프라인 매장을 찾는 경우에 비해 상품당 실제 탄소 배출이 43% 낮습니다. 또한 구입하는 상품의 수가 적으면 적을수록 탄소 배출량도 낮아집니다.

AWS 역시 기업들의 전통적인 사내 데이터센터보다 친환경적인데 여기에는 두 가지 주된 이유가 있습니다. 첫째는 서버 활용률이 높기 때문이고, 둘째는 우리의 서버 및 설비가 대부분의 기업들이 자체 데이터센터를 운영하는 경우보다 에너지 효율이 높기 때문입니다. 전형적인 기업 자체 데이터센터의 서버 활용률은 약 18%에 불과합니다. 사용량이 갑자기 늘어나는 경우를 감안하여 전체 용량을 크게 만들기 때문이죠. 그러나 AWS는 고객들의 사용 패턴이 다양하기 때문에 훨씬 높은 서버 활용률로 운영이 가능합니다. 더불어 AWS는 시설과 장비의 에너지 효율 역시 성공적으로 높여왔습니다. 아마존의 일부 데이터센터가 전형적인 에어컨 냉각 방식보다 효율적인 증발 냉각 방식을 사용하는 것이 그 예입니다. IT 분석회사 451리서치(451 Research)의 연구에 따르면, AWS 인프라의 에너지 효율은 미국 기업의 데이터센터들이 갖는 에너지 효율 중간값보다 3.6배 높습니다. 재생에너지의 사용과 더불어 이런 요인들이 작용하기 때문에 동일한 작업 수행 시 AWS가 남기는 탄소 발자국은 전형적인 데이터센터에 비해 88% 낮습니다. 그렇다 해서 우리가 이 수치에 만족할 것이라고는 생각지 마십시오. 앞으로도 아마존은 재생에너지 프로젝트에 대한 투자를 늘려 AWS가 100% 탄소 중립에 도달하게끔 만들 것입니다.

영원한 규모 확장

아마존보다 많은 일자리를 창출한 기업은 지난 10년간 없었습니다. 아마존은 전 세계에서 84만 명을 직접 고용하고 있습니다. 미국에는 59만 명, 유럽에는 11만 5000명, 아시아에는 9만 5000명의 아마존 직원이 있죠. 아마존은 미국에서 직간접적으로 200만 개의 일자리를 만들어냈습니다. 건설, 물류, 전문 서비스와 같은 분야에 대한 투자로 창출한 68만 개 이상의 일자리, 아마존에서 상품을 판매하는 중소기업이 창출한 83만 개의 일자리를 포함해서 말이죠. 아마존이 있기에 존재하는 일자리는 세계적으로 400만 개에 이릅니다. 그리고 그중 대부분이 노동 인구에 편입될 첫 기회를 사람들에게 제공하는 초보적 업무직이라는 사실에 우리는 특별한 자부심을 느낍니다.

아마존의 일자리에는 업계 최고인 15달러의 시급과 포괄적 복지 혜택이 수반됩니다. 미국에서만 해도 아마존의 최저시급보다 낮은 시급을 받는 사람은 4000만 명이 넘습니다(대부분은 미 연방의 최저시급인 7.25달러를 받죠). 2018년 우리가 최저시급을 15달러로 올리자 이는 물류센터에서 일하는 수십만 명의 직원들에게 즉각 유의미한 영향을 미쳤습니다. 우리는 다른 대기업들도 이에 동참하기를 바랍니다. 우리는 연방 최저시급을 15달러로 인상하기 위해 지속적인 로비 활동을 펼치고 있습니다.

급여를 넘어 아마존은 직원들의 삶도 향상되길 원합니다. 아마존의 모든 상근 직원들은 건강보험, 퇴직연금, 유급 출산 휴가 20주 등의 복지 혜택을 제공받습니다. 그리고 이 혜택들은 아마존의 최고위 임원들이 받는 것과 동일하죠.

빠르게 발전하는 경제 환경에서 뒤처지지 않으려면 직원들이 계속적으로 발전해야 한다는 점을 우리는 그 어느 때보다 절실히 느끼고 있습니다. 의료, 클라우드 컴퓨팅, 머신러닝 등 수요가 높은 분야의 교육 프로그램을 근무지에서 직원들에게 제공하기 위해 7억 달러를 들이는 것도 그 때문이죠. 2012년부터 우리는 고수요 직종으로의 이직을 원하는 물류센터 직원들에게 학비를 지원해주는 커리어 초

Invent *&*
Wander
JEFF
BEZOS

옮긴이 | **이영래**

이화여자대학교 법학과를 졸업하고 리츠칼튼 서울에서 리셉셔니스트로, 이수그룹 비서 팀에서
비서로 근무했으며, 현재 번역에이전시 엔터스코리아에서 전문 번역가로 활동하고 있다.
옮긴 책으로는 《파타고니아, 파도가 칠 때는 서핑을 : 지구가 목적, 사업은 수단 인사이드 파타고
니아》 《사업을 한다는 것》 《모두 거짓말을 한다 : 구글 트렌드로 밝혀낸 충격적인 인간의 욕망》
등이 있다.

제프 베조스, 발명과 방황

초판 1쇄 발행 2021년 2월 19일 **초판 6쇄 발행** 2022년 5월 11일

지은이 제프 베조스
옮긴이 이영래
펴낸이 이승현

편집2 본부장 박태근
W&G 팀장 류혜정
편집 류혜정 **교정·교열** 장윤정
디자인 이세호

펴낸곳 ㈜위즈덤하우스 **출판등록** 2000년 5월 23일 제13-1071호
주소 서울특별시 마포구 양화로 19 합정오피스빌딩 17층
전화 02) 2179-5600 **홈페이지** www.wisdomhouse.co.kr

ISBN 979-11-91425-58-1 03320